持続都市建築システム学シリーズ

健康建築学
―健康で快適な建築環境の実現に向けて―

穴井　　謙
江原　幸雄
大柿　哲朗
古賀　靖子
高口　洋人
福岡晃一郎
藤井　　光
藤本　一壽
渡辺　俊行
著

技報堂出版

まえがき

　本著は，文部科学省の支援で2003年度にスタートした，九州大学21世紀COEプログラム「循環型住空間システムの構築」の環境物理チームの研究活動をとりまとめたものです。

　地球温暖化をはじめとする地球環境問題が深刻化する中，社会全体をサステナブルなシステムに変えていくことが強く求められています。とくに住空間を中心とする都市・建築システムは，人間活動の中心的舞台であり，従来の人間の欲求に応えるだけのシステムから，人間活動を積極的にサステナブルなものへと変えていくシステムへの変更が求められています。他方，アカデミックの分野では，個別領域を突き詰める研究教育体制が，さまざまな問題の影響し合う複雑系の領域である地球環境問題への対応で行き詰まりを見せ，多分野の研究者や専門家が知恵を出し合い協力して解決するという学際的な取り組みが強く求められています。

　九州大学21世紀COEプログラム「循環型住空間システムの構築」では，「健康建築学」をはじめ，「循環再生学」，「臨床建築学」といった7つの新たな学際的学問分野の創造を目指しています。これらの新領域は，豊かさ(Welfare)の再構築と環境負荷(Damage)の最小化をパラメータとする統一的評価戦略(スループット方程式)に基づき構成されています。経済成長が豊かさの指標であった20世紀，経済成長とトレードオフの関係にある環境負荷は，豊かさの追求に伴う不可分の存在でした。しかし今，まさに我々に求められているのは，「豊かさ＝経済成長＝環境負荷」というパラダイムから脱し，人間の性である豊かさの追求という戦略を再構築することだといえます。したがって，その再構築の評価戦略に「豊かさ(Welfare)」が含まれるのは当然の帰結といえるでしょう。

　健康建築学は，環境物理チームが中心となり，21世紀の健康で快適な建築環境を実現する方法論について述べたものです。20世紀の建築設備の発展が，建築空間を「基準」という尺度で画一的にし，無菌化を推し進めることにより，病気や騒音，不快感を締め出す一方で，ストレスや感受性の低下，シックハウスと

いった人間の健康にかかわる新たな問題も生み出しました。本著は住まい手，使い手である人間と，それを取り囲む建築環境システムを統合的に扱うことを目指し，健康科学と建築設備の観点から建築環境を論じています。第一部として，健康性と快適性，それらの持続可能性を論じ，それらの中心にある健康科学と建築設備システムとの関係を概観します。第二部では，それぞれの要素技術について述べるとともに，統一的評価戦略であるスループット方程式における健康建築学の位置づけについて述べています。

本著は，循環型，持続型の都市・建築システムを学ぶ大学院生，研究者，専門家を対象としていますが，まちづくりや建物づくりにかかわる多くの方々が，健康と建築，そして豊かさの再構築について考える機会になれば幸甚の極みです。執筆にあたっては，多くの示唆を与えてくださった松藤泰典先生(本プログラム前拠点リーダー)，川瀬博先生(本プログラム拠点リーダー)，編集を担当された技報堂出版の石井洋平氏ほか，多くの方々の協力をいただきました。ここに改めて感謝の意を表します。

2007年11月

執筆者を代表して
渡辺俊行，高口洋人

執筆者一覧

穴井　謙　　九州大学大学院 人間環境学研究院 都市・建築学部門（第4章）
江原　幸雄　九州大学大学院 工学研究院 地球資源システム工学部門（第6章）
大柿　哲朗　九州大学 健康科学センター（第2章）
古賀　靖子　九州大学大学院 人間環境学研究院 都市・建築学部門（第5章）
高口　洋人　早稲田大学 理工学術院 建築学専攻（第1, 3, 7章）
福岡晃一郎　九州大学大学院 工学研究院 地球資源システム工学部門（第6章）
藤井　光　　九州大学大学院 工学研究院 地球資源システム工学部門（第6章）
藤本　一壽　九州大学大学院 人間環境学研究院 都市・建築学部門（第4章）
渡辺　俊行　九州大学大学院 人間環境学研究院 都市・建築学部門（第3章）

（2007年11月現在，五十音順）

目 次

第1章 健康性と快適性,そして持続可能性 — 1

1.1 健康建築学とは何か … 1
- 1.1.1 健康建築学　1
- 1.1.2 健康建築学と持続可能性　2

1.2 持続可能性とはなにか … 3
- 1.2.1 持続可能性とはなにか？　3
- 1.2.2 ナチュラル・ステップとデーリーの三原則　3
- 1.2.3 自然満足度曲線　5

1.3 建築物の持続可能性 … 5
- 1.3.1 地球環境・建築憲章　5
- 1.3.2 サステイナブル・ビルディング　7
- 1.3.3 住環境の持続可能性　8

1.4 健康建築学とデカップリング … 9
- 1.4.1 デカップリング　9
- 1.4.2 技術と住まい手,マネジメントの三位一体の取り組み　10

第2章 建築環境と健康問題 — 15

2.1 社会変化と健康問題 … 15
- 2.1.1 ヒトの歴史と環境問題　16
- 2.1.2 生物学的進化と文化的進歩のインバランス　17

2.2 居住環境と健康問題 …… 18
- 2.2.1 脳卒中と熱中症　18
- 2.2.2 アレルギー性疾患　19
- 2.2.3 シックハウス症候群と化学物質過敏症　20
- 2.2.4 転倒，転落　22

2.3 職域環境と健康問題 …… 23
- 2.3.1 労働災害の現状　23
- 2.3.2 腰痛，頚肩腕障害　23
- 2.3.3 じん肺およびその合併症　24
- 2.3.4 職業性難聴，振動障害　25
- 2.3.5 冷房病　26
- 2.3.6 喫煙　26
- 2.3.7 疲労と心理的ストレス　27
- 2.3.8 その他　27

2.4 屋外環境と健康問題 …… 28
- 2.4.1 アスベスト汚染　28
- 2.4.2 ダイオキシン汚染　29
- 2.4.3 騒音・振動公害　29
- 2.4.4 電磁波障害　30

2.5 おわりに …… 30

第3章　健康で快適な温熱・空気環境デザイン ── 33

3.1 建築環境システムの変遷 …… 33
- 3.1.1 地球の誕生と人類の進化　33
- 3.1.2 地球の気候変動　35
- 3.1.3 土着住居の分類と変遷　36
- 3.1.4 火と水と室内環境　37
- 3.1.5 都市化による環境改変　39

3.2 持続可能な建築環境システム……40
3.2.1 建築環境システムの枠組み　40
3.2.2 世界の人口爆発と日本の少子高齢化　41
3.2.3 食料問題と資源問題　43
3.2.4 エネルギー問題　44
3.2.5 環境問題　46
3.2.6 持続可能な建築環境システムへの取り組み　47

3.3 建築温熱・空気環境のパッシブ・デザイン……49
3.3.1 パッシブ・デザインとアクティブ・コントロール　49
3.3.2 寒地と暖地　51
3.3.3 気候と民家　53
3.3.4 開放可能な閉鎖型住宅　54
3.3.5 建築の環境共生デザイン　56

3.4 建築温熱・空気環境のアクティブ・コントロール……58
3.4.1 アクティブ・コントロール　58
3.4.2 ヒートポンプの登場　58
3.4.3 現代建築空調の動向　59
3.4.4 現代建築を支える空調設備　66
3.4.5 空調方式と熱源方式　68
3.4.6 ヒートポンプ　69
3.4.7 京都議定書と3Es問題　71
3.4.8 エネルギー基本計画とエネルギー市場の自由化　72

3.5 豊かさ W の最大化……73
3.5.1 環境効率とスループット　73
3.5.2 住まいの豊かさ　74
3.5.3 人の温熱感覚　77

3.6 環境負荷 D の最小化……78
3.6.1 アクティブの最小化　78
3.6.2 世界のエネルギー戦略　79
3.6.3 京都議定書目標達成計画　81

3.6.4　環境負荷 D の最小化シナリオ　　85
　　　3.6.5　循環型住空間システムのスループット最大化シナリオ　　86

第4章　健康で快適な音環境デザイン ── 89

4.1　健康で快適な音環境デザインの考え方 ……………………………… 89
4.2　環境騒音の予測・評価・対策 …………………………………………… 90
　　　4.2.1　ASJ RTN-Model 2003　　90
　　　4.2.2　「騒音に係る環境基準」の評価　　94
　　　4.2.3　GIS を用いた道路交通騒音評価システム　　97
　　　4.2.4　沿道騒音の対策　　101
　　　4.2.5　EU における環境騒音低減への取り組み　　103
4.3　健康で快適な音環境の創出 …………………………………………… 104
　　　4.3.1　自然音が聞こえる環境の保全整備　　104
　　　4.3.2　音環境の視点からの地区らしさの創出　　105
　　　4.3.3　健康で快適な音環境に向けて　　106

第5章　健康で快適な光環境デザイン ── 111

5.1　光環境デザインの考え方 ……………………………………………… 111
5.2　光環境の強・用・美・資 ……………………………………………… 112
5.3　健康で快適な光環境 …………………………………………………… 115
　　　5.3.1　光環境と人　　116
　　　5.3.2　光環境と空間　　119
　　　5.3.3　光環境と資源　　123
　　　5.3.4　光環境と経済　　126

5.4 照明の要件 ……………………………………………………………… 127

- 5.4.1 照度 *128*
- 5.4.2 輝度 *128*
- 5.4.3 グレア *129*
- 5.4.4 光の指向性と拡散性 *130*
- 5.4.5 光の色 *130*
- 5.4.6 演色性 *131*
- 5.4.7 フリッカ *131*
- 5.4.8 陰影 *131*
- 5.4.9 保守 *132*
- 5.4.10 エネルギー *132*
- 5.4.11 障害光 *132*

5.5 照明デザインの手法 ……………………………………………………… 132

- 5.5.1 光だまり *132*
- 5.5.2 光のグラデーション *133*
- 5.5.3 光のシークエンス *134*
- 5.5.4 光の重心 *134*
- 5.5.5 光のゾーニング *134*
- 5.5.6 かたい光 *134*
- 5.5.7 やわらかい光 *134*
- 5.5.8 フラットな光 *135*

5.6 光環境デザインのアートとサイエンス ……………………………… 135

第6章 快適で環境に調和した自然エネルギーの利用 ── 139

6.1 自然エネルギーの利用 …………………………………………………… 139

6.2 地中熱利用技術 …………………………………………………………… 143

- 6.2.1 地中熱利用ヒートポンプシステム *143*
- 6.2.2 GeoHPシステムを構成する要素 *146*

　　　　6.2.3　GeoHP システムの設計法　　151

6.3　地中熱利用住宅用冷暖房システム設置の実例 ……………… 156
　　　　6.3.1　設計の方針　　157
　　　　6.3.2　冷暖房負荷の算定　　158
　　　　6.3.3　熱移動シミュレーション　　159
　　　　6.3.4　最適掘削長の決定　　165
　　　　6.3.5　熱交換井掘削と温度応答試験　　168
　　　　6.3.6　空調設備の選定　　171
　　　　6.3.7　運転実績および運用の最適化　　173
　　　　6.3.8　おわりに　　180

第7章　スループットでみる健康建築 ─────── 183

7.1　スループット方程式と健康建築 ……………………………… 183
　　　定常状態における豊かさ W の増大　　183

7.2　スループットシミュレーター ………………………………… 184
　　　　7.2.1　スループットシミュレーター　　184
　　　　7.2.2　スループット方程式の一次近似　　185
　　　　7.2.3　スループットシミュレーターの試作　　186

第1章 健康性と快適性,そして持続可能性

1.1 健康建築学とは何か

1.1.1 健康建築学

健康の定義でもっとも世界的に知られているものは,WHO(世界保健機構)憲章前文[1]にある「完全な肉体的(physical),精神的(mental)および社会的福祉(social well-being)の状態であり,単に疾病または病弱の存在しないことではない(Health is a state of complete physical, mental and social well-being and not merely the absence of disease or infirmity)」だろう。この文章の後には「達成可能な最高の健康を享受することは,人種や宗教,政治的信条や経済的,社会的条件にかかわらず,すべての人類の基本的な権利の一つである」と続き,病疫の撲滅と健康増進を高らかに謳っている。しかし,このように完璧な健康などあり得るのだろうか。この定義からすると,健康とはギリシャ彫刻や神話の中だけに存在する実現不可能な理想のように思える。そこで現在,state を dynamic state に,mental and social well-being を mental, spiritual and social well-being に改正する提案がなされているが,spiritual[*1] はともかく,dynamic が意図するのは,健康と疾病が別個のものではなく,連続したものであるとの考えに基づいている。健康とは本来個人的なものであり,絶対的なものではあり得ない。日野原重明医師は,「健康とは数値に安心することではなく,自分が『健康だ』と感じることだ」[2]と述べている。自分は病気ではないかと日夜心配していれば,いくら

[*1] この挿入部分は主として中東イスラム諸国による提案に基づいている。Spiritual(霊的)な状態が健康と強く結びついているという提案に対し,文化的な差異が大きすぎる,明確な評価軸がないといった反論が相次ぎ,採択に至っていない。

肉体的には健常でも精神的には健康とは言えないだろう。そもそも健康の語源は易教にある「健体康心」と言われ、肉体と心（ココロ）が切り離せないものであることを明示している。

健康とは元来生物を対象とする価値基準であるが、建築にもこの価値基準を当てはめてみることは可能であろう。

建築家・内井昭蔵は「健康な建築」[3]のなかで、健康の不健康を指摘し、その対策について述べている。内井は、空間におけるスピリットの欠落を憂い、自然との乖離を嘆いている。「建築は果たして健康を取り戻せるだろうか」と論を進めるが、20年後の現状を鑑みると、病状はむしろ悪化しているように思える。阪神・淡路、福岡、新潟と頻発する地震では、建物は凶器となり多くの人命を奪った。シックハウス症候群は多くの健康を奪った。そして建築内で消費されるエネルギーは、人類の未来に大きな影を落としている。

さて、本著を書くきっかけとなったのは、このような病状に対するさまざまな対策が、対処療法的に一定の効果を上げてはいるものの、根本的な解決には至っていないからである。高血圧の患者に降圧剤を処方しているようなもので、当面の危険は回避できるが、いつ問題が顕在化するとも分からない状態である。運動、食事、生き甲斐、家族、どこかバランスを欠いたまま我々はここまで来てしまった。

内井昭蔵は続編「再び健康な建築」[4]のなかで、現代の不健康を排除する健康論が「病的」であると指摘し、「病」を取り入れたバランスある建築を考えることが重要であると指摘している。手詰まり感のある現状を鑑みればきわめて示唆に富む指摘と言えよう。

本著では、とくに環境的な側面から建築の健康を取り戻す方策を考えてみたい。

1.1.2 健康建築学と持続可能性

健康な建築の要件は何であろうか。先の健康の定義を援用するなら、物理的にも、美的にも、また社会的にも完全な建物と言うことになろう。ウィトルウィウスが唱えた「用・強・美」を備えた建築と言い換えても良いだろう。しかし、これだけでは「健体」は充足しても、「康心」が不十分だ。

健康な建築に似た概念として「持続可能な建築」を挙げることができる。持続可能性については、後で触れるが、意味合いとして技術的・制度的ニュアンスが強

い。いずれも「康心」が不足している。健康な建築とは,「健体」すなわち「持続可能な建築」と,「康心」つまり健全なライフスタイルを誘導するものでなければならない。すなわち

　　　　健康建築＝持続可能な建築＋健全なライフスタイル
ということになろう。

1.2 持続可能性とはなにか

1.2.1 持続可能性とはなにか？

　ここでは健康建築の基礎となる概念について整理したい。

　持続可能性という概念は，言葉としては比較的新しく，1980年代に登場した概念である。1984年国連に設置された「環境と開発に関する世界委員会(委員長の名前から通称：ブルントラント委員会)」が，1987年に発表した報告書「地球の未来を守るために(Our Common Future)」において,「持続可能な開発(Sustainable Development)」という概念が打ち出され一般化することになる。この報告書では，持続可能な開発を「地球の未来を守るために(Our Common Future)」で「持続可能な開発」は「将来世代のニーズを損なうことなく現在の世代のニーズを満たす開発」と定義している。

　この言葉には明確な2つの概念が含まれる。一つは地球規模での貧富の格差をなくすために，開発を進める必要があるということ。もう一つは，その開発は将来の世代の可能性を損ねてはならないという視点である。環境保全に重点を置きたい先進国と，開発を進めたい途上国との妥協の産物との指摘もあるが，世代を超えた責任(Intergenerational Responsibility)という概念を打ち出した点は画期的であった。

1.2.2 ナチュラル・ステップとデーリーの三原則

　スウェーデンの医学者，カール・ヘンリック・ロベールが科学の視点から持続可能性の原則を探ろうと1989年に提唱したのがナチュラル・ステップの「4つのシステム条件」である。ロベールは，この4つの条件が自然環境と人間社会が全体としての「持続可能なシステム」を成すための条件だとしている[6],[7]。

> **ナチュラル・ステップの4つのシステム条件**
> ① 自然の中で地殻から掘り出した物質の濃度が増え続けない（地下資源を地殻から掘り出し続けることは，短期的には可能であっても長期的には持続不可能な行為である）。
> ② 自然の中で人間社会のつくり出した物質の濃度が増え続けない（社会による循環かあるいは自然の循環によって新しい資源として再生される速度内で生産・排出する）。
> ③ 自然が物理的な手段で劣化され続けない（人為的な原因によって，土壌がアスファルト化，砂漠化，塩化されることや，不適切または過剰な農業・漁業によって生態系が継続的に破壊され続けてはならない）。
> ④ 人々が自からの基本的ニーズを満たそうとする行動を妨げる状況をつくり出してはならない（資源は効率的かつ公平に利用し，富める国と貧しい国の不公平な資源配分を避けるべきである）。

これらのシステム条件のうち，最初の3項目は持続可能性の環境的側面を，最後の項目は持続可能性の社会的側面を表している。

また，アメリカ人経済学者のハーマン・デーリーは社会における資源利用と廃棄物の排出に関する3つの原則[8),9)]を提唱し，持続可能な社会について発言を続けている。

> **デーリーの三原則**
> ① 土壌，水，森林，魚など「再生可能な資源」の持続可能な利用速度は，再生速度を超えるものであってはならない（例えば，魚の場合，残りの魚が繁殖することで補充できる程度の速度で捕獲すれば持続可能である）。
> ② 化石燃料，良質鉱石，化石水など「再生不可能な資源」の持続可能な利用速度は，再生可能な資源を持続可能なペースで利用することで代用できる程度を超えてはならない（石油を例にとると，埋蔵量を使い果たした後も同等量の再生可能エネルギーが入手できるよう，石油使用による利益の一部を自動的に太陽熱収集器や植物に投資するのが，持続可能な利用の仕方ということになる）。

③ 「汚染物質」の持続可能な排出速度は，環境がそうした物質を循環し，吸収し，無害化できる速度を超えるものであってはならない(例えば，下水を川や湖に流す場合には，水生生態系が栄養分を吸収できるペースでなければ持続可能とはいえない)。

また，デーリーは成長経済から定常経済，社会で使用されるエネルギーやストック(スループット)の総量が常に一定で，その中で人間と人工物の質的改善が行われる経済，への移行を求め，それによって成長経済が持つ生物物理学的な限界と倫理社会学的な問題を回避できると主張している。その詳細はここでは述べないが，我々が漠然と抱える，市場経済，成長経済至上主義で持続可能な社会が実現できるのか？　疑問に経済学の面から答えを提供しようとしている。

1.2.3 自然満足度曲線

ナチュラル・ステップもデーリーの三原則も，いずれも資源の有限性を起点にしていると言えるが，環境ジャーナリストの三橋規宏はこの有限性が視野に入った時代，地球限界時代おける経済領域を定義づけるため，自然満足度曲線を提案している。

縦軸が「社会的厚生(生活の満足度)」，横軸が「自然の利用」である。我々の世界

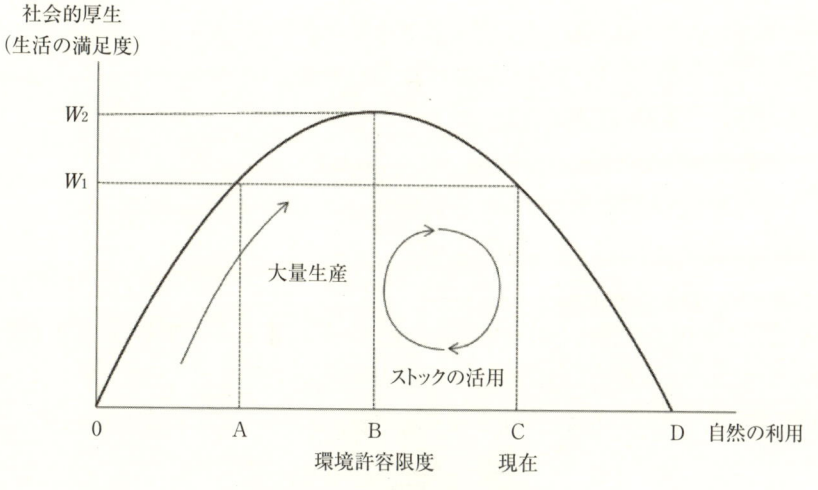

図-1.1.1　自然満足度曲線[10]

は，環境許容限度Bまでは，自然を利用すればするほど生活の満足度が向上する大量生産・大量消費の世界である。自然満足度曲線では，環境許容限度Bを超えると，生活の満足度はむしろ低下すると指摘している。三橋は，我々はすでに環境許容限度を超え，Cに近いところにいると指摘し，Bの右側と左側では，まったく異なる経済システムを考えなければならないとしている。いずれも脱物質化を伴う新たな経済システムへの移行を求める点で共通している。

1.3 建築物の持続可能性

1.3.1 地球環境・建築憲章

　1992年にブラジルのリオ・デ・ジャネイロで開催された「環境と開発に関する国際連合会議(通称：地球環境サミット)は，1987年のブルントラント委員会が提出した「持続可能な開発」をさらに進めるため，172カ国，約4万人が参加した国連史上最大規模の国際会議であり，国際的な取り決めから地方自治体の条例に至るまで多大な影響を与え続けている。この会議では持続可能な開発に向け，地球規模でのパートナーシップの構築を呼びかけたリオ宣言(環境と開発に関するリオデジャネイロ宣言)が採択され，その行動計画であるアジェンダ21が合意された。アジェンダ21は，その実施主体として地方自治体の役割を高く評価しており，地方自治体の取り組みを効果的に進めるためのローカルアジェンダ21の策定を求めている。また，別途協議されていた「気候変動枠組み条約」もこの会議にて提起され，各国の署名が開始された。

　とくに，気候変動枠組み条約は，建築に関連する温室効果ガスの排出量が全体の1/3以上を占めることが明らかになるにつれ，建築業界にも大きな影響を及ぼすことになる。

　1997年，日本建築学会は「第三回気候変動枠組み条約締結国会議(COP3)」と連動し，「我が国の建築は今後，生涯二酸化炭素排出量を3割削減，耐用年数3倍増100年以上を目指すべき」とする学会長声明と発表した。当然の内容のようにも思えるが，長寿命化は新築工事量の減少を含意することから業界の体質改善を求めることにもなり，大きな反響を呼んだ。

　その基本目標を実現するため，また建設業界として団結してこれに取り組むた

め策定されたのが「地球環境・建築憲章」である。日本建築学会，日本建築士連合会，日本建築士事務所協会連合会，日本建築家協会，建築業協会の建築5団体が地球環境・建築憲章委員会をつくり，共同で作成した憲章は，5つの項目からなり持続可能な社会における建築のあるべき姿を共有することを目指した[11]。建設団体がこのような目標を共有することはこれまでなく，画期的であった。この後，さらにあるべき姿を具体的に示すため「地球環境・建築憲章運用指針」が検討され，2000年10月に発表されている。詳細については文献に示すウェブサイトなどで一読して欲しい。

---

① 建築は世代を超えて使い続けられる価値ある社会資産となるように，企画・計画・設計・建設・運用・維持される。(長寿命)

② 建築は自然環境と調和し，多様な生物との共存をはかりながら，良好な社会環境の構成要素として形成される。(自然共生)

③ 建築の生涯のエネルギー消費は最小限に留められ，自然エネルギーや未利用エネルギーは最大限に活用される。(省エネルギー)

④ 建築は可能な限り環境負荷の小さい，また再利用・再生が可能な資源・材料に基づいて構成され，建築の生涯の資源消費は最小限に留められる。(省資源・循環)

⑤ 建築は多様な地域の風土・歴史を尊重しつつ新しい文化として創造され，良好な成育環境として次世代に継承される。(継承)

(2000年6月　地球環境・建築憲章(抜粋))

1.3.2 サステイナブル・ビルディング

　サステイナビリティには，資源の有限性や倫理的側面が含まれ，全体としてバランスを取ることを求めている。建築分野においても「持続可能な建築とは何か？」ということが盛んに議論されてきた。木材のような再生可能な資材は，例えば日本の木材生産量の範囲内でというように，環境の容量を設定することも可能であるが，現実的には世界中から建設資材を輸入しており，「持続可能な建築」を定量的に，明確に定義することは極めて難しい。

　日本建築学会地球環境委員会サステイナブル・ビルディング小委員会では，サステイナブル・ビルディングの定義を，

第❶章 健康性と快適性，そして持続可能性

> 地域レベルおよび地球レベルでの生態系の収容力を維持しうる範囲内で，建築のライフサイクルを通しての省エネルギー・省資源・リサイクル・有害物質排出抑制を図り，その地域の気候・伝統・文化および周辺環境と調和しつつ，将来にわたって，人間の生活の質を適度に維持あるいは向上させていくことができる建築物

としているが，「生態系の収容力」が明確でなければ，定性的な目標にならざるを得ない。現在，定量的な目標としては，京都議定書目標達成計画（2005年閣議決定）で示される，家庭部門の温室効果ガスの増加1990年比6％以内，業務その他部門では15％以内という目標がある。主たる温室効果ガスである二酸化炭素排出量で見ると，2005年度の排出量は家庭部門で1990年比37％増，業務その他部門では45％増と現実的には達成が極めて困難な目標であるが，まずは踏み出した第一歩と考えるべきだろう[12]。

途上国の発展を考えれば，資源が枯渇しつつあることは明白であるが，目標値を定めて政策的に誘導するのか，市場原理に任せる（枯渇すれば価格が上昇し，需要をコントロールする）のかは，きわめて政治的判断が求められるところであるが，生態系の収容力がどのようなものであるかは，常に検討し続ける必要があろう。

1.3.3 住環境の持続可能性

持続可能性には，ナチュラル・ステップやデーリーの三原則のように，自然の環境容量に重点を置いた狭義の持続可能性と，経済発展に重点を置きつつ，重大な資源は減ささないようにする広義の持続可能性がある。

浅見ら[12]は住環境に関連した持続可能性の概念を，経済面，環境面，社会面の3つに分類できるとして整理を行っている。経済的持続可能性とは，環境や社会の持続可能性を維持しつつ，地域の経済的な活性の維持・発展を促進する努力である。環境的持続可能性とは，動的な環境の保全・改善に向けた努力であり，社会的持続可能性とは，物的なものだけでは現れない徳野良好な特色を維持・増進する努力であるとしている。経済，環境，社会の各持続可能性は，時として対立する場合もある。ある種のトレードオフの関係である。

中長期的には狭義の持続可能性を達成できる戦略を描きつつ，短中期的には，

経済，環境，社会相互のトレードオフの関係を理解した上で，持続可能性の増進に努力する必要があろう。

表-1.1.1　住環境に関する持続可能性[13]

経済持続可能性	地域の持続可能な発展	地域産業のバランスのとれた発展，住宅需給のバランス，時代への柔軟な対応可能性，地区の比較優位性，地域の魅力づくり
環境持続可能性	環境汚染防止	大気汚染，水質汚濁，土壌汚染
	廃棄物削減・資源の再利用・長期耐用性	廃棄物分別，廃棄物の削減・再利用，リサイクル可能な資材の開発，水循環，雨水利用，建物構造の長期耐用性，メンテナンス
	エネルギー消費削減と有効利用	建物とエネルギー消費，パッシブシステム，日陰の計画的な作成，通風性能に配慮した住棟配置，コジェネレーションシステム，省エネルギー住宅，交通とエネルギー消費，効率的都市構造，徒歩圏内の活動量を意識したコンパクトな地区の計画，自転車など非動力系交通機関利用の促進およびそれを主にしたコンパクトな都市構造
	生態系の多様性	ビオトープ（多様な生物の安定した生息環境）
	都市気候の緩和	ヒートアイランド問題，都市キャノピー層，アルベド，屋上緑化，表土保全
	地球温暖化防止	二酸化炭素排出量，ライフサイクルアセスメント
社会持続可能性	都市活動のバランス	適正な人口バランス，住宅需給のバランス，多様なタイプの住宅ストック
	まちの魅力の維持	まちの品位・ブランドの維持，特色ある歴史・文化・界隈性の継承，建物の地域性
	住宅地の改善・更新の容易性	権利関係調整の可能性，建て方の適正バランス
	社会の安定性	良好なコミュニティの維持，sustainable community

1.4 健康建築学とデカップリング

1.4.1 デカップリング（decoupling）

　日本国憲法第13条では，「すべて国民は，個人として尊重される。生命，自由及び幸福追求に対する国民の権利については，公共の福祉に反しない限り，立法その他の国政の上で，最大の尊重を必要とする」とある。いわゆる幸福追求権と呼ばれる一文であるが，幸福の追求が人の生きる目的の一つであり，進歩・技術革新の動機であったことは間違いないだろう。

　はたして幸福とは何であろうか。「健康であること」「物質的に豊かであること」

第❶章｜健康性と快適性，そして持続可能性

「大きな家に住むこと」また，「仲の良い家族に恵まれること」「心が平安であること」など，その人の育ってきた環境や文化的背景によってもさまざまであるが，一言で言うならば「生活の質の向上」ということになろう。

　産業革命以後，大量生産・大量消費を通じ，経済規模を拡大することが生活の質の向上につながると，我々は疑いなく信じていたが，1970年代，そこには隠れた前提があることに気付き始めた。現在の経済システムでは，経済規模の拡大は，資源やエネルギーの消費を伴わずには不可能に思える。そこには成長しようとすると環境が汚染され，環境を保全しようとすると成長が抑制されるという考えがある。いわゆる成長と環境のトレードオフ論である。環境経済学者の植田和弘は，経済成長と環境破壊のトレードオフ論について，福祉や雇用を守るためにはある程度の経済成長が必要であることに言及し，経済成長と環境破壊のトレードオフから抜け出る途を探求していかなければならないとしている。これは経済成長と環境負荷の増大の分離，すなわちデカップリング（decoupling）の必要性の指摘でもある。

　デカップリングとは環境負荷の増加率が経済成長の伸び率を下回る状況を指すが，特に経済が成長する一方で環境負荷が減少する状況を絶対的デカップリングという。前者は環境効率の改善と言い換えることもできる。

　今，我々に求められるのは，環境への負荷を増大させずに生活の質を向上させることであり，それによる幸福の追求を支援することであろう。健康建築学とは，デカップリングを実現する建築を求める学問である。

1.4.2　技術と住まい手，マネジメントの三位一体の取り組み

　近年の，建築にかかわる技術革新にはめざましいものがある。短いとされた建築の寿命も向上している。寿命の考え方にもよるが，人間の平均寿命と同じように，同年に建設された建物の残存率が50％をきる時点を平均寿命とすると，例えば住宅の寿命は50年程度になりつつある。また，長寿命化の傾向は戦後に建てられた建物の除却が進めばさらに進むものと考えられる。一方，住宅の長期利用を支えた家族による住宅の相続は，少子化や高額な相続税，職業による居住地選択などにより機能しておらず，建築を社会として使い続ける新たな仕組みづくりが求められている。我々が取り組むべき課題が，ハードからソフトへと移りつつあるのである。健康における「康心」，すなわち健全なライフスタイルの再構築

である。

　住宅におけるエネルギー消費は，省エネルギー法をはじめとするさまざまな対策が実施され，トップランナー規制などにより技術革新も進んだ。しかしながら，個々に見れば相応の成果が上がっているにもかかわらず，住宅からの温室効果ガスの排出量は，京都議定書の基準年である1990年と比較すると約30％，ここ10年でも10％以上増加している。エアコンやテレビなどの家電製品の省エネ性は改善されており，建物の断熱性・機密性も徐々に向上している。にもかかわらず，なぜエネルギー消費は増え続けるのだろうか。

　例えばエアコンであるが，効率は向上しエネルギー消費量が少なくなり，そして価格も安くなった。すると懐に余裕が出た消費者は二台目，三台目を買うようになった。テレビでは画面の大きさ当たりのエネルギー消費量は改善を続けているが，一方で大型化が急速に進んでいる。

　国家レベルでも，途上国の省エネ事業などを支援し，削減したCO_2を支援国の削減分として獲得できるCDM(Clean Development Mechanism)では，効率化により浮いた資金が新たな投資に向かい，誘発効果も考慮すれば，本当にCO_2

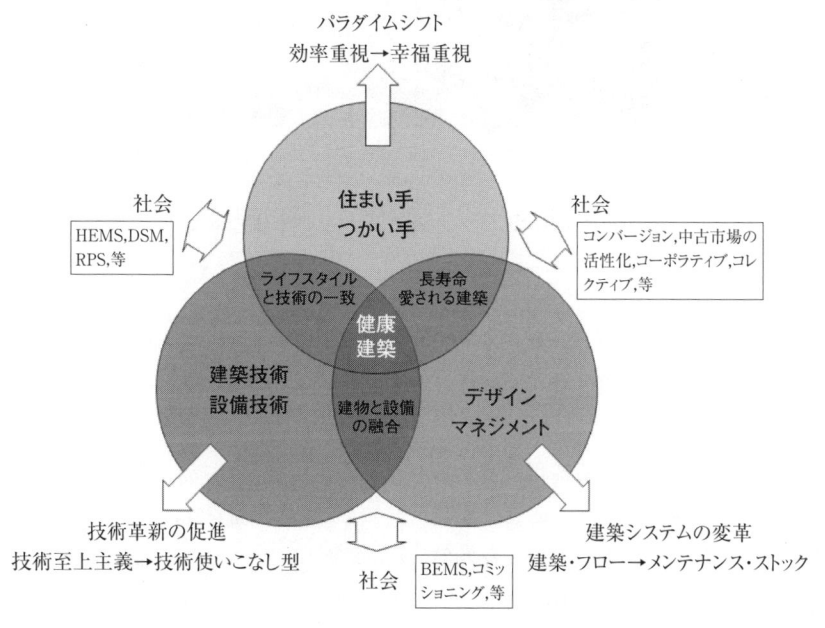

図-1.1.2　技術とつかい手，マネジメントの三位一体の取り組み

第❶章 健康性と快適性，そして持続可能性

1400年代のシグアナ族の断崖住居。1400年代に突如として姿を消す。干魃，疫病，土壌劣化等が原因と考えられるが詳細は不明。我々も同じ途を辿るのだろうか。

図-1.1.3　アリゾナ州モンテズマ城国定公園

が削減できたのか疑わしいという問題が起きている。経済学ではこれを「合成の誤謬」というが，環境的な持続可能性のみを追求し，経済的側面を軽視するとこの様な問題が生じる。

　詰まるところ，これらは現代社会のパラダイムへと帰結することになる。人の「幸福の追求」を出発点とすると，現代社会における「幸福」とは「生活の質の向上」であり，生活の質の向上とはすなわち「経済規模の拡大」で，経済規模の拡大には「環境破壊」が不可避だというパラダイムである。

　2005年にベストセラーになった「文明の崩壊」[14]では，崩壊した文明と存続し

た文明を取り上げ，その特徴を分析している。存続した文明（江戸時代の日本も含まれている）の特徴を簡単にまとめると，「優秀なリーダー（トップダウンによる環境管理）」と「国民間の問題意識の共有（ボトムアップによる環境管理）」だとしている。現代社会では，国民の理解や支持無しにはトップダウン的な施策を実施するのは極めて難しい。したがって，我々の選択肢はボトムアップによる環境管理しか残されていない。ボトムアップがあれば，トップダウンによる環境管理も可能になろう。

その具体的な方法論は，建築技術と住まい手，そしてそれらを繋げるデザインマネジメントの協働によることになるだろう。技術開発では，技術至上主義から使いこなし型に，住まい手は効率重視から幸福重視に，デザインマネジメントもフローからストックに根ざしたものに変化させていく必要がある。技術と住まい手，デザインマネジメントの三位一体の取り組みの中心にあるのが，健康建築学である。

参考文献

1) WHO：Constitution of the World Health Organization, 1946
2) 日野原重明：生き方上手，ユーリーグ，2001
3) 内井昭蔵：健康な建築，彰国社，1985
4) 内井昭蔵：再び健康な建築 ─生活空間に倫理を求めて─，相国社
5) 2003 森田慶一：建築論，東海大学出版，1972
6) ナチュラル・ステップ：http://www.naturalstep.org（翻訳は文献 7）による）
7) RSBS：サステナビリティの科学的基礎に関する調査，2005
8) Herman Daly：Toward Some Operational Principals of Sustainable Development, Ecological Economic 2, 1990（翻訳は文献 9）による）
9) ドネラ・H・メドウズ他：限界を超えて，ダイヤモンド社，1992
10) 三橋規宏：サステイナブル社会の考え方とその実践，21 世紀 COE プログラム「循環型住空間システムの構築」第 4 回フォーラム，2006
11) 日本建築学会地球環境・建築憲章委員会：http://news-sv.aij.or.jp/kensho/
12) 温室効果ガスインベントリオフィス：日本の温室効果ガス排出量データ（1990 ～ 2005 年度），間接排出量（電気・熱分配後）による　http://www-gio.nies.go.jp/aboutghg/nir/nir-j.html
13) 浅見泰司編：住環境　評価方法と理論，東京大学出版会，2001
14) ジャレド・ダイヤモンド：文明の崩壊，草思社，2005

第2章 建築環境と健康問題

　近代文明の発展は，我々の生活を豊かにし，便利にした。しかしその反面，新たな健康問題をもたらした。そのひとつが，生活習慣病の蔓延である。他のひとつが，環境の汚染の問題である。環境汚染は，居住環境や食糧の汚染から職域・地域・都市・地球環境など我々の生活のすべての面に及び，それが健康を脅かしている。このようにすべての人びとの関心が"健康"と"環境"に高まったことは，今までに経験されなかったことであろう。

　現代の生活環境は，生物学的なヒトあるいは社会的な生物である人にとって不自然で，種々の弊害をもたらしている。しかし人びとはその大部分の時間を住居や学校・職域，地域・都市という建築環境の中で過ごすことになる。ここでは建築環境と現在遭遇している健康問題について述べる。そのために，まずヒトの進化や適応について述べ，現代の健康問題の根幹について考えてみる。つぎに住居，職域および屋外の環境，とくに建築環境の面から現代の健康問題について概観する。

2.1 社会変化と健康問題

　日本人の健康問題は，工業先進国化した昭和30年代後半から40年代を境に大きく変化した。すなわちこの高度経済成長をする以前の社会では，感染症（伝染病）が健康問題の主体であった。ところが経済的に豊かになり，人びとが便利で快適な生活を営むようになると，食習慣，運動不足，ストレス，喫煙，多量飲酒などの個人の生活習慣によってもたらされる生活習慣病が主要な健康問題となった。同時に環境も大きく変化し，ヒトにとって必ずしも望ましくない環境が健康を脅かしている。これら現代の健康問題は，いずれもヒトの生活習慣と環境への不適応によってもたらされたといえる。

2.1.1 ヒトの歴史と環境問題

　直立二足歩行を行うヒト科の動物が誕生したのは，今から数百万年（400〜700万年）前とされる。ヒトが農耕や牧畜を始めたのが今から約1万年前とされるから，ヒトの歴史の大部分（99％以上）が採集狩猟民の時代と言える。

　採集狩猟民としての生活は，まさに野生動物と同様，自然の中で自然と共生する生活（第1次ハビタット）であった。そこでのヒトに影響を及ぼす環境は，暑さ・寒さあるいは湿度といった物理的環境因子と病原微生物や動植物などの生物学的環境因子が主であった。また農耕や牧畜が開始された約1万年前から，ヒトは自然体系を少し人為的に加工した生活（第2次ハビタット）を営んできた。農耕の浸透とともに人口増加が起こり，新たに他者や集団などとの人間関係など社会的な環境因子なども加わった。しかし自然の中で暮らし，集団と共存して生きる人にとって，その影響は必ずしも大きくはなく，ヒトの適応能力の範囲であった。

　さらに18世紀になると英国で産業革命が起こり，19世紀には欧州に浸透し，日本にも明治以降に欧米の文化が導入され，しだいに都市化が進行していった。都市化によって，ヒトは自然とは大きくかけ離れた人為的・人工的な環境下での生活（第3次ハビタット）を営むようになった。そこでもたらされた健康問題は，水や空気の物理的な汚染，ネズミや昆虫，寄生虫などによる感染症の流行であった。さらに第二次大戦以降，とくに日本では昭和30年代後半から40年代にかけて工業化に邁進し，急速な経済的発展を遂げて加速度的な急激な環境変化をもたらした。ヒトは，数百万年間継続してきた自然とは大きくかけ離れた生活を送り，新たな環境で生活を送るようになった。そこではこれまでの環境因子に，重金属や有機溶剤など化学的環境因子が加わった。化学物質が空気や水質の汚染をもたらし，公害など重大な健康問題を引き起こした。また，粉塵，騒音，振動，電磁波など新たな物理的環境因子も健康問題の要因に加えられるようになった。さらに一層都市化や経済発展をした近年は，化学的・物理的環境因子に加え，家庭・職域・地域での対人関係や対社会的な関係など心理的ストレスといった社会的環境因子がヒトの健康に影響を及ぼすようになった。20世紀後半からの生活水準の向上，経済的発展，上下水道の整備，衛生技術や医療技術の進歩，衛生教育や医科学の発達，交通手段や情報伝達の発達など社会・経済的条件の改善に伴い，

ヒトが長く苦しんできた従来型の感染症の恐怖から逃れられるようになった。しかし新たに創り出された環境や環境因子が，生活習慣病や環境汚染などに基づく健康問題を引き起こす要因となっている。

2.1.2　生物学的進化と文化的進歩のインバランス

　ヒトの身体が進化するためには，遺伝子記号の修正・増補・改訂などが必要である。ヒトの身体に形質的変化が起こるためには，1万年以上の時間が必要とされる。したがって我々の身体の構造や機能は，現代人といえども採集狩猟生活を営んできた時のままであり，基本的には我々の身体は採集狩猟生活に適するように進化していると考えられる。

　他の動物に比べると，ヒトは環境への適応能力が高いといえる。しかし，我が国の昭和30年代以降の環境変化は，あまりにも急激であった。人びとの衣・食・住をはじめとする生活水準や経済状況は飛躍的に向上し，物質的な豊かさが実現した反面，心身と社会に大きなひずみをもたらしている。それが，多くの健康問題を引き起こしている。すなわち，都市化や工業化は，環境破壊，環境汚染，種々の生活公害をもたらし，国民の健康生活を根底から脅かしつつある。食生活の改善や洋風化は，栄養改善や子どもの発育・発達などに寄与したが，不適切な食習慣とあいまって生活習慣病などの原因となっている。労働や家事の合理化・省力化，交通機関の発達，冷暖房の普及などは快適で便利な生活をもたらしたが，一方では身体機能の低下や運動不足などをもたらした。また労働の機械化・合理化が，労働内容や労働形態の変容に伴う新たな職業性障害を多発させている。生活の複雑化，家族・近隣・地域での人間関係の希薄化，職域での人間関係の複雑化，加重な労働生活などは，心身のストレスの増大や人間性の抑圧など多様な精神的・社会的病理を引き起こしている。これらは現代の環境が必ずしもヒトとして望ましい環境となっていないことの例に過ぎない。

　少なくとも1万年以上の時間を必要とするきわめて緩慢なヒトの進化に対し，昭和30年代後半からの環境変化はあまりにも急激であった。人類の歴史の10万～5万分の1の時間，あるいはヒトの進化に必要とする時間の200～300分の1の時間に，環境が大きく変わったことになる。昭和30年代以前に生活習慣病などほとんど認められなかったことを考えると，緩慢なヒトの進化が環境の変化（文化的進歩）についていけなくなっていると考えざるを得ない。そして生活習慣

病の蔓延の背景には，生物学的進化と文化的進歩のインバランスがあると考えられる。採集狩猟民としての生活に適するように進化し，その時代と変わらない心身の状態にあるヒトが，あまりにも急激に変化した人為的・人工的環境の下で不自然な生活を自らに課している結果が，生活習慣病という新しい健康問題を生み出したと考えられるのである。同様に，現代における化学的環境因子と物理的環境因子の大部分は，過去にヒトが触れることのなかった新しいもの，あるいは過去の歴史の中でそれほど高濃度の物質に遭遇することがなかったものであろう。したがって，ヒトは新しい物質，その量や濃度に適応できず，健康を阻害していると考えることができる。

このようにヒトの適応範囲を超えた新たな生活習慣や生活様式，環境変化への不適応が新たな健康問題をもたらしていると考えられる。

2.2 居住環境と健康問題

住居は，人の基本的な生活の場所であり，安らぎ，眠り，また家族団らんの場所でもある。その環境は，人びとの健康に大きな影響を及ぼす。とくに乳幼児や高齢者，妊婦など身体的な弱者ほど住居で長い時間を過ごし，健康被害を受ける割合は高くなる。近年住宅や生活様式が大きく変化している，個人の住居の観点から健康問題をみてみよう。

2.2.1 脳卒中と熱中症

脳血管疾患(脳梗塞，脳出血，くも膜下出血など)は1951年から1979年まで日本人の死因の第1位を占め，現在は悪性新生物(いわゆるがん)，心疾患に次いで第3位である。この脳血管疾患のうち急激に発症したものは，脳卒中と呼ばれる。脳卒中は高血圧者に多く，急激な血圧上昇によって誘発される。寒気や急激な気温の低下，大きな精神的ストレスに晒されると，ヒトは防衛反応として血管収縮を起こす。急激な血管収縮は，著しい血圧の上昇を招き，脳動脈硬化や脳血管の狭窄がある人は脳血管の破裂や脳出血を起こし，脳卒中の危険性が高くなる。家庭内では寒いトイレ内で息んだ時，浴室から寒い脱衣場に出た時，暖房のある部屋から寒い部屋へ移動したり，屋外に出た時に脳卒中を起こす危険性が高くなる。日本人にもっとも多い疾患が高血圧であり，医療機関で高血圧の治療を

受けている人が約700万人にも達する。脳卒中の予防のためには，生活習慣の改善や衣服による防寒など個人的な対応とともに，暖房や住宅の気密化など建築上の対応が求められる。

熱中症とは，熱失神，熱疲労，熱射病，熱痙攣など暑熱環境で発生する障害の総称である。いずれも体温の上昇によって起こる。スポーツや労働中だけでなく，暑い屋内や庭仕事などでも起こりうる。体力や身体的に弱い乳幼児，高齢者で起こる割合が高く，発汗による脱水症状もひとつの原因となる。また比較的高温で湿度がきわめて高く発汗による放熱が抑制された場合にも起こり得る。冷房，水分摂取，除湿などの対策が必要である。

2.2.2 アレルギー性疾患

アレルギーとは，体外の異物（抗原）を排除するために働く免疫反応が過剰に起こることをいう。アレルギーを起こす環境由来因子を，とくにアレルゲンという。アレルギー性疾患には，アトピー性皮膚炎，アレルギー性鼻炎（花粉症），アレルギー性結膜炎，アレルギー性胃腸炎，気管支ぜんそく，小児ぜんそく等の他，食物アレルギー，薬物アレルギー，じんま疹などがある。我が国では約30年前からアレルギー疾患者が増加し，現在は国民の30％以上が何らかのアレルギー性疾患を持っていると言われている。アレルギー性疾患の原因は不明であるが，ダニ，カビあるいは化学物質などに対する過剰な暴露も原因のひとつとなる。

ダニにはたくさんの種類があり，人体にほとんど無害のものから，刺されることによりかゆみ・発疹・疥癬などをもたらすダニ，アレルギー性疾患を引き起こすダニまで多様である。鼻炎，気管支喘息，アトピー性皮膚炎，結膜炎などのアレルギー性疾患をもたらすダニは，主としてヒョウタンダニであるといわれている。ヒョウタンダニは，室内に比較的多く，室内のほこりの中に含まれるヒトの頭垢等を食べて生きている。ダニは，畳，絨毯，寝具などほこりが溜まりやすい場所に大量発生しやすい。生きているダニだけでなく，ダニの糞や死骸もアレルゲンとなる。ダニは，高温多湿の環境で繁殖しやすく，ほこりや頭垢，食品類，畳の芯の藁，カビの胞子などが餌となる。換気，除湿，乾燥（天日干し），清掃などがダニの一次駆除法である。またイヌやネコなどのペット類の脱毛なども繁殖源となったり，ペットがダニを室内に持ち込んだりすることもあり，注意が必要

である。

　カビは菌類の俗称で，発酵食品，抗生物質などに用いられる有益なカビから，食中毒，嘔吐・下痢・腹痛，発がん性物質となるカビなど多岐にわたる。多様なカビのうち，真菌がアレルギー性疾患の原因となる。アレルギー症状だけでなく，カビ類は食中毒や真菌感染症など死に至る疾患，肝臓や腎臓障害，消化器疾患，皮膚炎などの原因ともなる。カビは気温20〜30℃で繁殖し(28℃位がもっとも繁殖率が高い)，高温に弱い性質をもつ(60℃以上では数分間で死滅)。また相対湿度が高いほど，とくに相対湿度80％以上で繁殖が盛んになる。カビの発育条件は，これらの温度，湿度，栄養および酸素である。カビの栄養は，建築内装材のすべてとゴミやほこりなどである。住宅でカビの繁殖しやすい場所は，浴室，トイレ，洗面所，台所，室温の低い所(壁を隔てて外気に面した家具の裏側，押し入れなど結露しやすい場所)である。結露防止が一次対策で，除湿・断熱・気密・換気・室内温度のバランスおよび清掃が予防となる。

2.2.3　シックハウス症候群と化学物質過敏症

　日本における従来の室内空気汚染問題は，ひとつは，前述のダニ・カビなどのアレルゲンによるアレルギー性疾患であった。また他のひとつが，開放型暖房器具から発生するガスの発生であった。後者は，石油やガスが燃焼することによって二酸化炭素，窒素酸化物，二酸化窒素，一酸化炭素，アルデヒド類が発生し，それが大きな問題であった。ところが近年，住宅の高気密化に加え，化学物質を放散する建材や内装等の使用が増え，新たな室内空気汚染，すなわち「シックハウス症候群」と「化学物質過敏症」が健康を阻害する問題として注目されている。

　シックハウス症候群は和製英語で，欧米ではシックビル症候群(Sick Building Syndrome：SBS)という。シックハウス症候群の明確な定義はなく，固有な症状もなく，また個人差も大きいが，新築した住宅や改築・改装した住居に入居後に起こる目や鼻への刺激，倦怠感，めまい，吐き気，頭痛，平衡感覚の失調や喉の痛みなどの症状が現れる一連の症候群を指している。これらの症状は，建築材料，内装，家具や建具などに使用される接着剤や塗料に含まれる有機溶剤，防腐剤，可塑剤，防蟻剤，揮発性有機化合物(VOC)などの化学物質によってもたらされる。このシックハウス症候群の問題は，個人住宅だけではなく，事務所，学校，ホテル，商業施設にも広がり，とくに最近は学校建築，すなわちシックス

クール症候群も問題視されている。これらは増改築で使われた新建材や塗料だけでなく，学校で日常的に使われているワックスやフェルトペン，洗剤，樹木への農薬散布，プールの水の消毒に使われる塩素なども原因と考えられている。

　厚生労働省は，2006年5月に13種の室内空気汚染化学物質と室内濃度指針値を発表している。その物質は，ホルムアルデヒド，トルエン，キシレン，パラジクロロベンゼン，エチルベンゼン，スチレン，クロルピリホス，フタル酸ジ-n-ブチル，テトラデカン，フタル酸ジ-2-エチルヘキシル，ダイアジノン，アセトアルデヒド，フェノブカルブである。このうちホルムアルデヒドは，合成樹脂や接着剤を多量に使用する合板，断熱材，フローリング，ビニール壁紙に含まれている。ホルムアルデヒドは，発がん性物質として挙げられているが，短期間の暴露によって鼻や喉に対する刺激をもたらし，喘息発作の原因ともなる。また接着剤や塗料の溶剤として用いられているトルエン，キシレン，パラジクロロベンゼンは，長期間の暴露によって神経行動機能および生殖・発生への影響（トルエン），動物実験による出生児の中枢神経系発達への影響（キシレン），肝臓および腎臓への影響（パラジクロロベンゼン）が懸念されている。これらの揮発性有機化合物は，揮発しやすく，皮膚や目，肺から吸収されやすく，頭痛，めまい，吐き気の症状の原因ともなる。またこれらを発がん性物質としている国や国際機関もある。

　明確な定義がなされておらず，また必ずしも医学的に認知されているわけではないが，化学物質過敏症という用語もある。その病態や健康影響の実態について，十分な科学的議論がなされているわけではない。我が国では化学物質過敏症と呼ばれているが，欧米ではMultiple Chemical Sensitivities（MCS）と呼ばれている。この化学物質過敏症とは，特定の化学物質に大量に暴露後，あるいは微量でも長期間にわたって暴露された後に，その特定の化学物質にきわめて微量でも暴露すると起こる異常過敏反応であるとされている。原因物質として化学薬品（殺虫剤，除草剤，抗菌剤，可塑剤），有機溶剤（塗料，クリーナー，シンナー，芳香剤），衣料（絨毯やカーテンに含まれる防炎・可塑剤），その他（タバコ煙，家庭用ガスおよび排気ガス，大気汚染物質，医薬品）などが挙げられている。症状として，自律神経障害（発汗異常，手足の冷え，易疲労性），精神障害（不眠，不安，鬱状態，不定愁訴），末梢神経障害（喉の痛み・渇き），消化器障害（下痢，便秘，悪心），結膜の刺激症状，心悸亢進，皮膚炎や喘息などがある。この化学物質過敏症は，上記のような不定愁訴様の症状をもたらし，シックハウス症候群と

区別することは難しい。しかしアレルギー性疾患的な特徴に加え、中毒的な要素を兼ね備えた後天的な疾患群とされている。シックハウス症候群は新築・改築した家を離れると症状は軽減するが、化学物質過敏症は中毒症状も有し、その症状の改善は簡単ではない面もある。

シックハウス症候群には、一定の時間に室内温度を高め、建材等が含有する化学物質を放散して、その後に換気を行う、というベークアウトがある程度効果をもたらすと考えられる。しかし残存性の高いホルムアルデヒドには、ベークアウトでも効果はないともいわれている。ホルムアルデヒドの除去には、空気清浄機や活性炭や触媒を利用した吸着分解剤が有効ともいわれている。室内空気汚染は、その汚染源を取り除き、化学物質を含む接着剤や溶剤などの使用をできるだけ避ける必要がある。家庭で日常的に使用する洗浄剤、防虫剤など家庭用品にも多くの化学物質が含まれて、室内汚染をもたらす原因となっている。

2.2.4 転倒，転落

転倒・転落は、誰にでも何処ででも起こる可能性があるが、加齢とともに転倒・転落の数、重傷度は増加する。とくに高齢者では、死亡率が高く、死亡に至らなくても頭部外傷、手首や脊柱の骨折、大腿・股関節骨折を起こし、身体的障害をもたらす。また治療が長引くことによって、寝たきり生活、さらに認知症に進行する例も多く見られる。寝たきりになる原因として、もっとも多いが脳卒中、その次に多いのが転倒・転落による骨折・外傷である。転倒・転落は、致命傷に至らなくても、とくに高齢者にとっては自立性を失い、生活の質(QOL：Quality of Life)にもっとも影響を及ぼす出来事である。

転倒・転落の60％が家庭内で、10％が老人ホームやその他の施設で、残り30％が地域社会で起こっているとされている。家庭内では、滑りやすい場所、ぬれた床面、不十分な照明、障害物のある場所で起こり、浴室、トイレ、台所、階段での転倒・転落が多い。不適切な履物も転倒・転落の原因のひとつである。転倒・転落の予防のためには、移動の障害となる物(テーブル、椅子、電源コードなど)を少なくする、また不安定な履物(サンダル、下駄、草履など)や裾が絡まりやすい服装を避けるなど居住者の工夫と、十分な照明、階段や浴室・トイレへの手すりの設置や滑らない敷物の使用、室内の段差を少なくする、移動の障害にならないように家具を設置する、などの建築上の工夫が必要である。

2.3 職域環境と健康問題

個人の住居とともに，職域や学校も多くの時間が費やされる場所である。学校環境における健康問題もあるが，ここでは職域を中心に建築環境と関連した健康問題を取り上げる。

2.3.1 労働災害の現状

労働者の職業性疾患の予防，健康の保持増進および快適な職場環境の形成を目的として，1947年に労働衛生法が制定され，また1972年には労働安全衛生法が制定され，必要に応じて法令の改定や通達が行われてきた。労働衛生管理の基本は，作業環境管理，作業管理，健康管理の3つである。作業環境管理は，作業環境を的確に把握し，種々の有害要因を取り除いて，良好な作業管理を確保しようとすることである。作業管理は，作業内容や方法によって，有害物質や有害なエネルギーが人に及ぼす影響が異なり，それらの要因を適切に管理し，その影響を少なくしようとすることである。健康管理は，健康診断とその後の事後措置，健康指導からなり，健康状態を把握し，作業環境や作業との関連を検討して，健康障害を未然に防ごうとしようとすることである。

平成17年度の休業4日以上に至った職業性疾病の発生状況を見ると，すべての職業性疾病の71％を負傷に起因する疾病が占め，その83％（全体の約59％）が腰痛（災害性腰痛）である。次いでじん（塵）肺および合併症（全体の9.3％），物理的環境因子による疾病（職業性難聴，振動障害，高気圧障害などで全体の5.6％），作業態様による疾病（非災害性腰痛，頚肩腕障害などが5.2％），化学物質による疾病（有毒ガス中毒，有機溶剤中毒，貴金属中毒などが3.7％）が多く認められる。

2.3.2 腰痛，頚肩腕障害

腰痛は多様であり，その原因も多様である。職域で起こる腰痛には，災害性腰痛と非災害性腰痛に分けられる。前者は，重量物を持ち上げることによって起こる腰痛である。後者は，必ずしも重量物を持ち上げなくても，その作業形態によって起こる腰痛である。建築作業従事者には，災害性腰痛の発症がとくに多く見られる。

ところが近年，整形外科医を訪れる腰痛患者は，肉体的な重労働従事者より

も，とくに重量物を扱わない人々が圧倒的に多いということである。したがって，休業4日以上の職業性疾病のうちもっとも多いのが災害性腰痛であるが，近年は休業に至らず，統計上の数値として現れない非災害性腰痛を訴える勤労者がかなりの数になると思われる。非災害性腰痛は，姿勢を変えた時に突然起こるいわゆるギックリ腰，慢性疲労によって起こる腰痛などである。背筋力・腹筋力の低下など個人的要因に加え，無理な作業姿勢，座りっぱなしや同一の作業姿勢を長時間保つ場合にも起こりやすい。また，流れ作業工程のように，同じ動作を長時間にわたって反復しても，脊柱とそれを支える筋肉の疲労を起こし，腰痛が起こる。

後頭部・頸部，上背部，上・前腕，手指の上肢に発症する運動器障害を総称して頸肩腕障害という。上肢の反復運動が多い作業，上肢を高く上げた状態で行う作業，頸部や肩の動きが少なく姿勢が拘束される作業，特定の上肢部位に負担のかかる作業などを長時間持続した場合に起こる。

建築環境からいえば，腰痛および頸肩腕障害の予防のためには，作業を行う上肢や下肢の位置，作業姿勢，作業スペース，また作業姿勢に影響を及ぼす照明などの面からの配慮が必要であろう。

2.3.3 じん肺およびその合併症

粉塵や微粒子を長期間吸引した結果，肺の細胞にそれらが蓄積することによって起こる肺疾患の総称をじん(塵)肺という。じん肺は，肺に線維性組織が増え，肺胞，細気管支，肺毛細血管などの組織が壊され，咳や痰の増加，動悸・息切れ，さらには呼吸困難を引き起こす。また肺結核や続発性の気管支炎，気管支拡張症，気胸，原発性肺がんなどの合併症に罹りやすくなる。原因となる粉塵には，石綿(アスベスト)，ケイ酸，金属粉，有機塵などがあり，建築環境ではアスベストを用いる建築や建造物の解体，トンネル工事や煉瓦，ガラス，屋根材料，セメントなどの製造過程で起こりやすい。

じん肺とその合併症は昭和30年代から問題化し，その対策がとられて，有所見者の数は減少傾向にある。一方，アスベスト(後述)による労働災害補償は，2001，2002年以降に増加し，平成17年度は急激に増加，今後も増える可能性が高い。じん肺やアスベスト対策は我が国の重要な環境対策のひとつであるが，作業者は防塵マスクの装着など浮遊粉塵や微粒子の吸入防止対策をとる必要があ

る．粉塵や微粒子が飛散しない，あるいはそれを吸入しない建築環境整備が必要である．

2.3.4 職業性難聴，振動障害

　職場において大きな音刺激や騒音（80dB 以上）などに長期間晒され，音が聞こえ難くなる障害を職業性難聴という．最初に高音域（4 000Hz 以上）の音が聞こえ難いだけで，通常の低音域の日常会話などでは問題がない．しかし聞こえ難くなる範囲がしだいに低音域に進行していく．全音域の音が聞こえ難くなると，最後には回復できなくなる．建設現場や建築業，航空機整備，農業などの職場で多く発生している．騒音の発生の軽減と防音対策が重要である．なお，職業性難聴とは別に，ロックコンサートやディスコなど大音響を発する場所でも急性的に難聴を起こすが，これを音響性難聴という．この一時的な難聴は回復可能である．しかし近年，携帯型の音楽再生装置の普及により，ヘッドホンなどで大音量の音楽を聞くことにより，職業性難聴と同じ症状を示す若者が増加していることが懸念され始めている．

　振動障害とは，鋲打機，削岩機，チェンソーなどの振動工具を使用することで，腕や手の局所に起こる振動障害である．寒冷時に発作的に現れる手指の白色化現象（レイノー現象）を特徴とする末梢循環障害，手指や前腕のしびれや感覚が鈍くなる末梢神経障害，手指から肘までの骨・関節・筋・腱などの運動機能障害や握力低下などからなる．かつては，白蝋病と呼ばれ，チェンソーを使う山林労働者に多い障害であった．近年は，エアーハンマーや電動ハンマーなどの打撃工具，エンジンカッターなどの内燃機関内蔵工具，モーターや振動子を内蔵して打ち抜きや切断等の板金加工を行う振動体内蔵の工具，電動モーター，エアーモーター等によって切断・研磨等を行う回転工具，ナットやビス等の締め付けに用いる工具などの普及により，建築の分野でも振動障害が増加している．振動障害は，工具の振動レベル，連続使用時間，使用期間などの暴露条件と，寒冷下や血行が障害される作業姿勢や喫煙の条件で起こりやすい．予防のためには，できるだけ低振動レベルかつ軽量の工具を使用し，振動暴露の時間の短縮や作業のローテーション，作業姿勢の改善，適切な作業台の使用，防寒・保温が必要である．また筋の疲労をとり，筋肉への血行を改善するような体操や入浴も有効であるといわれている．

2.3.5 冷房病

　冷房病は，正式な医学用語ではなく，冷房の効いた室内に長時間いるために，身体の体温調節機能が変調を来し，心身に異常をもたらす自律神経失調症である。冷房病の実態や被害の把握も十分でないが，冷房装置の普及，広い室内やビル全体の冷房の徹底，広い面積を冷房するための室内の温度差など，職域環境下では見逃すことのできない健康障害である。

　冷房病は，冷房の良く効いた環境，とくに外気温との温度差が5℃以上ある室内，温度差の激しい場所への出入り，直接冷風にあたるなどによって，身体の冷え，疲労感や倦怠感，手足のしびれやむくみ，肩こり，頭痛，神経症，腹痛，下痢・便秘，月経異常，食欲不振，いらいら感，鼻炎，頻尿，不眠などの身体的症状および不定愁訴をもたらす。とくに職場では女性に多く，また特定建築物や家庭では乳幼児や高齢者など身体的弱者で発症しやすいといえる。外気との温度差を5℃以内とする，冷気に直接あたらないなどの空調管理，運動や入浴などによって身体を温める，禁煙などが予防法として挙げられる。

2.3.6 喫　煙

　紙巻きタバコには200種類以上の有害成分が含まれているといわれている。その中でも，ニコチン，タール，一酸化炭素が3大有害成分である。タールには，数十種類の発がん性物質が含まれ，とくに肺がんを誘発するといわれている。ニコチンには血管収縮作用があり，血液の流れを悪くし，動脈硬化を促進する。また一酸化炭素は，血液中のヘモグロビンと結びつき，酸素の運搬を阻害する。このニコチンの血流阻害，ヘモグロビンの酸素運搬阻害によって，虚血性心疾患や脳血管疾患の誘因となる。従来，喫煙者が吸う煙(主流煙)が問題と考えられてきたが，たばこの燃焼部分から出る煙(副流煙)には，主流煙より数倍〜数十倍多い有害物質が含まれているとされている。この副流煙による間接喫煙(受動喫煙)は，肺がんだけでなく，肺炎や喘息，気管支炎など呼吸器系の疾病の誘因ともなるといわれている。

　この受動喫煙や防災上の問題から，近年は公共の交通機関や施設，職域などで禁煙場所が増加し，分煙化も進行し，分煙室の設置もされている。しかし換気が十分でないパーティションだけで空間が仕切られていたり，飲食店などのように

多くの場所では喫煙席と非喫煙席が設けられている程度であったり，まだ完全な分煙化には至っていない。

2.3.7 疲労と心理的ストレス

職場環境や就労形態の変化，労働者の高齢化や女性の労働者の増加など就業構造の変化が進行し，仕事による心身の疲労や心理的ストレス，不定愁訴を訴える人が多くなってきている。そのため労働安全衛生法が1992年に改訂され，「事業主が講ずべき快適な職場環境の形成のための措置に関する指針」が策定された。具体的には，作業環境(空気環境，温熱条件，視環境，音環境，作業空間等)の管理，作業方法(不自然な姿勢，筋力を要する作業，高温・多湿や騒音等の場所における作業，高い緊張状態が持続する作業，一般作業)の改善，疲労回復支援施設(休憩室，シャワー室，相談室等，運動施設等)の設置・整備，その他の快適な職場環境(洗面所・更衣室等，食堂等，給湯設備・談話室)を形成するため必要な措置からなっている。また快適な職場環境づくりを推進するにあたって考慮すべき事項として，継続的かつ計画的な取り組み，労働者の意見の反映，個人差への配慮，潤いへの配慮が挙げられている。

2.3.8 その他

家庭における電磁調理器やテレビ，パーソナルコンピュータなどの電磁波の影響も懸念されている。電磁波による健康阻害は明らかになっていないが，職場において電磁波の影響が懸念されているのは，情報技術(IT)化の進行によるVDT (Visual Display Terminals)作業の一般化とVDT利用の増大，VDT機器の多様化である。長時間にわたってVDT作業を行う人は，眼性疲労や視力の低下，精神的・身体的疲労を感じる人が多く認められる。また電磁波に過敏な人では，めまい，吐き気，頭痛，手足のしびれ，肩こりなどの症状を訴える人も多い。そのため厚生労働省は2002年にVDT作業における労働衛生管理のために新しいガイドラインを作成した。そこでは作業管理の指針を示すとともに，照明や採光，グレアの防止，騒音の低減措置，換気・温度・湿度の調整，空気管理などの作業環境管理についてのガイドラインを示している。

シックハウス問題は，1970年代のオイルショックの影響を受けて，冷暖房費を節約するために建てられたビルの中で，1980年代に欧米で起こった問題であ

る。我が国ではビル衛生管理法によって，空調環境に関する管理基準が決められ，欧米のような大きな問題はなく，むしろ新建材や有機溶剤などを多用した個人住宅で起こってきた。しかし先に述べたようにシックスクール症候群も問題化しており，職域においてもシックビル症候群，化学物質過敏症の問題も軽視できない問題である。

2.4 屋外環境と健康問題

　高度経済成長期以降の日本の急激な産業経済の発展，地域開発などに伴って，化学物質やばい煙を中心とした大気汚染による健康被害，水俣病事件・水銀中毒事件・カドミウム汚染などの水質汚染による公害問題が起こった。さらに近年は，大気，水質，土壌の汚染などの問題が加速している。近年の環境問題の特質として，ひとつは健康・生活環境の被害と自然環境の破壊があげられる。また他のひとつとして，大規模特定発生源ではなく，廃棄物，窒素酸化物や二酸化炭素，家庭の生活排水の増大など日常生活や通常の事業活動などによる環境負荷の増大があげられる。いずれも日常生活から地球環境に至る深刻な環境問題となっている。大気汚染，水質汚染，土壌汚染，騒音・振動・悪臭，廃棄物，ネズミや昆虫などの生物などが人びとの健康に影響を及ぼすが，ここでは建築環境を中心に健康問題を取り上げる。

2.4.1 アスベスト汚染

　アスベスト（石綿）は，先に述べたじん（塵）肺のように肺線維症，肺がんの原因，さらに悪性胸膜中皮腫（腫瘍）の原因となる。アスベストは，それ自体が問題でなく，高濃度に飛び散ること，長期にわたって大量に吸い込むことが問題となる。そのため，労働安全衛生法や大気汚染防止法，廃棄物の処理および清掃に関する法律などで予防や飛散防止などが図られている。2005年以来，アスベストの原料，アスベストを使用した資材を製造していた工場，造船や建築，運輸関係の従業員やその家族の被害が明らかにされ，さらにその工場の周辺住民も健康被害を受けていた疑いが持ち上がり，近年とくに注目を浴びている。今後さらに健康被害の拡大が予想される。すなわち建築物の解体によるアスベストの排出量は，2020年〜2040年頃にピークを迎え，年間100万トン前後に及ぶと見込まれ

ている．建築関係者だけでなく，建造物解体にあたってその周辺の住民の健康への影響が懸念されている．

2.4.2 ダイオキシン汚染

塩素の化合物であるポリ塩化ジベンゾ・パラ・ジオキシンとポリ塩化ジベンゾフランをまとめてダイオキシン類という．前者は75種類，後者は135種類からなるといわれ，その毒性もさまざまである．ある種のダイオキシンは，高濃度に暴露すると発がん性の作用，あるいは他の物質による発がん作用を促進するとされる．また死亡に至る急性毒作用，肝臓や免疫系への慢性毒作用を有することが疑われている．さらにダイオキシン類は，体内に取り入れられ，正常なホルモン活動を阻害する内分泌攪乱物質(いわゆる環境ホルモン)の代表に挙げられ，発がん性とともに，男性の精子を減らす生殖機能への影響も懸念されている．しかしどの程度の量が，ヒトへ毒性を有するか不明である．ダイオキシン類は自然界にも存在するが，もっとも大きな発生源はごみの焼却時に排出されるものである．焼却されたダイオキシンが大気・水・土壌を汚染し，さらにそれが食糧汚染をもたらし経口的あるいは呼吸，皮膚への付着によって体内へ取り込まれる．家庭の日常生活や通常の経済活動から排出されるゴミや産業廃棄物が問題となっているが，住宅をはじめ建築物を解体する時に出る建築系廃棄物は，産業廃棄物の中でも大きな割合を占めている．建築業界では標準的な材料となっている新建材，接着剤，塗料，塩化ビニール製品，プリント合板などの焼却時にダイオキシン類を発生させることになる．建築関係者は，この事実も念頭に置いておくべきであろう．

2.4.3 騒音・振動公害

騒音と振動は，人々の快・不快にかかわる問題であり，悪臭とともに感覚公害と呼ばれている．騒音は，聴力や生理機能の低下をもたらすが，人々の不快感，睡眠妨害，作業能率の低下，会話の妨害など生活妨害として騒音公害のひとつにあげられている．騒音による苦情件数は，公害に関する苦情のうちもっとも多いとされている．騒音の発生源として，工場・事業場，建設作業場，自動車・航空機・鉄道などの交通機関，営業・家庭生活の近隣騒音などに分けられるが，建築作業騒音の苦情件数は，工場・事業場騒音に次いで多く認められる．近年は，100

Hz以下の低周波音による建具のがたつき，室内における不快感による苦情が多く寄せられているようである。

　振動は，振動障害，家屋や建物へのひび，建て付けの狂いなど物的被害をもたらす。振動公害としては，いらいら感，睡眠障害などの感覚的苦情の原因となっている。工場騒音，道路交通，鉄道振動の他に，杭打ち機，削岩機，ショベル，大型車両などを用いる建築作業時の振動が，苦情や振動公害の発生源とされている。

2.4.4 電磁波障害

　電磁波の健康への影響は明らかでないが，先に示したように電磁波に過敏な人が存在することは明らかである。また高圧送電線や配電線・変電所・変圧器など電磁波がきわめて強い場所で，慢性的に電磁波を暴露していると，がんや白血病の危険性が高まるとされている。さらに妊婦や乳幼児は，電磁波の影響を受けやすい，という疫学調査も認められる。電磁波環境と健康影響については，厚生労働省，環境省など関係省庁が連携して調査研究や情報の共有などを手がけているところである。スウェーデン，スイス，アメリカなど多くの国では，高圧送電線や鉄塔の近くには，学校や病院，住居，公園などの設置を規制しているところが多いようである。

2.5 おわりに

　現在，人類がこれまでに経験したことのない新たな健康問題に直面している。生活習慣病や環境による健康被害が中心の近年の健康障害の特徴のひとつは，原因をひとつに特定できない点である。また他の特徴は，化学物質などの量や濃度とその影響(dose-response)がまだ明らかでないことである。さらにシックハウス症候群やダイオキシン問題のように，引き起こされる健康阻害の症状がひとつでないことも特徴のひとつである。

　地球規模で環境問題が論じられている。建築産業は，建材の生産，輸入・運搬，建築，解体，廃棄などに大きなエネルギーを消費し，それが地球環境に及ぼす影響は小さくないと思われる。建築物の長期間の使用，材料のリサイクルや再利用，動員されるエネルギーの削減などが地球環境への負荷の軽減，ひいては人び

との健康障害の軽減につながるものと思われる。

　建築環境は，人間活動の基盤である。しかし，その主役はすべての人びとである。建築は，安全・安心，利便で快適（機能的）な生活や都市の構築を目指してきたと思われる。最近，高齢者や心身の虚弱者が増加している。これらの利用者を含めて，さらなる人びとの健康や安全性の向上，環境への適合性，建築物や都市の美観を高め，生活の質の向上ため建築学の努力が望まれると思われる。

参考文献
1) 小泉 明：環境と健康，大修館書店
2) 青木純一郎，前嶋 孝，吉田敬義編：日常生活に活かす運動処方，杏林書院
3) 九州大学健康科学センター編：健康と運動の科学，大修館書店
4) 飯尾雅嘉・小林修平編：栄養と運動と健康，光生館
5) 片山一道・五百部裕 他編：人類史をたどる，朝倉書店
6) 厚生統計協会編・発行：厚生の指標　国民衛生の動向(2006年度版)
7) 厚生労働省編：平成18年度版　厚生労働白書，ぎょうせい
8) 田辺新一：建物の環境への気配りで高齢化社会に貢献する，Aera Mook　新版建築学がわかる，朝日新聞社
9) 村上周三：21世紀に不可避な問題に正面から立ち向かう，Aera Mook　新版建築学がわかる，朝日新聞社
10) 中野 博：安心で快適な家のために設計時の環境対策を，Aera Mook　新版建築学がわかる，朝日新聞社
11) 難波和彦：サスティナブルな視点で新しい都市ヴィジョンを提示する，Aera Mook　新版建築学がわかる，朝日新聞社

第3章 健康で快適な温熱・空気環境デザイン

3.1 建築環境システムの変遷

3.1.1 地球の誕生と人類の進化

　地球が誕生して46億年。この「水の惑星」は生命を育み，生命は36億年かけてモザイク状に進化した。陸地が一つの超大陸となったのは2億年前，ナイアガラの滝ができたのは1.2億年前，恐竜が絶滅したのは6500万年前，そして最初の人類が現れたのは約600万年前といわれている(**表-3.1.1**)。

表-3.1.1　地球の誕生

137 億年前	宇宙誕生	
46 億年前	地球誕生	
36 億年前	先カンブリア時代(冥王代)地殻，海，原核生物	
14 億年前	↓ (始生代)真核生物	
5.5 億年前	古生代(カンブリア紀)	
4.1 億年前	(デボン紀)魚類	
3.6 億年前	(ペルム紀)両生類・爬虫類	
2.4 億年前	中生代(三畳紀)	
2 億年前	(ジュラ紀)パンゲア大陸，恐竜	
1.2 億年前	(白亜紀)ナイアガラの滝	
0.65 億年前	新生代(第三紀)恐竜絶滅，哺乳類，マンモス	
0.06 億年前	人類誕生	
0.03 億年前	(第四紀)人類進化	

　直立2足歩行を始めた初期人類は「猿人(アウストラロピテクス属)」と呼ばれ，約100万年前まで生存した。約250万年前に「ヒト属(ホモ属)」，その後「原人(ホモ・エレクトス)」，約50万年前に古代型ホモ・サピエンスやネアンデルタール人といった「旧人」が現れた。旧人は石器を手にし，火を使い，肉食を始めて，生存

[出典] 国立科学博物館HP　http://www.kahaku.go.jp/special/past/japanese/ipix/index.html

図-3.1.1　人類の誕生

圏を拡大していった(**図-3.1.1**)。

　そして約10万年前，最後の氷期が訪れる頃，旧人はしだいにその姿を消し，「新人(ホモ・サピエンス・サピエンス)」が現れた。新人は環境への適応を大原則に住処を移動し，住居や衣服を工夫しながら効率のよい炉を使って，5万年以上続いた氷期を生き抜いた。2万年前に氷期が緩むと，日本列島の原形が現れ，約1万年前まで打製石器や一部磨製の斧を使った旧石器時代が続いた。その後，日本列島は縄文時代となり，縄文人は各地に多くの土器や貝塚を残した。9 500年前(縄文早期)の上野原遺跡(鹿児島県)や4 500～6 000年前(縄文前期から中期)の三内丸山遺跡(青森県)には一定規模の集落の存在が確認されている(**表-3.1.2**)。

　日本列島に縄文人が現れた頃，チグリス・ユーフラテス河流域の草原地帯で世界最古の農耕が始まった。ヤギ・ヒツジ・ウシ・ブタなどの家畜化に加えて，コム

表-3.1.2　人類の進化と文明の発祥

2000万年前	日本列島が大陸から徐々に分離
600万年前	猿人
200万年前	原人
50万年前	旧人
15万年前	新人
2万年前	日本列島原形誕生，旧石器時代
1万年前	新石器時代，農耕牧畜
0.95万年前	上野原遺跡（縄文時代早期）
0.7万年前	最古の稲作遺跡（揚子江下流）
0.55万年前	三内丸山遺跡（縄文時代前中期）
	エジプト文明，メソポタミア文明，黄河文明
0.45万年前	インダス文明，エーゲ文明
0.3万年前	北部九州で稲作（弥生時代早期）

ギ・オオムギ・マメ類などの栽培化が農耕の契機となった。東アジアでは7000年前に稲作が始まった。最古の稲作遺跡は長江下流域にみられるが、日本列島へは縄文晩期に小粒種の稲が九州北岸に、弥生の前・中期に長粒種の稲が有明海に伝播し、西日本から東日本へと稲作が広がっていった(表-3.1.2)。

　こうして世界各地で本格的な農耕が始まると、人々は農地の近くに「住まい」を構え、集落を形成して定住生活を営むようになる。食料の備蓄と鉄器の普及は貧富の差と権力争いを生むが、一方で集団社会の組織化と定住化に拍車をかけた。定住生活では、それまでの移住生活と違って同じ場所で季節的に異なる気候に耐える住まいが必要になる。すなわち、「建築」が生まれ、建築の環境改変の歴史が始まるのである。

　米国南西部フォー・コーナーズのメサベルデにはプエブロ・インディアン(プエブロとはスペイン語で集落の意味)の遺跡が数多くある。彼らの祖先アナサジ人が残したクリフパレスは、巨大な崖下の窪地に残る住居趾で、冬は石積みの住居と周囲の岩盤が日射を蓄熱し、夜になると放熱する。夏は上部に張り出した岩盤が日射を遮蔽し、崖下の住居は周囲の大地によって冷やされる。彼らの農地はメサと呼ばれる台地の上にあった(図-3.1.2)。

図-3.1.2　米国メサベルデに残るクリフパレス(左:遠景, 右:住居址)

3.1.2　地球の気候変動

　地球の気候は氷期と間氷期の繰り返しであった。最近の周期は約10万年で、その原因は大気組成やミランコビッチ・サイクル等にあるらしい。ミランコビッ

チ・サイクルとは太陽を周る地球の軌道要素の変化による日射量の変動周期のこと。最終氷期はビュルム氷期(約7〜2万年前)であり，約2万年前の海水面は現在より100mほど低かったという報告もある。

いわゆる縄文海進とは，気温の上昇や地殻の変動により海水面が上昇して海岸線が内陸部へ進行したものである。その時期は約1万年前の縄文早期であり，その後現在まで気温は当時よりやや低下傾向，海岸線も海退状況にある。しかしながら，いま危惧されている地球温暖化は明らかに人間活動に起因する温室効果ガスによるもので，とくに1800年以降の二酸化炭素濃度の上昇は前代未聞である(図-3.1.3)。その影響はミランコビッチ・サイクルより遥かに大きいと予想され，いままさに「21世紀型海進」が深刻化しつつある。

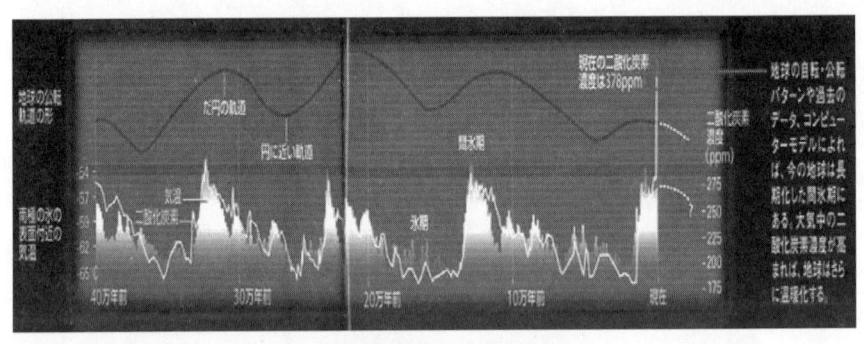

[出典] ナショナルジオグラフック日本版，第10巻，第9号，2004

図-3.1.3　地球の気候変動

3.1.3　土着住居の分類と変遷

自然発生的な土着住居は，雨や風や日差しを避けるのが第一の目的であり，入手しやすい素材とその材料に適した構法を使って必要最低限の空間が確保された。生活レベルが向上し，用途に応じた機能分化が必要になると，人々は夏涼しく冬暖かい居住空間，できるだけ永く穀物を保存できる収納空間を求めて室内環境の改変を試みる。これらの土着住居は素材別(木・竹系，土系，石系，皮・布系)および形態別(一体型，屋根・壁型，箱型，多層型)に分類できる。住居の素材はローカルなものから徐々にグローバル化し，その形態も一体型から多層型へと変化した(図-3.1.4)。

一方，室内環境の改変には地域的にみて2つの大きな流れがある。すなわち，

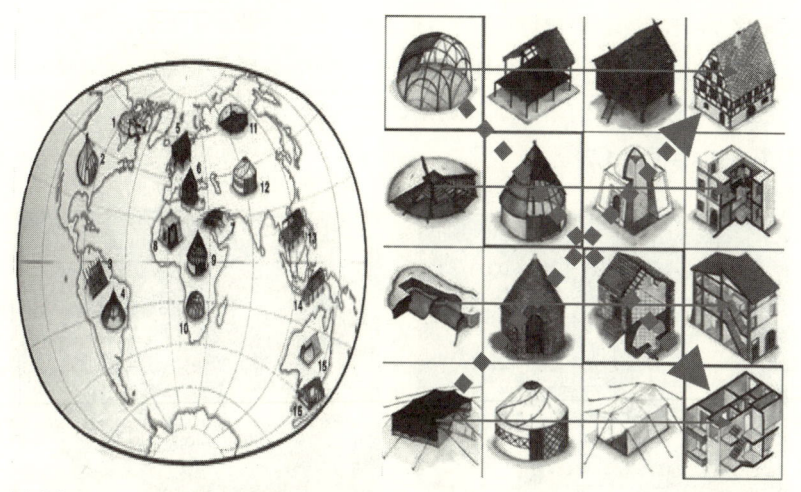

[出典] Giancarlo Cataldi ： Le Ragioni Dell'Abitare, p.25, 1988 & All'Origine Dell'Abitare, p.17, 1986, ALINEA editrice s.r.l.-Firenze

図-3.1.4 土着住居の分類と変遷

重厚で堅固な閉鎖型(**図-3.1.5**)と軽量で柔軟な開放型(**図-3.1.6**)である。前者は寒地や砂漠のような気候条件の厳しい地域に多くみられ，後者は湿気の多い蒸暑的な地域に多くみられる。季節および昼夜の気候変化の大きな地域では，これに開口部を中心とした可変的要素が加わる。

図-3.1.5 閉鎖型住居(スコットランドのコーダー城)

図-3.1.6 開放型住居(宮崎県の旧黒木家住宅)

3.1.4 火と水と室内環境

当然，建物的手法による室内環境の改変には限界がある。寒くなれば火を焚い

て暖を採り，日が暮れれば灯りを点さざるを得ない。昔から住まいにとって火と水は不可欠であり，とくに火の役割は調理，照明，採暖と幅広かった。火の使い方には地域性がある。日本では「東のイロリ，西のカマド」といわれる生活スタイルが生まれた(**図-3.1.7**)。

図-3.1.7　カマド(竃)とイロリ(囲炉裏)

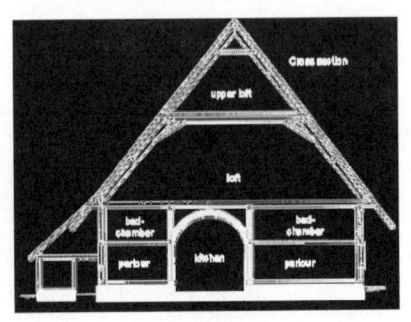

図-3.1.8　ドイツ南西部シュヴァルツヴァルト地方の農家

　ドイツ南西部シュヴァルツヴァルト地方に残る農家(**図-3.1.8**)では，1階台所の炉は隣室の暖炉を兼ね，炉の煙は吊るした生肉を燻製にし，2階の居室周りを暖め，小屋裏の干草を乾かし，藁屋根を燻して，屋根に積もった雪を溶かす。草

3.1 建築環境システムの変遷

を積んだ馬車は坂道を登って小屋裏に直接入れるようになっており，小屋裏で乾燥された干草は専用口を通じて1階の牛馬に供給される。

3.1.5 都市化による環境改変

集落の規模が大きくなり，人口や物資が集中して集落が都市に移行すると，都市の地表は人工物で覆われ，周りの自然環境は徐々に侵食される。図-3.1.9は米国ニュー・メキシコ州チャコ・キャニオンに残るプエブロ・ボニート遺跡の復元模型である。この巨大なD字型遺跡は10世紀初めから11世紀終わりまで3段階に分けて建設された。その規模は1ha以上に及び，当時のアナサジ人が絶頂期にあったことを示している。辺り一帯には何十もの村が広がり，四角い部屋が碁盤目のように，ときには何階建てにもなって並んでいた。村からの道はすべてここへ集まり，地域の交流や祭祀の中心地であったことが窺える。しかし，13世紀末に突如として彼らはここを去った。その理由は不明である。

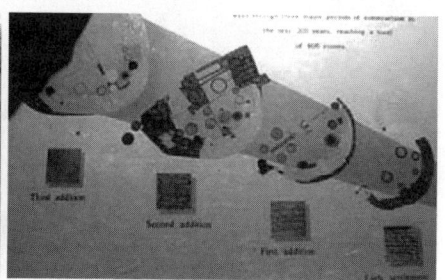

図-3.1.9　米国ニュー・メキシコ州チャコ・キャニオンに残るプエブロ・ボニート遺跡の復元模型（左）と建設過程（右）

18世紀後半，ワットの蒸気機関の発明に端を発した工業革命は世界を第1次産業社会から第2次産業社会へと塗り替えた。19世紀末にエジソンが電灯照明を，キャリアが空気調和を発明して以来，室内環境改変の技術は革新的な変化を遂げる。空調技術の普及は大気汚染と無縁ではない。さらに石炭から石油への転換とその後の技術革新は工業製品の大量生産を可能とし，人工空間が集積した巨大都市は自然環境との対立の様相を深めていく。

都市が肥大化し，人工物で覆い尽くされ，大量のエネルギーが消費・廃棄されると，都市には特有の気候が形成される。とくに，車社会の到来とビル群の空調

が都市の気候を熱くしている。快適な室内環境を維持するのに空調設備が用いられるが、一般のルーム・エアコンは室内を涼しくするために外を暑くし、室内を暖めるために外を寒くする。このヒートポンプ原理によるエアコンは、放っておけば均一化する環境場に敢えて「温度差」をつくり出す技術であり、都市環境を犠牲にして室内環境を制御する技術ともいえる。

つまり、室内環境の改変は「目的」であったが、都市環境の改変は「結果」である。もちろん、都市気候緩和技術も開発されつつあり、地域冷暖房による熱源設備の集中化や未利用エネルギーの活用も進められている。しかし、室内環境の改変が都市環境に影響を及ぼし、都市環境の改変が地球環境にインパクトを与え続ける構図は変わらない（図-3.1.10）。

図-3.1.10 米国カリフォルニア州サンフランシスコの高層ビル群

3.2 持続可能な建築環境システム

3.2.1 建築環境システムの枠組み

建築は、「人間の、人間による、人間のための環境」であり、人間が安全で快適に暮らすために地球環境から切り出した人間環境そのものである。この環境は、ヒト（人体系）と、ヒトを内包する空間（建物系）と、空間の機能を調節するモノ（設備系）からなり、人体系の生理・心理的要求に応じて、建物系の光、音、熱、空気、水などの環境要素をパッシブにデザインし、設備系によってそれらをアクティブにコントロールする空間システムである（図-3.2.1）。

このシステムは、室内から建築、都市から地域、そして最後は地球へと拡大する入れ子構造になっており、これらのサブ・システム内も互いに他のコンポーネントと複雑に繋がっている。この複雑系の状態量は、光、音、熱、空気、水など

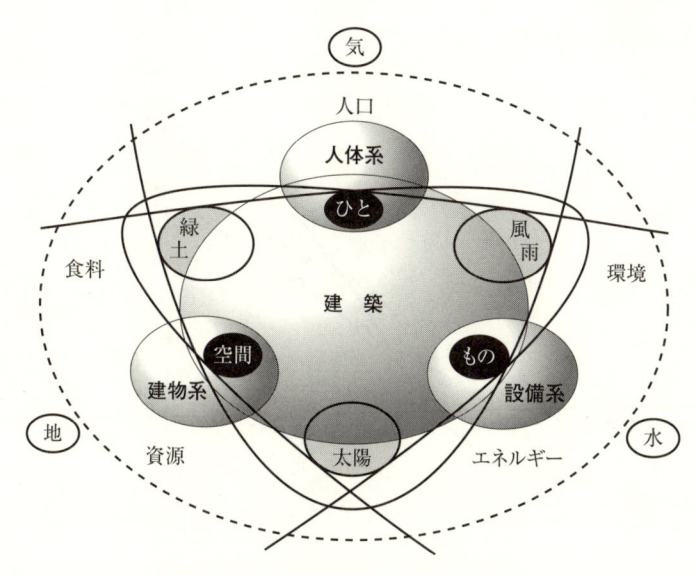

図-3.2.1　建築環境システムの枠組み

の要素からなる環境と，人口，食料，資源，エネルギーなどであり，各サブ・システム間の入出力には最終的に閉じられる地球の環境容量を目標にした持続可能なバランス・シートが求められる。

3.2.2 世界の人口爆発と日本の少子高齢化

現在，世界の人口は66億人である。この1年間の人口増は約7 500万人にのぼり，1日当たり約20万人，1時間で約8 400人，1分で約140人の増加となる。紀元前後に約3億人であった世界人口は，ルネッサンスを経た13世紀には約4億人，工業革命(第2次産業革命)後の19世紀には約10億人，第2次世界大戦後の20世紀半ばには約25億人，流通革命や情報革命(第3次産業革命)が進んだ20世紀末には60億人を突破した。

とくに20世紀の人口増は爆発的だった。この100年間の世界の人口，エネルギー消費量，CO_2排出量の変化を**図-3.2.2**に示す。世界人口は2025年に80億人，2050年には90億人に達する。都市人口はすでに農山村人口を上回り，2025年には全人口の60％，なかでも先進国では85％近くが都市生活者となる。

一方，増え続けた日本の人口も21世紀初めにピーク(約1.28億人)を迎え，今

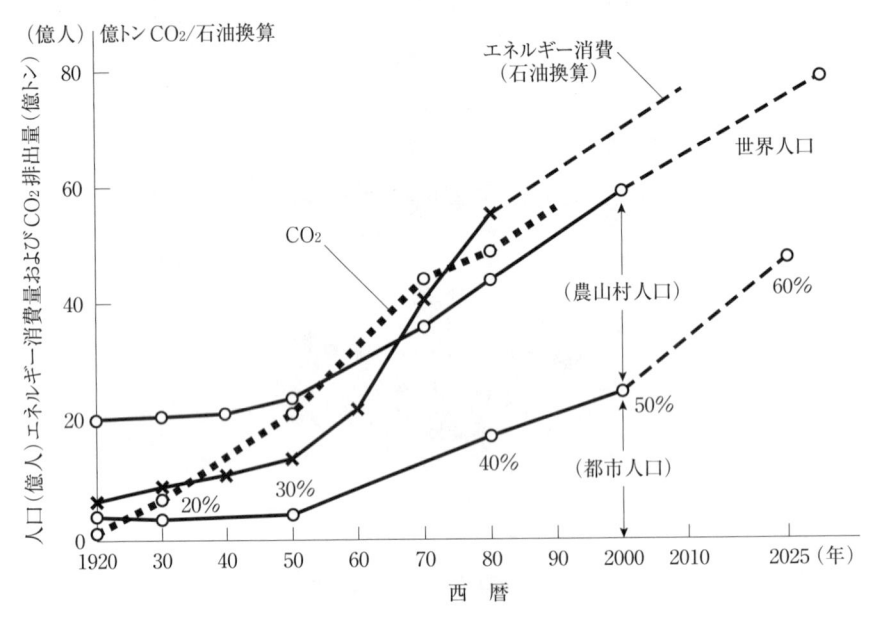

[出典] 尾島俊雄「安心できる都市」, 早稲田大学出版部, 1996

図-3.2.2 世界の都市人口，農山村人口，エネルギー消費量，CO_2 排出量の変化

後は徐々に減少して 2050 年には 1 億人前後と見込まれている。この 100 年間の男女別年齢構成もピラミッド型からマッシュルーム型に変化し，頭でっかちの高齢社会を支える中・若年者が減少し，2004 年に約 20％であった高齢化率（全人口に占める 65 歳以上の高齢者の割合）は 2050 年には 35％を超えると推定されてい

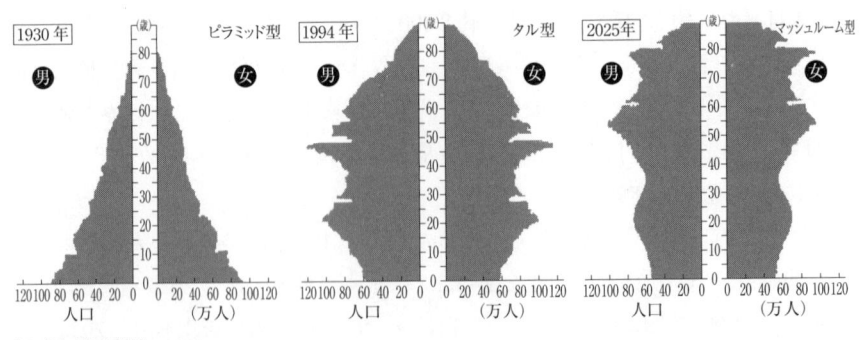

[出典] 読売新聞, 1996

図-3.2.3 わが国の人口構成の推移（左：ピラミッド型 1930，中央：タル型 1994，右：マッシュルーム型 2025）

る。高齢化は世界的傾向であるが，わが国の場合は少子化のため，他地域に比べてその傾向がより顕著となる(**図-3.2.3** および**図-3.2.4**)。

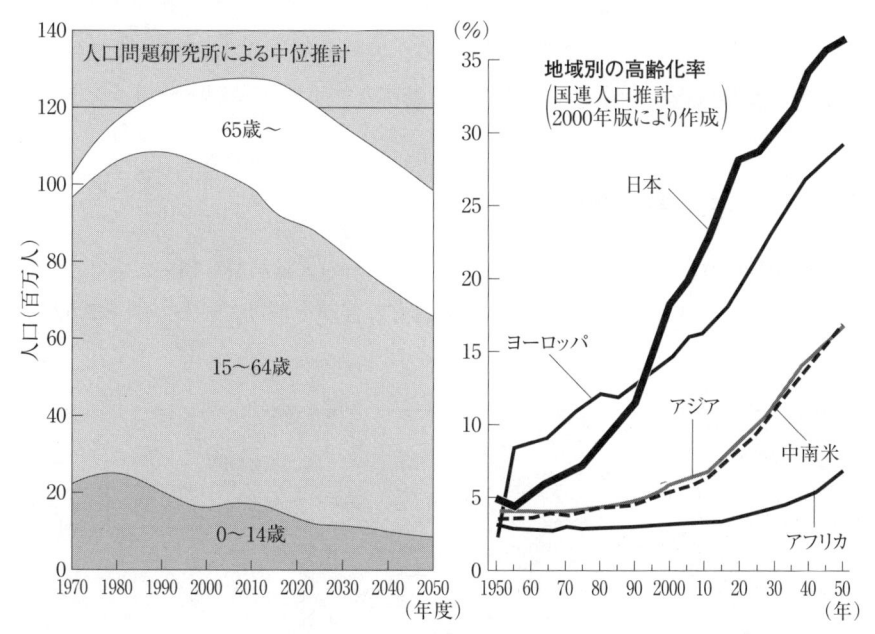

[出典] 人口問題研究所による中位推計データおよび読売新聞, 1996

図-3.2.4　わが国の人口と高齢化率の推移

3.2.3 食料問題と資源問題

　増え続ける途上国人口を養うには食料や資源の増産は避けられない。食料は生物資源ともよばれ，農水産資源は循環再利用が可能である。「緑の革命」とよばれた先進国の農業技術は，この50年間の生産量を飛躍的に向上させた。しかし，収穫性を上げるための品種改良と農薬多用は，その土地に自生していた在来種を駆逐し，土壌有機物を低下させ，各地で大規模な土壌劣化を引き起こした。耕作地を拡大するために森林の伐採も続けられ，森林面積の減少は年間1 540万ha（日本の約半分）に及ぶという。

　農業や森林開発などの人間活動による土壌劣化面積は20億ha以上にのぼり，地球全土（130億ha）の15％に当たる。持続可能な農業のためには，農業に相応しい土地とそうでない土地を区分けし，適地での生産性を向上させる必要があ

る。さらに，人間の取り分だけを増やす農業ではなく，自然の取り分，すなわち資源を残す農業も望まれる。

一方，農水産資源と違って，石油・天然ガス・石炭などの化石燃料や鉄鉱石・ボーキサイトなどの鉱物資源は有限である。エネルギー資源の利用は効率優先の集中型，鉱物資源の利用はリサイクルを基本とする再生型がキーポイントとなる。

3.2.4 エネルギー問題

人口爆発は食料，資源はもちろん，エネルギーの大量消費を招いた。とくに化石燃料を中心とするエネルギー消費は未曾有の伸びを続けている。図-3.2.5 はわ

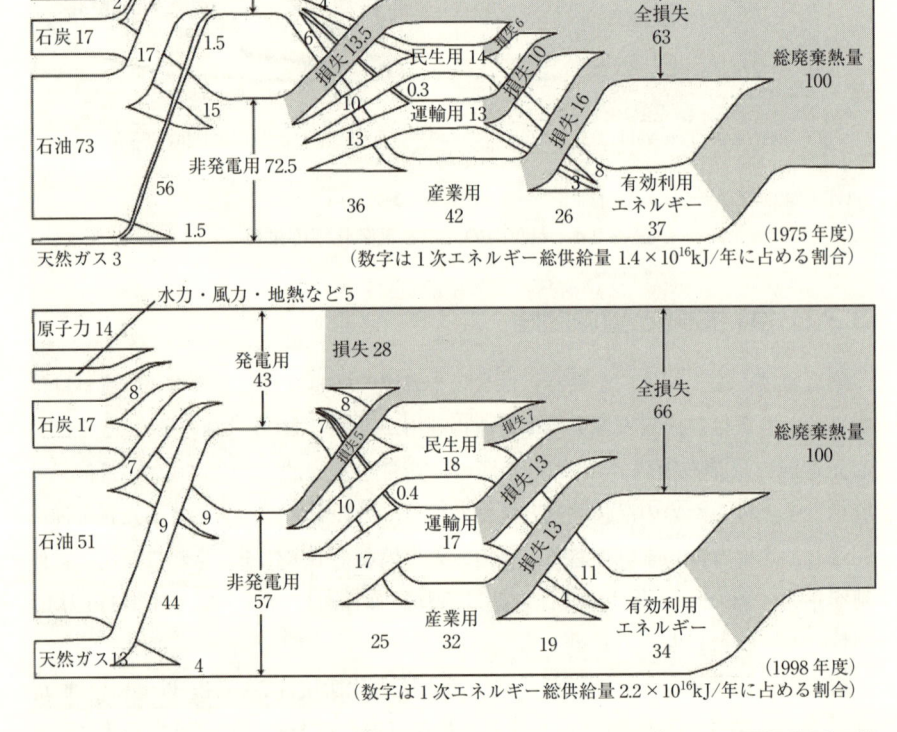

図-3.2.5 わが国のエネルギー・フロー（上：1975年，下：1998年，上は平田賢氏の資料，下はそれを基にエネルギー統計データより作成）

が国のエネルギー・フローである。1998年の1次エネルギー総供給量は1975年の約1.5倍に増加，その内訳は石油51％，石炭17％，原子力14％，天然ガス13％，水力・風力・地熱など5％となっている。発電用に43％，非発電用に57％使われているが，発電用の65％は損失となる。この損失は発電用が増えるほど増加するので，全損失は1975年の63％から1998年の66％に増えている。

エネルギー資源の有効利用を図るには，系統電力の発電方法を抜本的に見直すか，損失となる排熱のオンサイト利用を促進する以外に方法はない。2010年度の1次エネルギー総供給量は，石油45％，原子力17％，石炭16％，天然ガス12％，新エネルギー等5％，水力4％，地熱1％の見通しであり，発電用は1998年の43％から2010年の37％へと6ポイントの減少が見込まれているが，熱併給発電(コジェネレーション)や燃料電池の普及を想定している。今後は分散型エネルギーシステムの構築と水素エネルギー社会の実現に向けた条件整備が急がれる。

今後，アジアを中心とした途上国のエネルギー需要が急増すると考えられ，化石燃料消費に伴うCO_2排出量の抑制も大きな課題となる。**図-3.2.6** に2004年の世界の1次エネルギー需要112億トン(石油換算)とその国別内訳を，**図-3.2.7** に2004年の世界のCO_2排出量(265億トン)の国別割合を示す。1次エネルギー需要

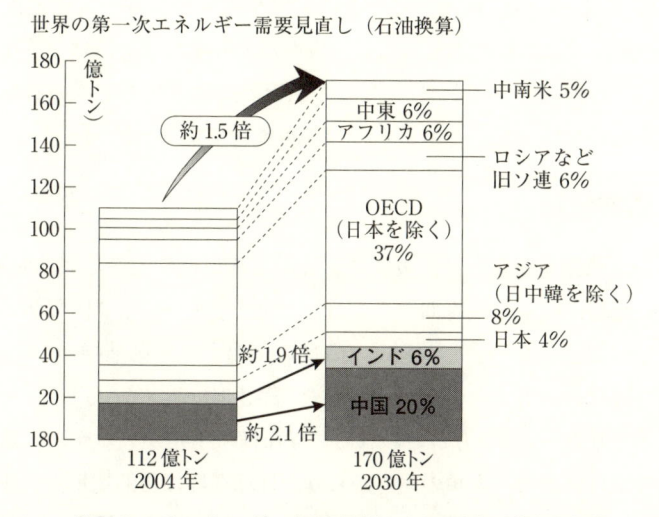

図-3.2.6　世界の1次エネルギー需要見通しと国別内訳(読売新聞, 2007)

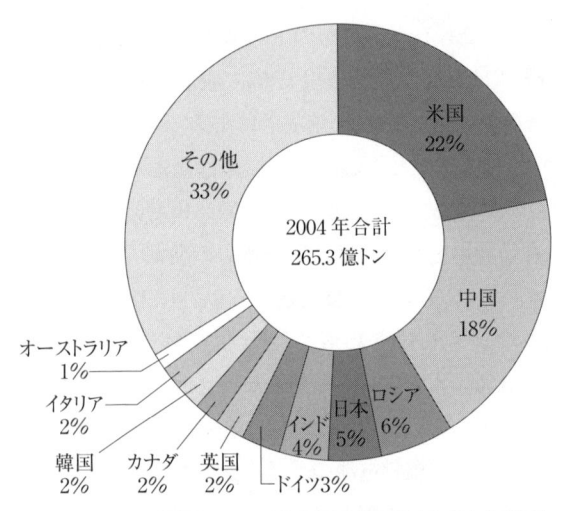

図-3.2.7　世界のCO_2排出量の国別割合（読売新聞，2007）

は今後25年で約1.5倍の170億トン（石油換算）となり，中国は2.1倍，インドは1.9倍の伸びが見込まれている。

　エネルギーは「消費」されない。使えば使うだけエントロピーが増大する。エネルギーは物質と違って循環しない。ただ上流から下流へ向かうだけである。流れの中には太陽のように「再生可能な」大河もあれば，化石燃料やバイオマスのようなダムや貯留池もある。例え，ヒートポンプや揚水発電が一部の逆流となっても，流れの出口はこの地球以外にない。海面が上昇すれば河口はなくなる。やはり，都市の「エネルギー・インフラ河」は，上流の高効率化と下流の省エネルギー化で水量を減らすのがもっとも健全な持続可能策であろう。

3.2.5 環境問題

　いわゆる地球環境問題とは，被害や影響が地球規模に広がる環境問題をいう。IPCC（気候変動に関する政府間パネル）は，2007年4月，第2作業部会（影響・適応・脆弱性）の報告書を公表し，1.5〜2.5度の気温上昇で動植物の30％が絶滅するなど，温暖化の影響を具体的に例示した（**表-3.2.1**）。

　地球には500万〜5 000万といわれる多様な種の生物がいるが，人類はこの地球生態系の頂点にある。人類の立場からみた地球環境は自然環境と人間環境に分けることができる。自然環境は地圏・水圏・大気圏・生態圏で構成され，人類も生

表-3.2.1　気温上昇による生態系への影響（読売新聞，2007）

1990年比の気温上昇（度）	地域	気温上昇による生態系への影響
1	地球全体	林地ツンドラの47％，寒帯の針葉樹林の23％，低木地の21％，草原（ステップ）の15％，サバンナの14％，ツンドラ地帯の13％，温帯の落葉樹の12％が消える
1.6	アフリカ	141国立公園の中の277哺乳類のうち，8～12％が絶滅の危機
1.8	地球全体	主要な165河川のうち63河川で，10％以上の魚種が消える
1.9以上	地球全体	陸地の生態系の炭素吸収が飽和状態になり，排出源へと転換
1.9	南米	アマゾンの熱帯雨林，生物種が広範囲に消える
2.3	北極圏	北域の森林限界の緯度が西ヨーロッパで0.5度，アラスカで1.5度，グリーンランドで4度北に移動する
	豪州	21～36％のチョウが絶滅
2.8	地球全体	6～22％の沿岸湿地が消滅。米国，地中海などで渡り鳥の生息域に大きな被害
3.1	地球全体	林地ツンドラの68％，寒帯の針葉樹林の44％，低木地の34％，草原（ステップ）の28％，サバンナの27％，ツンドラ地帯の38％，温帯の落葉樹の26％が消える
3.4以上	豪州	ユーカリの73％が生息限界を超える

態圏の一部に含まれる。しかし，その活動が卓越化し，自然環境に大きな負荷を与えるようになると，人類とその環境は自然環境とは別に新たな人間環境として考えたほうが人類の影響を理解しやすい。

　宇宙進化のパラダイムには複合化・凝縮化・持続性の概念が，生態共生のパラダイムには多様性・循環・流れの概念がある。多様性は複合化と凝縮化の前提条件であり，循環と流れは複合化や凝縮化の駆動力となる。量的概念の複合化にはプライオリティがあり，質的概念の凝縮化にはフェーズがある。循環と流れの制御によって複合化のプライオリティや凝縮化のフェーズが決定される。いずれも拡散場の求心力として作用するので，生態系に一定の持続性が付与される。

3.2.6　持続可能な建築環境システムへの取り組み

　モダニズム以前の建築にとって持続性は自明の価値であった。廃虚になっても後世まで受け継がれる遺産であり，自然に朽ち果てる都市生態系の一部であった。しかし，ル・コルビジェ氏によって製品化され，消費社会によってゴミ化さ

れる建築には，改めてその持続可能性が問われている。

持続可能な建築の概念は多様である。持続するのは人類なのか，資源なのか，建築なのか。持続可能性の当初の意味は，来るべき世代が我われと同じ水準の生活を享受するのに十分な資源を残すことであり，持続可能な建築とは，① 資源消費の最小化，② 資源の再生利用とエネルギーの有効利用，③ 人間環境と自然環境の共生といった要件を備えた建築である。

室内から建築，都市から国家，地域から地球へと拡大する複雑系において，建築物件の建設・運用・改修・廃棄のプロセスをライフ・サイクルとしてとらえ，この間に投入されるエネルギー・資材・水などと排出される排熱・廃棄物・排水などのバランス・シートを明らかにし，地球の環境容量を基準に建築物件の設計および運用仕様を決定する必要がある（図-3.2.8）。

例えば，オフィス・ビルの1次エネルギー消費量は空調用が半分近くを占めるが，空調搬送系にインバータを導入することで空調搬送用は半減される。50年

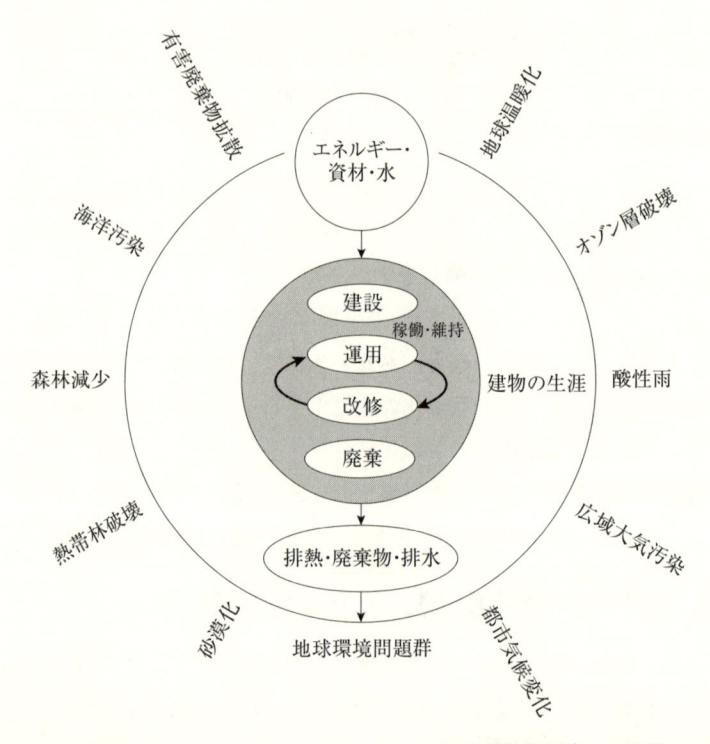

図-3.2.8　建築物のライフ・サイクルと入出力と地球環境問題（日建設計，1992）

間のライフ・サイクル・コストでみるとイニシャル分は14％に過ぎず，残り86％のランニング分に対する省エネルギー対策が重要である（**図-3.2.9**）。

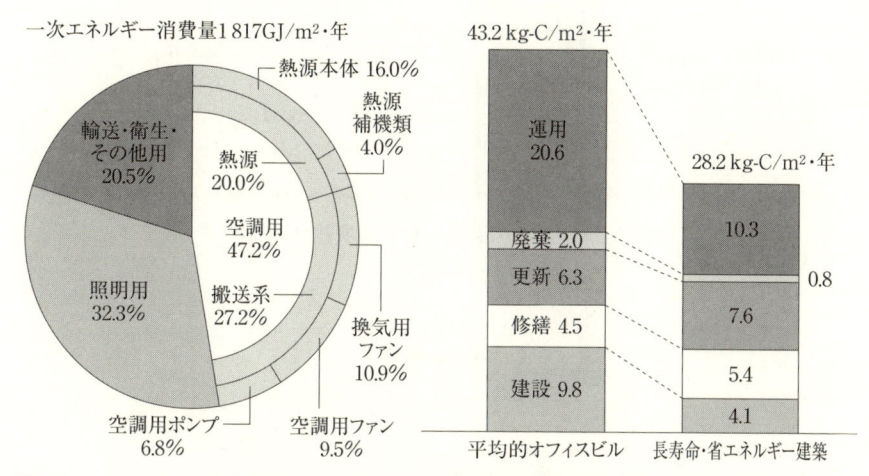

図-3.2.9 オフィス・ビルの1次エネルギー消費量と長寿命・省エネルギー化によるライフ・サイクルCO_2排出量の試算例（日建設計，1992）

3.3 建築温熱・空気環境のパッシブ・デザイン

3.3.1 パッシブ・デザインとアクティブ・コントロール

建築の内部には外部と異なる環境が形成される。屋根や外壁は風雨を遮るだけでなく，焼けつくような夏の日差しも，凍えるような冬の寒さも和らげてくれる。健康で快適な室内環境の確保は建築本来の目的のひとつである。

室内の暑さ寒さは外界気象や建築仕様や住まい方に影響される。建築における温熱・空気環境設計の立場は，ある所にある家を建て，あるヒトが住んだ結果の暑さ寒さ（**図-3.3.1**左）ではなく，快適な室内環境をつくるために外界気象や住まい方を与条件として最適な建築仕様を決定すること（**図-3.3.1**右）に他ならない。

温熱・空気環境的な建築仕様には，シェルターとなる建物そのものの仕様とコントローラとなる空調設備の仕様がある。建物側には空間・部位・部材の3段階，空調設備側には熱源・空調機・搬送系の3段階がある。前者は壁の断熱気密化や窓の日射遮蔽などによるパッシブな環境調節を行い，後者は暖房設備や換気設備な

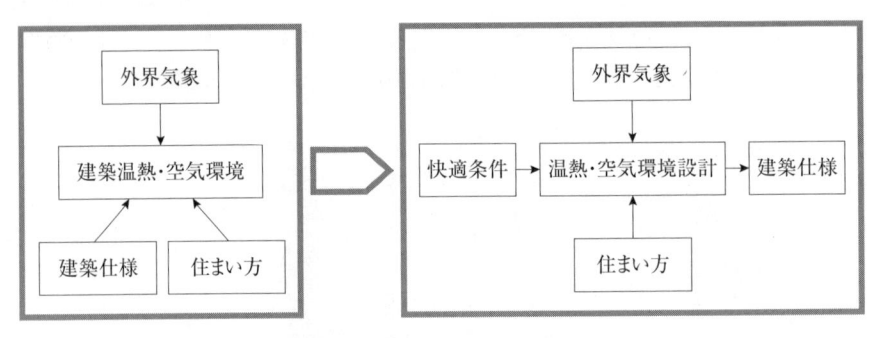

図-3.3.1　建築の温熱・空気環境設計の立場

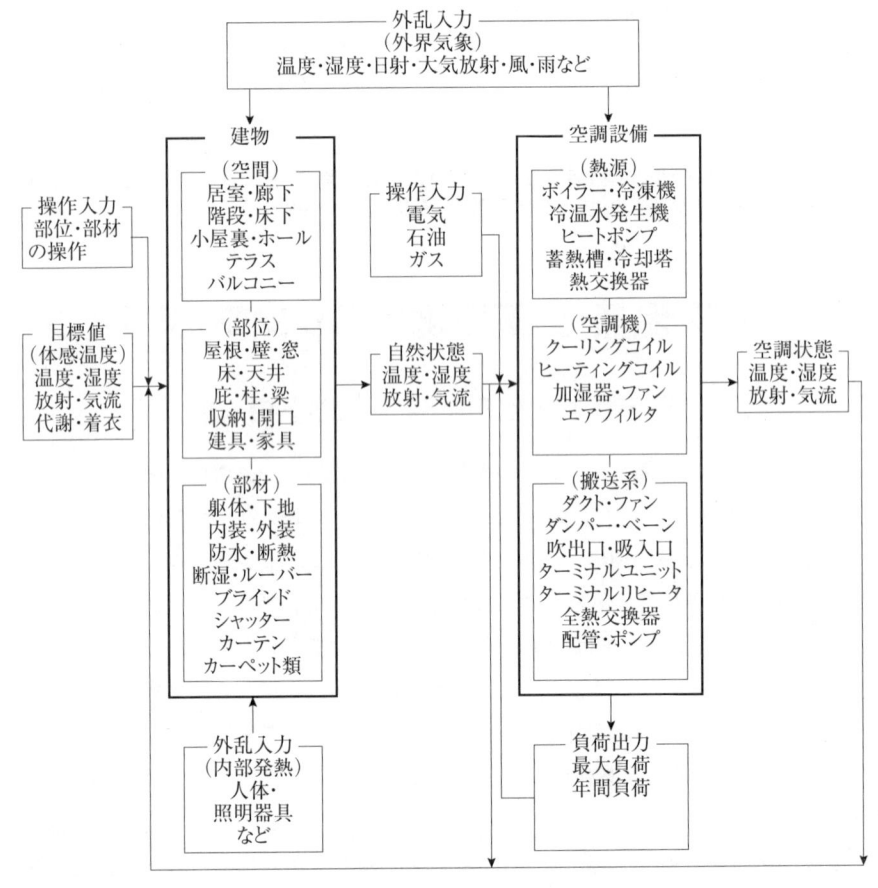

図-3.3.2　建築温熱・空気環境システムの設計と運用の枠組み

3.3 建築温熱・空気環境のパッシブ・デザイン

どによるアクティブな環境制御を行う(**図-3.3.2**)。建築の省エネルギー手法として、まずは、① 冬暖かくて夏涼しい家づくりのためのシェルターの工夫があり、つぎに、② 空調機器などのコントローラの効率向上が必要である。いずれも、③ 自然エネルギーの利用が可能であり、シェルタで利用するパッシブ・システムとコントローラで利用するアクティブ・システムがある(**図-3.3.3**)。

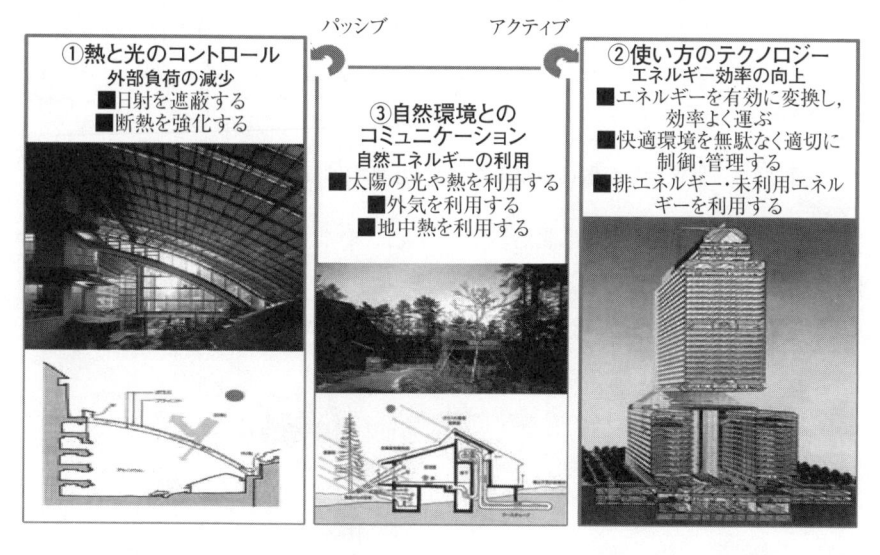

図-3.3.3　建築のパッシブ・デザインとアクティブ・コントロール（日建設計の資料 1992 を基に作成）

3.3.2 寒地と暖地

北海道は亜寒帯，沖縄は亜熱帯に属する。本州・四国・九州はおおむね温帯に位置し，海洋性気団と大陸性気団がせめぎ合うモンスーン気候である。この地域は四季の変化が鮮やかで，冬は寒く夏は暑い。平地では，夏の前半は梅雨期で湿度が高く，7月から8月にかけて日最高気温が30℃を越える真夏日や，日最低気温が25℃を下らない熱帯夜が続く(**図-3.3.4**)。

省エネ法によると，日本列島は市区町村別にⅠ～Ⅵの6つの地域に気候区分される。Ⅰ地域は北海道を中心とする寒冷地(暖房度日が4 500度日を越える北海道北東部は極寒地)，Ⅱ地域は青森・岩手・秋田の東北3県から山形・福島・新潟・長

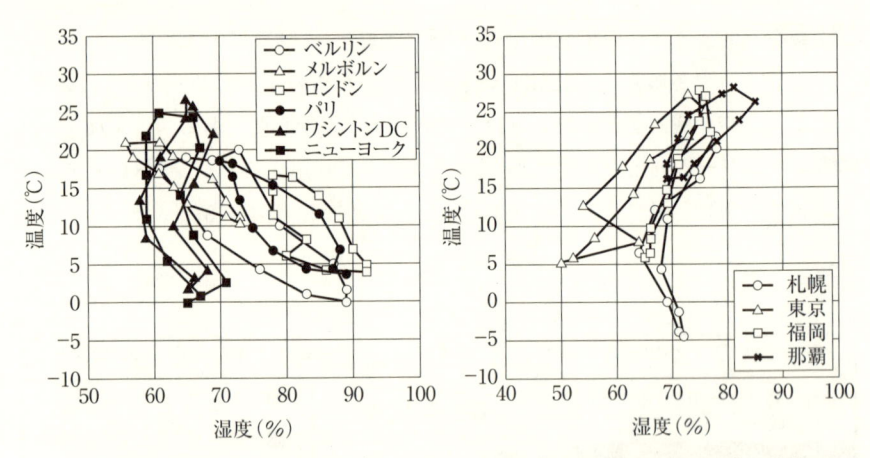

図-3.3.4　世界とわが国のクリモグラフ（月平均外気温湿度の年変化）の比較

野などの山間部，Ⅲ地域は東北沿岸部から北関東・北信越・中国山間部，Ⅳ地域は関東・北陸沿岸部から東海・近畿・中国・四国・九州，Ⅴ地域は伊豆南部から和歌山南部・四国南部・宮崎・鹿児島，そしてⅥ地域は沖縄・奄美などの南西諸島を中心と

［出典］建築環境・省エネルギー機構資料

図-3.3.5　次世代省エネルギー基準によるわが国の地域区分

する蒸暑地である(図-3.3.5)。

　気温でみる限り，日本列島の夏の地域差は冬の半分に過ぎないが，わが国の夏の暑さは日射と湿度の影響が大きい。北海道北東部を除けば，概して夏の日差しは全国的に強く，南の地域ほど日盛りの太陽はほぼ真上から照りつける。また，梅雨前線北上後は，太平洋高気圧に包まれるⅡ地域以南の湿度が高く，モンスーン特有の蒸し暑さと台風による強風豪雨をもたらす。

3.3.3 気候と民家

　わが国にも古来，地域の気候風土に育まれた民家があった。その特徴はおもに屋根の材料と形態に見られる。草葺・板葺・瓦葺・竹葺・石葺などがあるが，屋根材はその地域で入手できるものが多く使われた。屋根型も，寄棟・入母屋・切妻が基本であるが，その地域の雨や風，日差しや雪などの影響によって多くのバリエーションが加わる。

　暖地の伝統的民家は基本的に「平地住居床付き」の木造軸組み構法である。日差しを遮るための大屋根と風を採り入れるための大開口が特徴であり，沖縄ではわかれていた主屋と釜屋が，九州を北上するにつれ合体していく形跡がうかがわれる。すなわち，鹿児島の分棟造り(イエとナカエ)，熊本の二棟造り，筑後のクド造り(クドは竈の意)のように，釜屋は主屋の中に取り込まれていく(図-3.3.6)。

　これらの伝統的民家の調査結果によれば，涼しい家の条件として，①まわりに水や緑が多いこと，②室内が暗く，風通しが良いこと，③天井が高く，上方から排熱されること，④大地を取り込み，熱容量が大きいこと，⑤仕上げ材料に吸放湿性があることなどが挙げられる。なかでも，涼しさは暗さの代償かと思えるほど民家は暗い。つまり徹底した日射遮蔽である。開口部だけでなく，周壁に当たる日射も深い軒でカットされる。また，通風による体感温度の低下も著しく，夜間冷気による蓄冷効果や排熱効果も大きい。

　都市の環境が悪化し，室内環境のアメニティ志向が高まると，結果的にエアコンが普及し，建物の断熱気密化が進む。断熱気密化は，暖房負荷削減の特効薬であるが，夏は「熱篭り」の要因ともなり，冷房負荷が減らないこともある。冷房に頼らず，日除けや通風などのパッシブ・クーリングも必要であるが，7〜8月の暑さは耐えがたく，酷暑季の冷房負荷を削減するには日射遮蔽が不可欠となる。つまり，冬季の断熱気密性能に夏季の日射遮蔽性能が加わってはじめてシェル

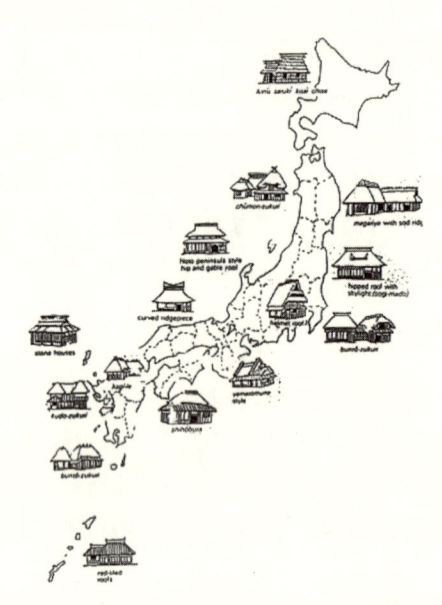

図-3.3.6 日本の伝統的民家(北から，北海道のチセ，秋田の中門造り，岩手の曲家，山梨の兜造り，大阪の大和棟，島根の反棟造り，佐賀のクド造り，鹿児島の分棟造り，沖縄の赤瓦造りなど)

ターとしての必要十分条件が整う。断熱気密と日射遮蔽が「閉鎖型の技術」なら，日射利用や通風利用は「開放型の技術」であり，温帯モンスーン地域の住まいは「開放可能な閉鎖型」が基本となる。

3.3.4 開放可能な閉鎖型住宅

住宅を例にパッシブ・デザインの流れとその効果をみよう(**図-3.3.7左**)。まず，気候条件と敷地条件を基に配置計画と基本計画を行う。つぎに，生活スケジュールを想定して，室ごとの温熱環境レベルを設定し，そのレベルと地域性を考慮してヒーティングおよびクーリングのそれぞれについてアクティブか，パッシブか，ハイブリッドか，システムの選択をする。このとき，ヒーティングの前提となる断熱気密と，クーリングの前提となる日射遮蔽については十分配慮し，その他のパッシブ手法の可能性を検討する。以上のパッシブ性能を検証し，設定目標と比べて不足する分は補助冷暖房で補う。この補助冷暖房の機器容量と運転方法を含めて最終的な性能予測を行い，必要ならばシステムを見直す。パッシブ住宅の基本は「開放可能な閉鎖型」だから，窓などの開閉は頻繁に行う必要があるが，

3.3 建築温熱・空気環境のパッシブ・デザイン

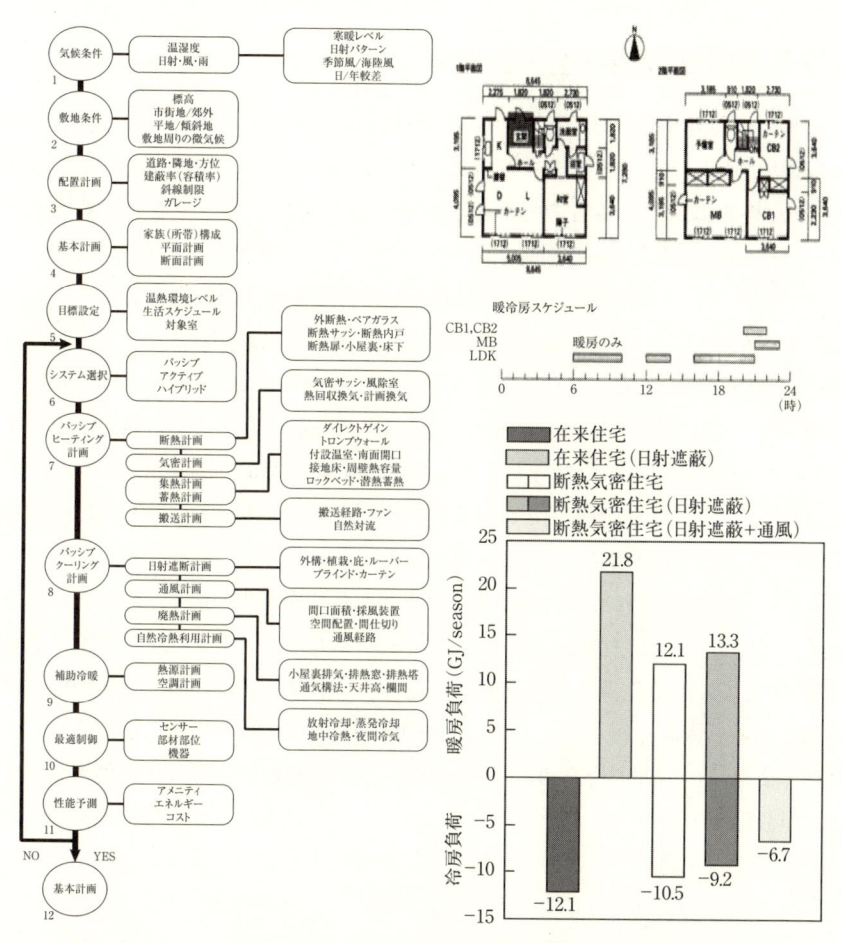

図-3.3.7　パッシブ・デザインの流れとその暖冷房負荷削減効果試算例

　各種センサーやマイコン類，さらに諸々の環境調整デバイスを駆使すれば，パッシブ＆スマート・ハウスも夢ではない。

　標準的な住宅モデルを対象に，福岡の標準気象データと各室の暖冷房スケジュールを与えてシミュレーションした結果，窓上部に庇を設けて日射を遮蔽した在来住宅の期間暖房負荷21.8 GJ/期は断熱気密化により13.3 GJ/期に減少する。一方，在来住宅の期間冷房負荷12.1 GJ/期は，断熱気密化により10.5 GJ/期，これに日射遮蔽を加えると9.2 GJ/期，さらに通風を利用すれば6.7 GJ/期に削減される（**図-3.3.7** 右）。

3.3.5 建築の環境共生デザイン

　建築の環境共生デザインとは，長寿命・自然共生・省エネルギー・省資源など，地球環境の保全に役立つ工夫や配慮のされた建築設計のことで，人々の「環境行動」を建築的に誘導するものである。例えば，太陽エネルギーを利用するソーラー・ハウス，自然との建築的融合を図るエコロジカル建築，自然共生のライフ・スタイルを生むエコ・ヴィレッジ，建築の中に新たな自然を創造するグローバル建築などがある。いずれも物質の循環とエネルギーの流れがポイントであり，循環や流れのプロセスとシステムの中に共生デザインのヒントが隠されている。

　米国カリフォルニア州デイヴィスのヴィレッジ・ホームズは，自然共生のライフ・スタイルを考える上で参考となる。全体の敷地面積は28ha，エントランス道路は枝わかれしながら敷地内をほぼ東西に走っている。パッシブ・ソーラー・ハウスを中心にした住戸(240戸)はこの道路配置によってすべて南面するように計画されている。道路は狭く，その両側には大きな落葉樹が生い茂る。住戸内の庭を狭め，その分を公共の空間(コモン，グリーン・ベルト，コミュニティ施設，農地など)に充て，公共空間と住戸を結ぶ小道のネットワークによって全体が庭園化されている。太陽や緑を分かち合い，野菜や果物の75％を自給できる暮らしが健康や省エネへの関心を高める。パッシブ・システムの中でもっとも効果があるのは付設温室方式であり，その家庭のエネルギー消費量は従来の半分で済むという。システムが簡単で，応用が容易で，建築的に十分機能できることがポイントのようだ。このようなライフスタイルに共感した人々が増え，ヴィレッジ・ホームズの人気は上昇した。資産価値も辺りの住宅の約3倍らしい(図-3.3.8)。

　アーキテクチュアとエコロジーを結び付けた概念「アーコロジー」を具現化するアーコサンティは，都市を複雑な有機体としてとらえ，自然環境にダイナミックに対応する生態系として構築される。職住の複合化，時空間の凝縮化，機能の短縮化によって実現されるコンパクト・シティでは，車が減り，エネルギーが減り，空気や水の汚染が減る。少ないエネルギーは各種のソーラー・システムで賄われ，少ない水は温室でリサイクルされる。完成すれば砂漠の中に5 000人規模の生命都市が誕生する。第1段階まで10年余り，最終段階まで200年から300年かかるといわれている。リーダーのパオロ・ソレリ氏はすでに亡くなった(図-3.3.9)。

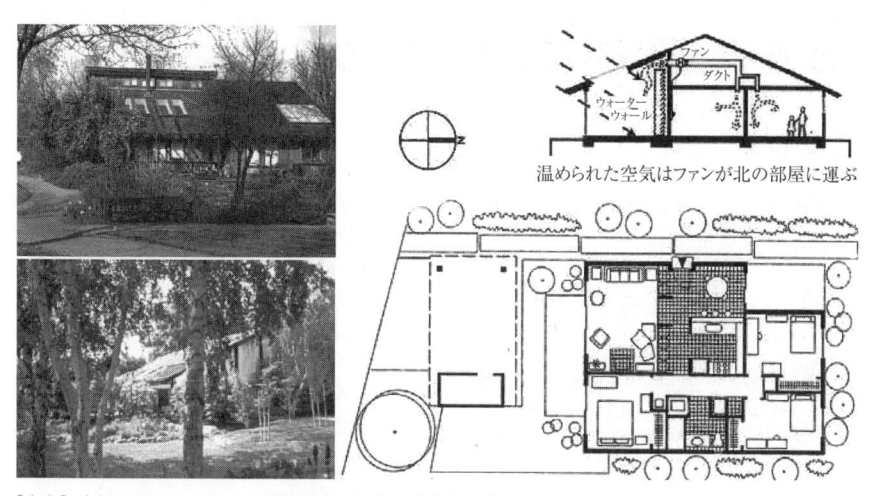

3.3 建築温熱・空気環境のパッシブ・デザイン

温められた空気はファンが北の部屋に運ぶ

［出典］吉村元男：エコハビタ環境創造の都市，学芸出版社，1993 および，BIO City，No.4，1995
図-3.3.8 米国カリフォルニア州デイヴィスのヴィレッジ・ホームズ

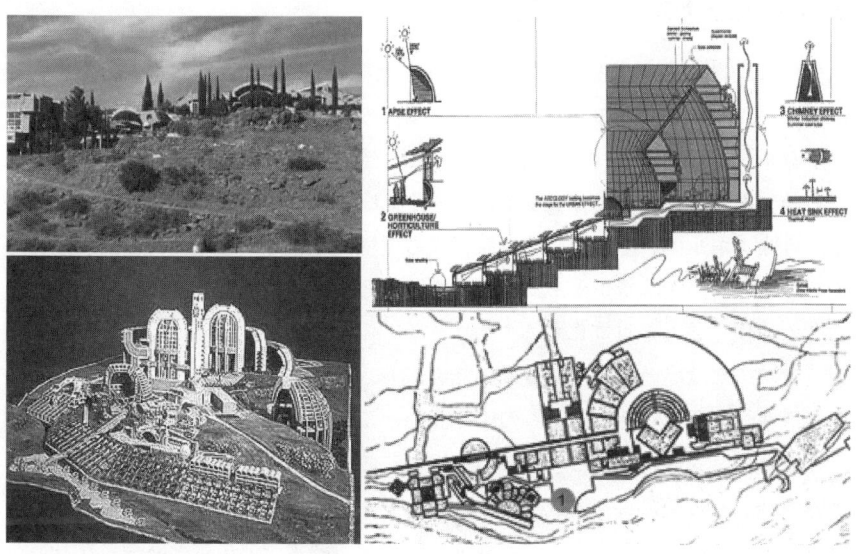

［出典］http://www.arcosanti.org/ および，BIO City，No.7，1996
図-3.3.9 米国アリゾナ州コルデスのアーコサンティ

3.4 建築温熱・空気環境のアクティブ・コントロール

3.4.1 アクティブ・コントロール

　自然環境を最大限に活用し，建物側で省エネルギーを図る手法をパッシブ・デザインと呼ぶのに対し，暖房設備や換気設備などによるアクティブな環境制御による省エネルギー手法をアクティブ・コントロールと呼ぶ。

　アクティブ・コントロールには，① エネルギーを有効に変換し効率よく運ぶ，② 快適環境を無駄なく適切に制御・管理する，③ 排エネルギー・未利用エネルギーを利用するという3つの段階がある。その具体的な手法には，① エアフローウィンドウ，② 外気冷房，③ ナイトパージ，④ 分散型空調機，⑤ 全熱交換器による排気の熱回収と熱回収式冷凍機，⑥ 搬送動力の低減，⑦ 快適指標を採り入れた省エネルギー制御と管理などがある。

3.4.2 ヒートポンプの登場

　一般に，自然エネルギーというと風力や太陽熱・太陽光，地熱や水力を思い浮かべるが，その定義はなかなか難しい。類似の言葉には再生可能エネルギーやリサイクル・エネルギー，新エネルギーといった言葉があり，新エネルギー法では一応の整理がされているが(図-3.4.1)，異なる定義で使われることも多い。しかし，自然エネルギーを周辺環境に賦存する環境エネルギーと考えれば，周囲にあるあらゆるものがエネルギーソースとなる。ヒートポンプの登場により，これらを有効に使うことが可能になった。

　一般に，水は高いところから低いところ方へ流れる。熱も温度の高いほうから低いほうへ流れる。低いところの水を高いところへ汲み上げる機械をポンプという。だから，温度の低いほうから高いほうに熱を汲み上げる機械をヒートポンプという。この技術により外気という低いエネルギー源から熱を汲み上げ，外気を熱源とすることも可能になった。外気に限らず，海水や河川水も熱源になり，これらは未利用エネルギーといわれる。何が既利用で，何が未利用なのか，明確な区別をすることは難しい。新エネルギーとは，石油代替エネルギーのうち，水力発電や地熱発電などの再生可能エネルギーを除くものを意味するが，このうち温度差熱利用がいわゆる未利用エネルギーに相当する。

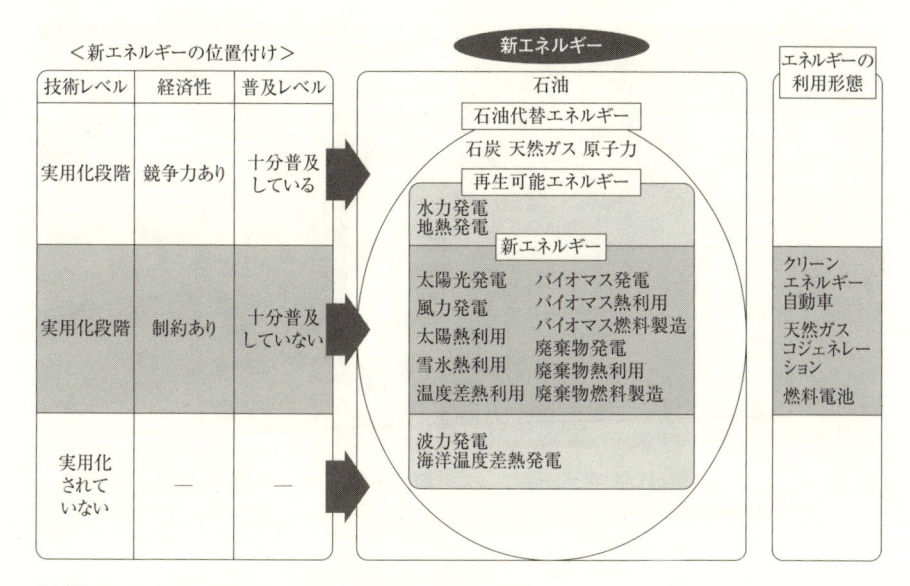

3.4 建築温熱・空気環境のアクティブ・コントロール

<新エネルギーの位置付け>			新エネルギー　石油	エネルギーの利用形態
技術レベル	経済性	普及レベル	石油代替エネルギー 石炭　天然ガス　原子力 再生可能エネルギー 水力発電 地熱発電 　　　　新エネルギー 太陽光発電　　バイオマス発電 風力発電　　　バイオマス熱利用 太陽熱利用　　バイオマス燃料製造 雪氷熱利用　　廃棄物発電 温度差熱利用　廃棄物熱利用 　　　　　　　　廃棄物燃料製造 波力発電 海洋温度差熱発電	クリーン エネルギー 自動車 天然ガス コジェネレーション 燃料電池
実用化段階	競争力あり	十分普及している		
実用化段階	制約あり	十分普及していない		
実用化されていない	―	―		

[出典] http://home.hiroshima-u.ac.jp/er/Rene_SE.html

図-3.4.1　新エネルギーの定義

3.4.3 現代建築空調の動向

　エンパイヤ・ステイトビルをはじめ，マンハッタンの超高層ビルを可能にしたのは空調技術だといえる。超高層ビルを支える技術には，免震・耐震などの構造上の技術はもちろんのこと，上下の移動を司るエレベーターやエスカレーターなどの垂直移動技術もあるが，空調設備があってはじめてこのような閉鎖的な空間の中で，居住や作業の環境が維持される。

　ここでは，筆者が実測調査などを行った建物を含め，内外の事例を紹介したい。代表的なものは，N.フォスター氏設計の香港上海銀行だが，フォスター氏に限らず，現代建築家は設備の位置づけに関する主張が明確である。

(1) 香港上海銀行（中国・香港）

　N.フォスター氏によって設計され，1986年に竣工した香港上海銀行（中国・香港）は，施工においてタワークレーンを採用した最初のビルとして知られている（図-3.4.2）。北回帰線のやや南側に位置する香港は，気候区分では亜熱帯に属し，夏と位置づけられる6月中旬には太陽がほぼ真上に昇る。この閉じられたオフィスビルにおける空調の熱源は，香港島と九龍半島の間の海峡の海水を利用してい

59

図-3.4.2　香港上海銀行（左：南面外観，中：外部反射鏡，右上：内部反射鏡，右下：ユニバーサルなオフィス・スペース）

る。つまり熱を捨てる場所が海ということになる。熱は高いほうから低いほうに流れるため，その結果冷房負荷が発生する。そのため，建物の中の熱を取り去らなければ冷房した状態を保つことができない。熱を取り去り，海水に捨てる熱量は，冷房に使用した電気エネルギー（モーターなどの駆動に使われ，最終的には熱に変換され放出される）と冷房負荷の合計となる。

　また，このようなビルでは照明発熱が非常に大きい。この場合，日本のように冬に暖房を行う地域では，照明発熱は暖房負荷の軽減につながるが，香港では冷房しかなく，常にプラス側の負荷になる。そのため，香港上海銀行でもいかに照明負荷を減らすかが大きなテーマとなり，太陽光を利用することが重要視されている。このビルでは建物の南側に反射鏡を設置し，太陽光を反射させて建物の中心部の8層分のアトリウムに光を落としている。通常，太陽光の利用では天空光や間接光を利用するが，ここでは直射光を利用している。

　さらに，柱の少ない大スパンの構造にすることにより，OA機器へのフレキシブルな対応，すなわちユニバーサルスペースを実現し，今後のファシリティーマネジメント等に対応できる空間を実現している。フリーアクセスフロアとして床を立ち上げ配線系を床下にまとめることで，床吹き出し空調を行っている。床吹き出し空調は，執務空間を中心に空調することから，対象空間を減らし，冷房負荷を減少させるのに貢献している。

（2） 天神MMビルIMS（福岡）

　福岡市の中央市街地，天神に位置する天神MMビルIMSは，三菱地所＋三島設計事務所によって設計され，大規模な吹抜けを採用したアジア初の物販ビルとして1989年に竣工した商業施設である（図-3.4.3）。大規模な吹抜けは，火災時に煙突効果を招くことから，日本では消防法によりその対応が求められる。とくに初期避難を可能にする時間と経路の確保が重要で，視界の確保が鍵となる。つまり煙をいかに早く除去するかが重要となり，そのために天神MMビルIMSにも排気塔や排煙ダクト，排煙経路の確保が求められた。ここでは屋上に排煙塔が設置され，ここから煙を抜き去る仕組みとなっている。

　筆者らの研究グループは，必ず強制排気をしなければいけないのか，自然排気でもいいのかについて検討する排煙実験に立ち会った。最終的な結論として，アトリウム下部からの流入口とアトリウム上部からの流出口が確保できれば，アトリウムの煙突効果による自然排気で十分であると結論づけられた。

　昨今，アトリウムは建築空間デザインの流行の一つであるが，そのアトリウムには3つの意味がある。ひとつはエントランス，ふたつ目は大空間，そして上からの光である。この建物では，アトリウムを三つに分割し，それぞれにこの意味を持たせている。物販ビルはとかく効率至上主義となりがちである。そのなかでこれだけのアトリウムを設け，さらに床面積を最大限に確保するとなると階高が

図-3.4.3　福岡天神IMS（左：南西面外観，中：中央アトリウム，右上：アトリウム上部，右下：煙が充満したアトリウム上部）

非常に低くなる。結果的に天井懐が1mも確保できない中できちんとした空調設備を収めなければならない。また，アトリウム周りの回廊にあるフレキシブルダクトと吹出し口との距離がほとんどなく，曲がった形のまま吹出し口に接続されると，その慣性により，曲がったままの風が吹き出されてしまう。それを避け，吹出し口からまっすぐに風が降りてくるよう，ここではダクトの中に回転コマのようなものを設けて方向性を一度消去して，風がまっすぐ降りてくるような工夫をしている。さらに，この建物ではループダクトが採用されており，これにより冷温風が各階吹出し口から同じ強さで吹き出される仕組みとなっている。

(3) HuisTenBosch(ハウステンボス：長崎)

　日本設計ハウステンボス設計室が設計したHuisTenBosch(ハウステンボス：オランダ語で「森の家」を意味する)は1992年に竣工したエコリゾート型テーマパークである(図-3.4.4)。持続可能な循環型理想都市として，水の循環利用や海水の淡水化，ゴミのコンポストとリサイクル，高効率なエネルギー供給システムを採用している。

　エネルギー供給システムとしては，地域冷暖房システムが採用されている。現在はガス発電機が3台設置されているが，実際は4台設置できるスペースが確保されている。ガス発電機から出る排熱を有効利用するためには，安定した給湯需要が求められる。ハウステンボス園内に位置するホテルは供給エリアに含まれるが，エネルギーセンターから4km以上はなれている園外のホテル等は供給エリ

図-3.4.4　ハウステンボス(左：運河とドムトールン，中：ビネンスタッド，右上：エネルギーセンター，右下：共同溝)

3.4 建築温熱・空気環境のアクティブ・コントロール

アに含まれていない。園内には，ガス発電機からの電力や熱，さらに水道等を収めた共同溝が張り巡らされている。

また大村湾の潮の干満の差が大きいことを利用して，敷地全体にクリーク（本来は灌漑用水路）を設けて，満潮のときは海水をクリークへ入れ，干潮のときは出すことにより，水質の維持を図っている。

(4) 大成建設九州支店ビル（福岡）

N.フォスター・アジアと大成建設が設計した大成建設九州支店ビルは，2002年に空気調和・衛生工学会特別賞「10年賞」を受賞したオフィスビルである（図-3.4.5）。「10年賞」は建築設備を長期間にわたり健全に維持する運用管理技術の発展と振興を図る目的で，とくに優秀な会員の業績を表彰する制度である。

このビルの特徴は，電力とガスによる熱源のベストミックスを目指した点にあり，1次側，2次側の組み合わせ共に多彩である。10階建てで各階の床面積が1 000 m^{2}の典型的な矩形形態のビルである。南側にオフィスゾーン，北側がユーティリティゾーンというゾーニングである。また床吹出し空調を採用し，ダクトレスが実現されている。従来，中央管理的なエアハンドリングユニットを地下に設け，縦ダクトを通じて冷温風を各フロアに送っていたが大成建設九州支店ビルでは，搬送動力が大きくなること，火災時に縦ダクトを介して煙が流れることにより別の方法が模索された。それにより，縦ダクトを廃して，空気に熱を渡す仕掛けを各フロアに置くダクトレス空調が採用された。それによりインテリアはダ

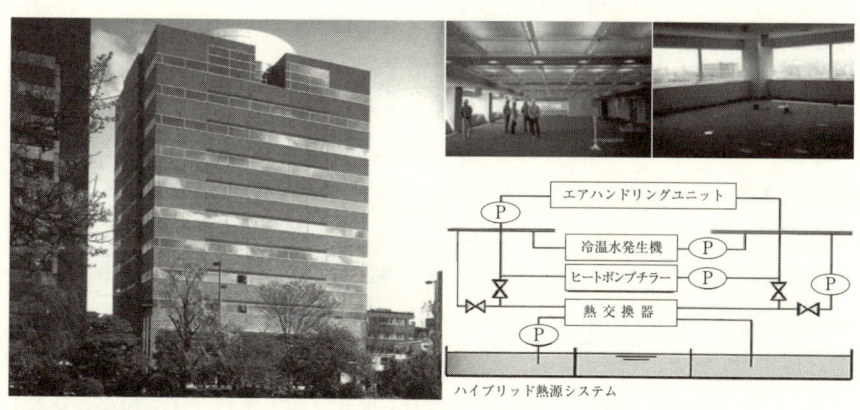

［出典］大成建設資料

図-3.4.5　大成建設九州支店

クトレス空調が受け持ち、ペリメータはファンコイルユニットが担当するシステムができあがった。さらに吹出し口にはスリット型のものを設けて、$1/f$ゆらぎによる気流を発生させている。熱源は電気によるヒートポンプチラーとガス焚き冷温水発生機である。ガス焚き冷温水発生機、いわゆる吸収式冷温水機は効率が悪いといわれるが、冷却塔とのセットで使うためヒートアイランド現象の緩和などには効果的である。また高さが2m弱、全体で500 m^3の温度成層型蓄熱槽を、構造的に必要な地下の二重スラブのスペースを利用して設置し、電力負荷の平準化に貢献している。

(5) 福岡Yahoo! JAPANドーム（福岡）

竹中工務店の設計・施工となる福岡Yahoo! JAPANドーム（旧福岡ドーム）は、1993年に日本で2番目に完成したドーム球場であり、唯一の開閉式の屋根を有している（**図-3.4.6**）。

図-3.4.6 福岡Yahoo! JAPANドーム

空調システムとしては大空間空調となる。この建物は、建築面積約7万m^2、延床面積約17.6万m^2、最高高さ84 mにもなる巨大空間である。このすべてを均一の温度にすることは不可能であり、この場合、人がいるスペースのみを空調するという選択がなされた。ここでは上下のゾーニングが行われ、人のいる客席とグラウンド（コンサート開催時などは客席になる）が空調対象空間となった。大空間の空調では直管部をある程度持ったノズル型の吹出し口を使うのが鉄則である。直管部のない吹出し口では遠くへ空気が到達できないからである。この場合取り付け角度が、客席に対して直角ではなく、空気が客席をなめるように斜めに向けられている。地球の自転にるコリオリの力を借り、遠くまで空気を到達させる工夫である。

（6）　九州電力長崎支店ビル（長崎）

　1993年に竣工した，竹中工務店による九州電力長崎支店ビルは，冷媒自然循環型の空調システムを採用したビルである（図-3.4.7）。空調システムのエネルギー消費は，冷熱や温熱をつくり出す熱源，それを対象空間まで移動させる搬送系，そして最終的に空気に熱を伝える空調機に分けられる。搬送系を駆動する搬送動力は空調システムにおける消費エネルギーの約半分を占めている。搬送される熱の媒体は水と空気，つまり搬送にはポンプとファンの動力が必要となるが，インバータを使うことで消費エネルギーを約半分にすることができる。インバータは直流電力を交流電力に変換する装置であるが，交流電力を別の周波数や位相に変換することもでき，動力源の省エネルギー装置として普及しつつある。ポンプやファンの回転数を変化させる場合，本来は抵抗をかませることにより回転数を落とすが，これにより抵抗でエネルギーが消費される。一方，インバータは周波数により回転数を制御するため省エネルギーとなる。

　この建物に採用された冷媒自然循環型の空調システムは温度差と高低差を利用し，搬送動力を0にしようとしたものである（図-3.4.8）。通常，搬送動力はインバータを使っても，削減はされるが0にはならない。冷媒自然循環型は搬送動力が0ではあるが，冷媒の運転制御が難しい。夏季に室内機は蒸発器となり，冷媒は気化して配管中を自然に上昇する。その後，屋上の室外機で凝縮し，液化して配管中を降下，室内機に戻る。冬季は室内機が凝縮器となり，冷媒は液化して配管中を自然に下降する。その後，地下の室外機で蒸発し，気化して配管中を上昇，室内機に戻る。実際には冷媒の流量調整などさまざまな仕掛けが必要とな

図-3.4.7　九州電力長崎支店ビル　　図-3.4.8　冷媒自然循環空調システム

る。また，冷媒の移動力をつけるためには，それなりの温度差を付けなければならないので，凝縮器から出る排熱は氷蓄熱槽からの冷熱で除去し，かなり低温にしなければいけない。

(7) 関西国際空港ターミナルビル(大阪)

レンゾ・ピアノ氏の設計による関西国際空港は，日本で2番目の海上空港として1994年に開港した（図-3.4.9）。大阪湾泉州沖の人工島に建設されたこの空港は，島内に3箇所のエネルギーセンターが設置され，地域冷暖房方式を採用している。ここでの地域冷暖房システムは，発電装置としてガスエンジン発電機，ガスタービン発電機を採用しているが，発電効率は20～30％であるため，排熱を合わせて利用することで全体の効率を高めている。

図-3.4.9 関西国際空港ターミナルビル

3.4.4 現代建築を支える空調設備

超高層建築に代表される現代建築の内部空間を，人が住めるように調整するのが，空調設備の働きである。超高層建築は安全や防風対策として窓が開かないものも多いが，密閉された空間で起きうることは想像に難くない。「建築物における衛生的環境の確保に関する法律（通称・ビル管法）」では，3 000 m^{2}以上の商業施設や事務所などの特定建築物に対し，空気環境の調整として，①浮遊粉塵量，②一酸化炭素の含有率，③二酸化炭素の含有率，④温度，⑤相対湿度，⑥気流，⑦ホルムアルデヒドの量を定期的に実測し，報告することを義務づけている。空調設備は，これら環境の調整を目的とし，さまざまな設備を組み合わせたものと言える（図-3.4.10, 3.4.11）。

3.4 建築温熱・空気環境のアクティブ・コントロール

図-3.4.10　空気調和の目標値

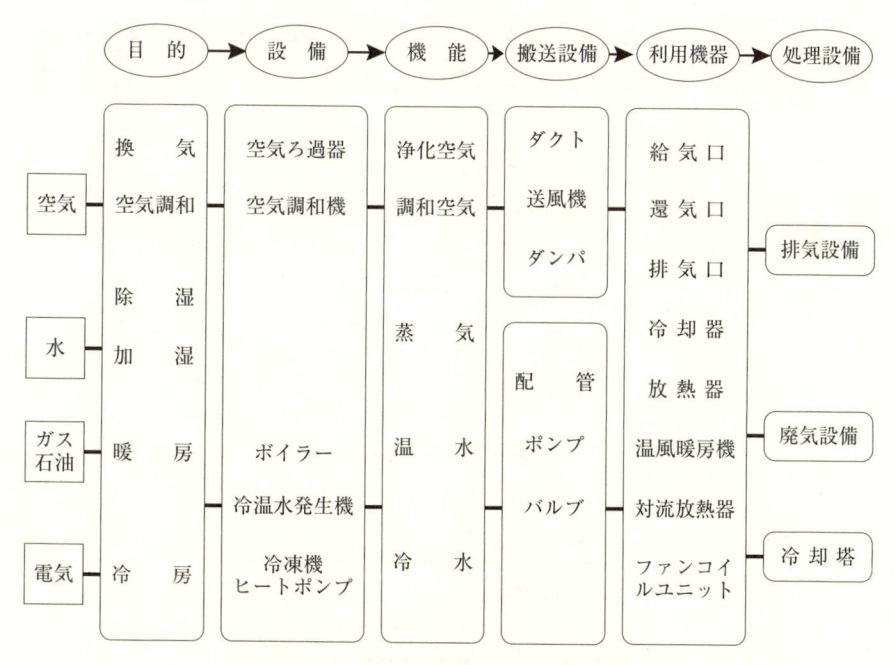

- 気流 0.5m/s以下
- 相対湿度 40%～70%
- 一酸化炭素 10ppm以下
- 浮遊粉じん 0.15mg/m³ 以下
- 温度 17℃～28℃
- 炭酸ガス 1000ppm以下

図-3.4.11　現代建築を支える空調設備

目的	設備	機能	搬送設備	利用機器	処理設備
空気	換気／空気調和	空気ろ過器／空気調和機	浄化空気／調和空気	ダクト／送風機／ダンパ	給気口／還気口／排気口	排気設備
水	除湿／加湿		蒸気		冷却器／放熱器	
ガス 石油	暖房	ボイラー／冷温水発生機	温水	配管／ポンプ／バルブ	温風暖房機／対流放熱器	廃気設備
電気	冷房	冷凍機／ヒートポンプ	冷水		ファンコイルユニット	冷却塔

　ビルのエネルギー消費量の全体を 100 とすると約半分がこの空調設備による。例えば, 夏季の冷房では, 冷房負荷は窓や壁, 屋根を通じて室内に侵入する熱,

照明発熱，機器発熱，換気による侵入熱，そして人体からの発熱などであるが，発生する負荷を抑制しつつ，効率的な空調システムを構築することが肝要である。

3.4.5 空調方式と熱源方式

　熱源方式には，熱輸送方式による分類として，① 全空気方式，② 水・空気方式，③ 水方式，④ 冷媒方式などがある（図-3.4.12 〜 3.4.15）。これらの熱源に加え，さらに蓄熱システムなどのシステムが加わることもある。

　①は熱輸送に空気のみを用い，中央式の代表的なものである。空調機を集中的に配置するため，保守が容易であるが，ダクトスペースや機械室が大きくなるといったデメリットがある。②は熱輸送に空気と水を併用するもので，ダクトスペースを小さくできるといったメリットがあるが，保守の負担は大きくなる。③は水のみを用いる方式である。ダクトスペースが要らないが，別途換気設備を設ける必要がある。④は熱輸送に冷媒配管を用いるもので，通常ビルマルチと呼ば

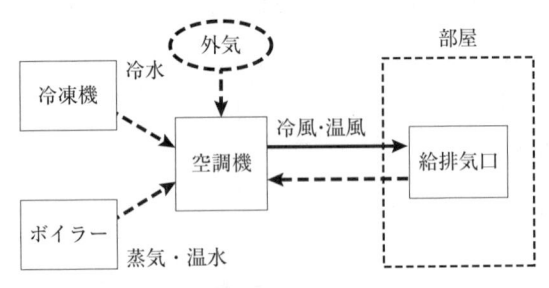

図-3.4.12　全空気方式

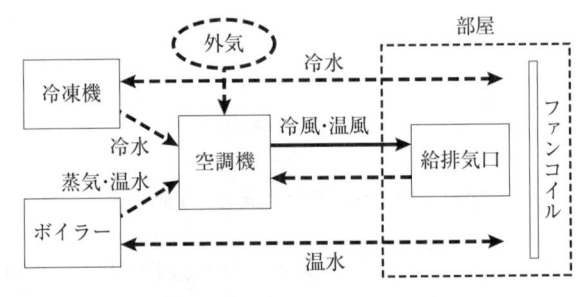

図-3.4.13　水・空気併用方式

れる。個別分散型になるため，制御対象が小区画になり，温度制御も容易で利便性が高い。近年のヒートポンプ技術の向上を受け，COP（成績係数）が飛躍的に向上している。一方，中央式に比べてメンテナンスフリーであるが，耐久性が短い傾向にある。

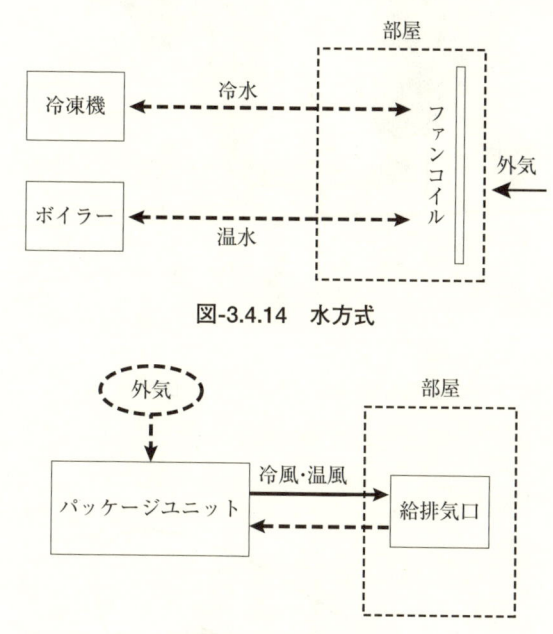

図-3.4.14　水方式

図-3.4.15　冷媒方式

3.4.6 ヒートポンプ

物質が液体から気化するとき，気化する物質は周辺から熱を奪う。これを気化熱というが，熱が奪われた周辺環境は冷却されることになる。これと逆の反応を凝固と呼び，この時には熱を放出し周辺環境を加熱する。この仕組みを利用し，圧縮機を使って低温から高温へ熱を移動させるのがヒートポンプである（図-3.4.16）。熱の受け渡しをする物質を冷媒と呼び，気体が液体に変化して熱を輸送する。

このヒートポンプの性能を示す値がCOPであり，圧縮機などに投入した電力量とヒートポンプが輸送した熱量との比で表される。COP = 3.0 とは，投入した電力量の3倍の熱量をつくり出す性能値を意味する。冷媒の状態変化はモリエ線

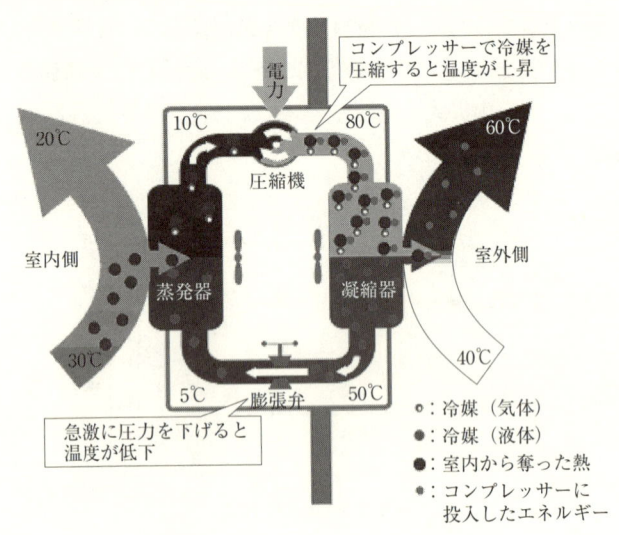

[出典] 東京電力資料

図-3.4.16　ヒートポンプの仕組み

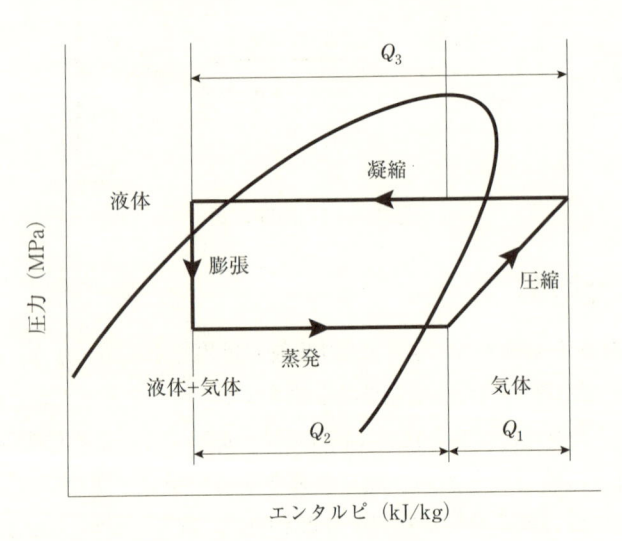

図-3.4.17　モリエ線図

図で表される(図-3.4.17)。暖房効率は Q_3/Q_1 になるのに対し、冷房効率は Q_2/Q_1 になる。よって、同じサイクルならば、必ず暖房効率の方がよくなるはずである

が，実機の運転では冷房効率のほうが高い。夏季は冬季に比べてサイクルが上方へ移動し，凝縮過程と蒸発過程の圧力差が小さくなるからである。

3.4.7 京都議定書と 3Es 問題

気候変動に関する政府間パネル（IPPC）の第 4 次報告では，地球の平均気温は 2100 年までに 2.4 〜 6.4 度上昇すると予測されている。1997 年 12 月に京都で開催された気候変動枠組み条約第 3 回締約国会議（The 3rd Conference of the Parties (COP3) to the Framework Convention on Climate Change (FCCC)）で，CO_2 等の温室効果ガスの排出量削減を先進国に義務付ける議定書が採択された。

この京都議定書は，2008 〜 12 年の温室効果ガス削減を先進国に義務付けているが，アメリカ，中国，インドなど主要排出国が削減義務を負っていない。2006 年には中国はアメリカを抜いて世界一の温室効果ガス排出国になった。茅陽一氏は 21 世紀コラム「京都を繰り返すな」の中で，「日本が CO_2 等の排出量を 2008 〜 2012 年の間に 1990 年比で 6 ％削減するのは容易ではないが，2013 年以降の第 2 約束期間に向けた外交交渉では，アメリカとともに中国やインド等が参加する枠組みづくりが不可欠」と述べている。

2004 年度の日本における CO_2 等の排出量は 13 億 3 400 万トン（CO_2 換算値）で過去最高（1990 年度比で 8 ％増）となり，その 13.4 ％が家庭部門（同じく 20.4 ％増），25.9 ％が業務部門（同じく 22.2 ％増）からの排出量であった。したがって，COP3 の約束を守るには民生部門の省エネ化が強く求められており，原油換算で総量約 5 700 万 kl（2001 年度最終エネルギー消費実績の約 14 ％）の削減目標のうち，約 33 ％が民生部門，その半分が住宅を含む建物に割当てられている。

一方，エネルギー問題も深刻である。化石燃料の可採年数は，石油 41 年，天然ガス 61 年，石炭 204 年と言われ，2030 年のエネルギー需要（原油換算）は世界で約 165 億 kl（2000 年比約 1.7 倍），我が国では約 4 億 4 200 万 kl（2000 年比約 7 ％増）と見込まれている。グローバルなエネルギー・環境問題は 21 世紀の人類にとって「呪縛」となる。これに経済問題を加えた 3Es（Energy security, Economic efficiency and Environment）が喫緊の課題である。

すなわち，省エネルギーやエネルギー転換，環境の保全を図りながら，持続的な経済の成長を達成するというもので，3Es は日本のエネルギー政策の基本目標にもなっている。

3.4.8 エネルギー基本計画とエネルギー市場の自由化

　エネルギー基本計画は，エネルギー基本法に基づき政府が策定するもので，安定供給の確保，環境への適合，市場原理の活用というエネルギー政策の基本方針に則り，10年程度を見通して，エネルギー政策の基本的な方向性を示したものである。本来，エネルギー政策は国民生活の安全・安心の根幹にかかわる国家戦略であり，現在の化石燃料から将来の再生可能エネルギーに至る筋道を示し，当面の選択肢として複数の政策を挙げて，それぞれの政策の費用対効果を評価した上で基本計画が提示されるべきであろう。全体的に自然エネルギーの導入やエネルギー市場自由化の流れに後退感があるのは否めない。とくに，電力小売りが原子力発電の免罪符なら，完全自由化への具体的な行程表とその対策を明らかにすべきであろう。

　2005年度には50 kW以上(約62％)の電力が，2007年度には10万m^3以上(約50％)の都市ガスが自由化され，完全自由化に向けた議論が2007年から開始される。エネルギー市場の部分自由化により，独立系発電事業者(IPP)から一般電気事業者および卸電気事業者への電力卸売りや，特定規模電気事業者(PPS)から一般需要家への電力小売りが可能になった。これらの新規供給事業が供給源の安定化や多様化に寄与すると期待される一方で，部分自由化から完全自由化，託送制度の見直し，分散電源の参入，自然エネルギー発電の増加等を睨んで，サプライサイドとデマンドサイドを取り巻く新たな問題が浮上している。

　米国カリフォルニア州では1998年から家庭用電力を含む完全自由化が実施された。日本の電力市場も家庭用を含む完全自由化へ向けて動こうとしている。この機会に住宅やビルの電力はできるだけ自立化を図ることも検討すべきであろう。もちろん，技術的問題や制度的課題もあるが，もっとも大切なのは地域の住民や自治体や電気事業者による地方分権的エネルギー施策の展開である。太陽光発電も普及段階に入り，自然冷媒(CO_2)ヒートポンプ給湯機(エコキュート)や家庭用マイクロコージェネシステムの導入によって，住宅は小形発電熱所化される。これにより，一般電気事業者の系統電力がピークカットされ，新規参入電気事業者のコージェネプラントが適切に配備されれば，サプライサイドとデマンドサイドのエネルギーネットワーク化も夢ではない。

3.5 豊かさ W の最大化

3.5.1 環境効率とスループット

　一定の資源の投入に対して，最大限の生産を上げようという生産効率が，これまでの経済成長の指標であった。しかし，一方でこの経済戦略が地球環境を悪化させてきた事実は否定できない。そこで新たに登場したのが，「環境への影響を最小化しつつ価値を最大化する」という環境効率の考えである。環境効率は，一般的には次式で表現され，ファクター4やファクター10の基盤となってきた。ファクター4とは，資源の投入量当たりの財・サービスの生産量を4倍にすることで，その実現により豊かさを2倍にし，天然資源の浪費などの環境負荷を半減できるとする。一方，ファクター10とは，先進国1人当たりの資源・エネルギー消費量（あるいはCO_2排出量）を2050年に現在の1/10に削減することを目標にしている。

$$環境効率 = \frac{製品とサービスの経済価値}{単位環境負荷}$$

　一般的な企業では，分子に販売量，製品生産量，売上高などの数字を用い，分母に温暖化ガスや廃棄物量，資源消費量などの数字を採用しているが，統一された算定式は存在しない。一方，中国は第11次五ヶ年計画（2006～2010年）で，GDP比のエネルギー消費量を年4％，5年で20％削減するという環境効率的指標を経済政策目標とするなど，この種の概念の普及が進んでいる。

　これを建築物に特化した建築物総合環境性能評価ツールCASBEEでは，建築物の環境効率として，BEE（Building Environmental Efficiency）を定義し，これをCASBEEの評価指標としている。

$$BEE = \frac{建築物の環境品質・性能}{建築物の外部環境負荷}$$

　環境効率の改善を政策指標とする事には限界がある。先にも述べたが中国はGDP比のエネルギー消費量を年4％改善すること，すなわち年4％の環境効率改善を目指している。しかし，4％の環境効率向上が実現できたとしても，年率10％前後の経済成長を続ける中国の環境負荷は，結局5.7％程度増加し続けることになり，必ずしも実質的な環境負荷削減と一致しているわけではない。

これに対してスループット方程式は松藤泰典氏により提唱された，豊かさと環境負荷の統一評価戦略である(**図-3.5.1**)。スループット(Throughput：T)を豊かさ(Welfare：W)と環境負荷(Damage：D)の差と定義し，このスループットを最大化することが，今後の経済戦略の基礎になるべきだと提唱している。この根底には，我々の経済活動が地球が許容する環境容量をすでに超えているという認識がある。すなわち，スループット方程式では，環境効率で見られるような，「環境効率が改善されれば，総量として増加しても構わない」という免罪符がない。

$$T = W(Sa, R, H, C, Se) - D(LCE, LCCO_2, LCC, ROS)$$

T：スループット ⟶ 最大

W：豊かさ➡最大
- Sa：安全　　Se：感性
- R：安心
- H：健康
- C：快適

D：環境負荷➡最小
- LCE　：ライフサイクルエネルギー
- LCCO$_2$：ライフサイクルCO$_2$
- LCC　：ライフサイクルコスト
- ROS　：建設現場のリスク

図-3.5.1　スループット方程式

3.5.2 住まいの豊かさ

住まいの豊かさを定義することは難しい。1961年，世界保健機構(WHO)は，健康的な生活環境を，安全性，保健性，利便性，快適性の4つの理念に分けて提示し，それぞれに基準を設けた。日本でも1981年から住宅建設5ヶ年計画において，住環境の水準が示され住環境の整備が国の政策に位置づけられたが，いずれも最低基準に類するもので，「衣食足りて……」の水準における豊かさの指標とはなり得ない。一方，国政レベルでは経済成長が豊かさの指標であり続けているが，経済成長が環境を破壊しているというトレードオフ論も一定の説得力がある。

植田和弘氏は「モノからココロを重視する方向へと社会的価値意識が変化するにつれて，公共政策や企業経営においても環境配慮は進んできているように思われる。しかしそれでも，成長は雇用や福祉と密接に関連していることを考えるならば，環境と雇用，環境と福祉を両立させるためにも，このトレードオフを抜け

出る途を探求していかなければならない」と述べている。現時点では，この方法論は確立されていないが，21世紀を生きる我々すべてが生き残りをかけて取り組む課題であろう。

　ここでは，日本における住まいの豊かさに限定したい。建築は空間・ヒト・モノで構成される。空間には敷地や建物としての環境があり，ヒトにはその人の生活スタイルや行動様式が含まれる。モノには家具や設備があり，エネルギーや資材や水なども含まれる。さらに掘り下げると，空間には，資産性，芸術性，親和性，利便性が，ヒトには，安全，安心，健康，快適が，モノには，耐久性，機能性，省エネ性，省資源性がある。

　世界でもっとも早い時期にイギリスで開発された建築物の総合環境影響評価手法であるBREEAMでは，この他に汚染・エコロジー・輸送・土地利用・健康で快適な暮らし・エネルギー・資材・水という項目が追加されている。BREEAMでは，住宅の環境評価項目として，

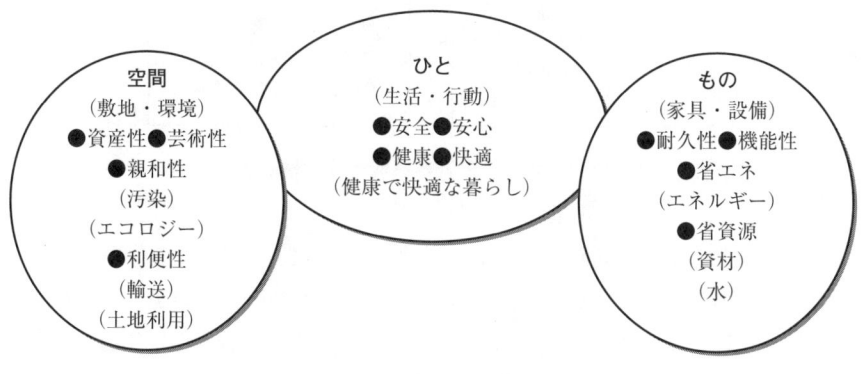

図-3.5.2　住まいの豊かさ

① エネルギー：住宅のエネルギー効率とCO_2の排出量
② 輸送：公共交通へのアクセス等，建物を利用する人の移動に伴うエネルギー低減を考慮した場所の選定
③ 汚染：大気汚染と水質汚染（CO_2を除く）
④ 資材：住宅用資材の製造および現場への輸送に使われるエネルギーの環境への影響，リサイクル資材の利用
⑤ 水：水の消費に関する諸問題

⑥ エコロジーと土地利用：生態学的に見た現場の価値，グリーンフィールド（未開発地域）・ブラウンフィールド（過去に開発され再開発を待つ地域）に関する諸問題

⑦ 健康で快適な暮らし：健康と快適さに関する内部・外部の問題

の7つを挙げている。

これらを「住宅の品質確保の促進等に関する法律」に基づく住宅性能表示項目に当てはめると，利便性，親和性は敷地外の項目として除外されるが，資産性，芸術性は，住宅の性能表示項目としては採用されていないことがわかる（図-3.5.3）。

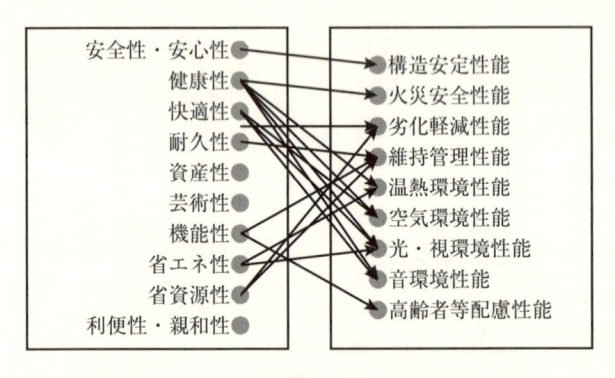

図-3.5.3　住まいの基本性能と住宅性能表示

芸術性をどのように判断するのか。「芸術は長い人生の浮き沈みの中で支えてくれる一つの友達のようなもの」ともいうが，金額で判断するのが良いのか，周辺住民の意見を尊重するのか，性能としては扱いづらい。資産性は住宅の値段と考えれば購入時に考慮されていることになる。しかし，安価な住宅が良いのか高価な方が良いのか，性能評価としては判断が難しい。

いずれにせよ，スループットによる住まいの豊かさを考える場合も，ここから出発することになる。確かに豊かさの概念に経済性は大きな要因かもしれないが，建築環境システムのスループット概念としては，パッシブ・デザイン（P）で獲得される住まいの豊かさとアクティブ・コントロール（A）で排出される環境負荷の差とする狭義の考え方もある。

3.5.3 人の温熱感覚

　豊かさを議論する時，何が安全で安心で健康で快適なのか，人間も生き物であるから，生理機能や心理機能などさまざまな要因の影響を受ける．同じ環境下でも，気分が悪かったり興奮していたりすると感じ方も異なる．平均的な条件を仮定すると，オフィスビルなどでは「建築物における衛生的環境の確保に関する法

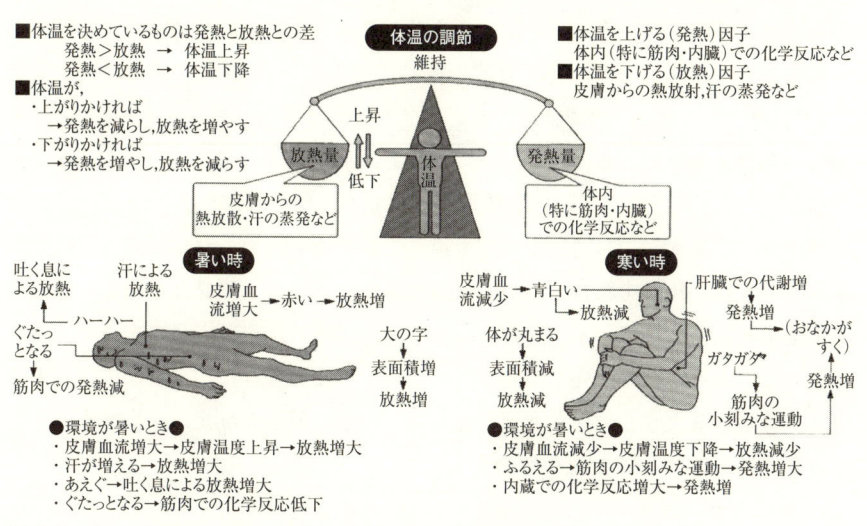

■体温を決めているものは発熱と放熱との差
　発熱＞放熱　→　体温上昇
　発熱＜放熱　→　体温下降
■体温が，
　・上がりかければ
　　→発熱を減らし，放熱を増やす
　・下がりかければ
　　→発熱を増やし，放熱を減らす

体温の調節
維持
上昇
低下
放熱量　体温　発熱量

■体温を上げる（発熱）因子
　体内（特に筋肉・内臓）での化学反応など
■体温を下げる（放熱）因子
　皮膚からの熱放射，汗の蒸発など

皮膚からの熱放散・汗の蒸発など

体内（特に筋肉・内臓）での化学反応など

暑い時
吐く息による放熱
汗による放熱
ハーハー
ぐたっとなる
筋肉での発熱減
皮膚血流増大　→　赤い　→　放熱増
大の字
表面積増
放熱増

寒い時
皮膚血流減少　→　青白い
　　　　　　　　放熱減
体が丸まる
表面積減
放熱減
肝臓での代謝増
発熱増
ガタガタ
（おなかがすく）
発熱増
筋肉の小刻みな運動

●環境が暑いとき●
・皮膚血流増大→皮膚温度上昇→放熱増大
・汗が増える→放熱増
・あえぐ→吐く息による放熱増大
・ぐたっとなる→筋肉での化学反応低下

●環境が暑いとき●
・皮膚血流減少→皮膚温度下降→放熱減少
・ふるえる→筋肉の小刻みな運動→発熱増大
・内蔵での化学反応増大→発熱増

[出典] 高島浩一郎：人の生理と快適環境，ダウ化工，熱と環境，Vol.41，1993

図-3.5.4　体温調節の仕組み

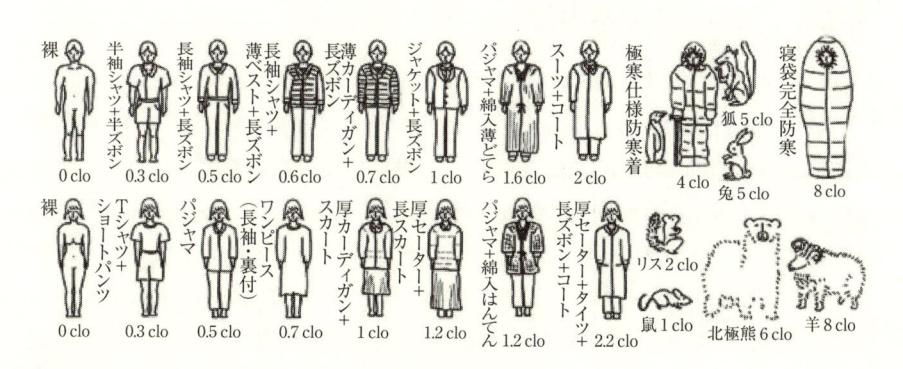

裸　0 clo
半袖シャツ+半ズボン　0.3 clo
長袖シャツ+長ズボン　0.5 clo
長袖シャツ+薄ベスト+長ズボン　0.6 clo
薄カーディガン+長ズボン　0.7 clo
ジャケット+長ズボン　1 clo
パジャマ+綿入薄どてら　1.6 clo
スーツ+コート　2 clo
極寒仕様防寒着　4 clo
狐 5 clo
兎 5 clo
寝袋完全防寒　8 clo

裸　0 clo
Tシャツ+ショートパンツ　0.3 clo
パジャマ　0.5 clo
ワンピース（長袖・裏付）　0.7 clo
厚カーディガン+スカート　1 clo
厚セーター+長スカート　1.2 clo
パジャマ+綿入はんてん　1.2 clo
厚セーター+タイツ+長ズボン+コート　2.2 clo
鼠 1 clo
リス 2 clo
北極熊 6 clo
羊 8 clo

[出典] http://www.omsolar.net/himawari/main/vn12.asp

図-3.5.5　着衣量

律」(通称，ビル管法)に定められる温熱・空気環境となる。

　暑さ寒さの体感が決まる要因は6つある。温度・湿度・気流・熱放射と人体側の着衣量と代謝量である。夏期の薄着や冬季の厚着を推奨するクールビズやウォームビズは着衣量を工夫して体感を調節する(図-3.5.5)。ネクタイを外す，革靴を履かないなど，室温を下げなくても，快適な状態を保つことができる。その結果，豊かさWを変えることなく，Dを減らすこともできる。

　人間は3つの皮膚を持っている。肌，服，そして建物。恒温動物の人間は，これらを使い分けることによって体温を維持してきた。2006年に最古のヒト幼体化石(アファール猿人の女児)がエチオピアで発見された。彼らから西洋人・日本人へと数百万年を経て繋がっている。しかし，肌の色が皆違う。これはDNAの突然変異，DNAの傷が原因で，結果が優位であればそれが生き残った。気候は地域によって違うが，時間によっても違う。氷期の時代もあれば比較的温暖な間氷期もあった。体温を維持するのは血流であり，寒いときに身体を擦るのは代謝を促進するためである。まず凍傷になるのは，手足の指や耳や鼻の末端で，血液が流れなくなると細胞が死んでしまう。そうならないように，全身がほぼ一定温度に維持されるよう心臓から血液が送られている。酸素を与えて，炭酸ガスを受け取り，肺で呼吸して新たな酸素を入れる。

3.6 環境負荷 D の最小化

3.6.1 アクティブの最小化

　豊かさWの最大化がパッシブの最大化なら，環境負荷Dの最小化はアクティブの最小化と置き換えられる。アクティブ・コントロールでは，システムの最適化や機器効率の向上を図るとともに，化石燃料の使用を減らすため自然エネルギーの活用を図ることが重要になる。例えば，換気をファンとダクトで機械的に行うのではなく，風力や浮力による空気の流れを利用することもできる。アクティブというよりはむしろパッシブに近く，パッシブの概念を包括的に適用することが大切だ。結局，エネルギー消費の総量が減らない限り，環境負荷Dの最小化は代替エネルギー化の促進とゼロ・エミッション的循環技術の活用に他ならない。

3.6 環境負荷 D の最小化

[出典] 週刊新潮, Vol.52, No.24, 2007
図-3.6.1 中国・香港特別行政区中環の夜景

[出典] http://www.arcosanti.org/
図-3.6.2 米国アリゾナ州アーコサンティのハイパービル計画

1990年以降，持続可能な都市のあり方としてコンパクトシティが注目されている（図-3.6.1および図-3.6.2）。その概念は，職住の複合化，時空間の凝縮化，機能の短縮化である。住・職・学・遊などの機能を都市中心部にコンパクトに集積することで，インフラストラクチュアの高効率化，職住近接による省時間化や省エネルギー化，近郊の緑地および農地の保全などが図られる。前提として，都市中心部の建築物はある程度集約化される必要があり，その高密度人工空間を維持するのは建築設備である。エレベーターなどの輸送手段を含め，空調設備や照明設備はエネルギーを大量に消費するが，複合化と凝縮化を進めることで持続可能なシステムになる。もちろん，この場合も代替エネルギー化の促進とゼロ・エミッション的循環技術の活用は不可欠であり，いわゆるESCO事業はその一環となる。ESCO（Energy Service Company）とは，ビルや工場の省エネルギーに関する包括的なサービスを提供し，それまでの環境を損なうことなく省エネルギーを実現，その結果得られる省エネルギー効果を保証する事業のことである。

3.6.2 世界のエネルギー戦略

2006年に発表されたIEAの世界エネルギー展望では，2030年の世界のエネルギー消費は2004年比で53％増となる。前年の予測では50％増であったから，予測を上回るスピードでエネルギー需要が伸びている。世界中でエネルギー消費の削減が叫ばれる中，現実には削減の兆しすらみえない。人口も増え続けており，

例え環境効率が向上してもエネルギー需給総量をコントロールすることは難しい（図-3.2.6 および図-3.2.7）。

世界のエネルギー戦略において、想定されるシナリオとその選択肢を整理してみよう（図-3.6.3）。20年後のエネルギー消費は今より増大しているだろうか。減らす努力はなされても、おそらく増えているだろう。その増えたエネルギー需要をどのように賄うのか。化石燃料か、非化石燃料か。現時点では石油や天然ガスなどの化石燃料が主であるが、地球はそれをいつまで供給できるのか。温暖化により南極やシベリアなどで新しい油田が発見されるとの期待もあるが、それは悪魔のシナリオだろう。石炭の余力は大きいが、CO_2の排出量が大きい。脱硫の問題もある。化石燃料では石炭のクリーン化。非化石燃料の有力候補はバイオエタノールと水素であるが、バイオエタノールは食料増産との背反、水素は製造プロセスのクリーン化がそれぞれ大きな課題である。

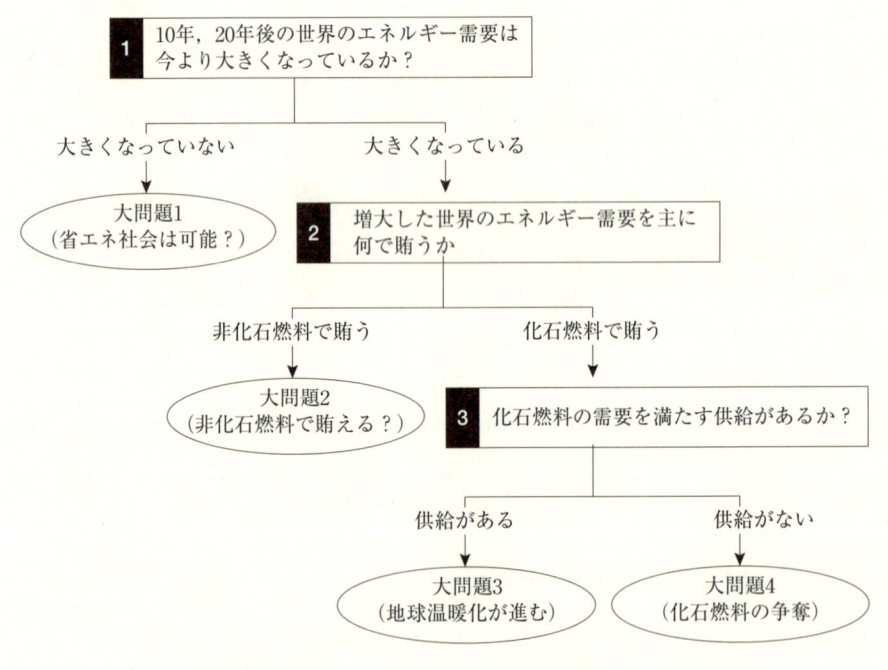

図-3.6.3　世界のエネルギー戦略

3.6.3 京都議定書目標達成計画

　世界の人口は増加し続け，2007年には66億を超えた。中国やインドはその象徴的な存在であり，オランダの政府系研究機関「環境評価局」（NMP）は，2006年度のCO_2排出量で中国は米国を抜いて世界一になったと発表した。中国やインド，そして米国は京都議定書の枠組みに参加していない。京都議定書に参加している国が占める温室効果ガスの排出量は全体の約30％に過ぎない。2013年以降の第2ラウンドへの参加については，巨大な排出国である中国や米国などを含む新たな枠組みの構築が不可欠である。北極圏の氷河の後退や南太平洋の海水温の上昇が世界の気候に影響を及ぼすように，地球上の全ての国は大気や海洋や河川でつながっているのだから。

　日本は2008年から5年間の平均値として1990年比6％削減することを約束している。EUなどは8％の削減ということで日本よりも厳しい。一方で，期待していた森林の吸収量が間伐などの手入れの不行き届きで思ったように伸びず，エネルギー消費も一向に減る気配がない（**図-3.6.4**）。日本の達成が絶望視される中，EU各国は早々に目標達成の目星を立てるとともに，将来に向けた構想を建て始めている。このような差がついたのは何故なのか。

　鍵は1990年という基準年にある。京都議定書が締結されたのは1997年であり，

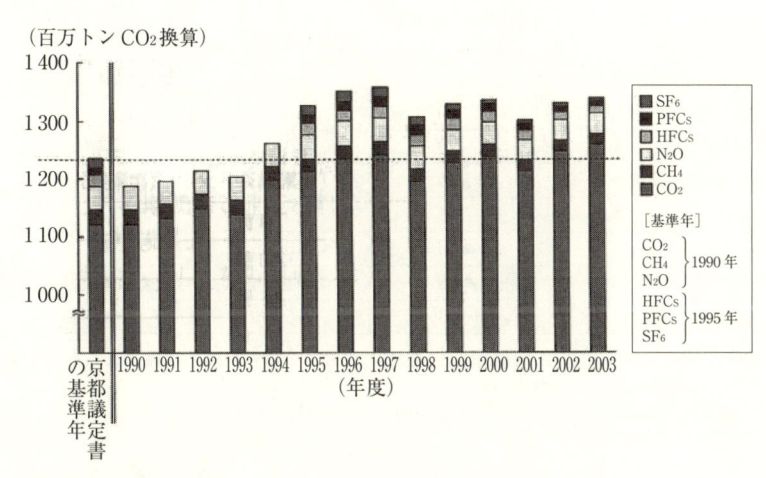

[出典] 環境省資料

図-3.6.4　日本の温室効果ガス総排出量の推移

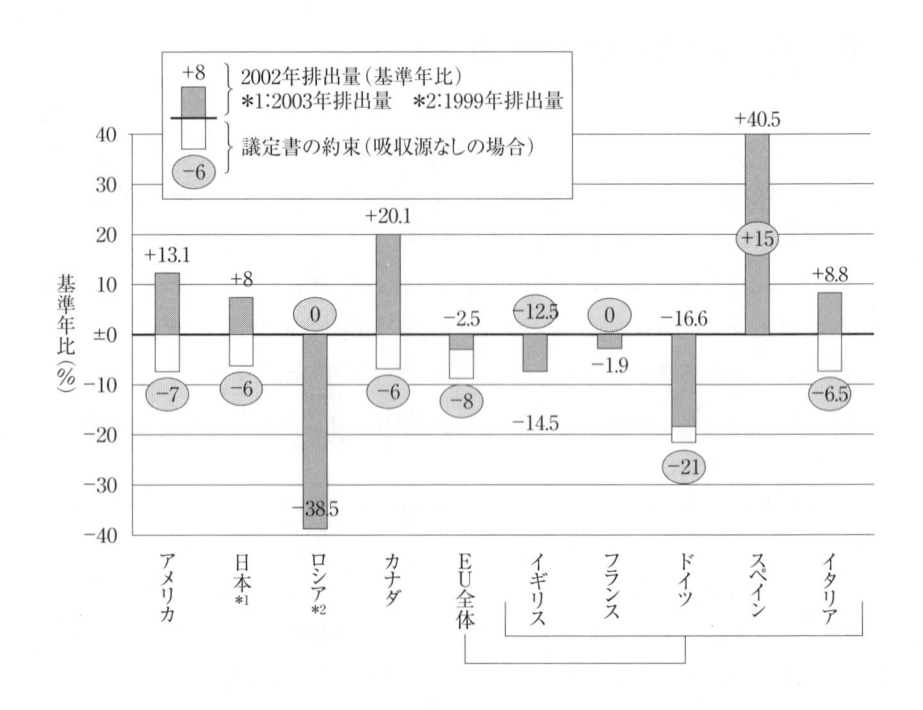

第❸章 健康で快適な温熱・空気環境デザイン

温室効果ガスの排出抑制・吸収の量の目標

区　分		目　標		2010年度現状対策ケース（目標に比べ+12%[*3]）からの削減量
		2010年度排出量（百万t・CO_2）	1990年度比（基準年総排出量比）	
温室効果ガス	①エネルギー起源CO_2	1056	+0.6%	▲4.8%
	②非エネルギー起源CO_2	70	▲0.3%	▲0.4%
	③メタン	20	▲0.4%	
	④一酸化二窒素	34	▲0.5%	
	⑤代替フロン等3ガス	51	+0.1%	▲1.3%
森林吸収源		▲48	▲0.3%	▲3.9%
京都メカニズム		▲20	▲1.6%[*4]	（同左）▲1.6%[*4]
合　計		1163	▲6.0%	▲12.0%

＊3：2002年度実績（+13.6%）から経済成長等による増，現行対策の継続による削減を見込んだ2010年見込み
＊4：削減目標（▲6%）と国内対策（排出削減，吸収源対策）の差分

[出典] 環境省資料

図-3.6.5　京都議定書の目標値と日本6％削減シナリオ

[出典] 環境省資料

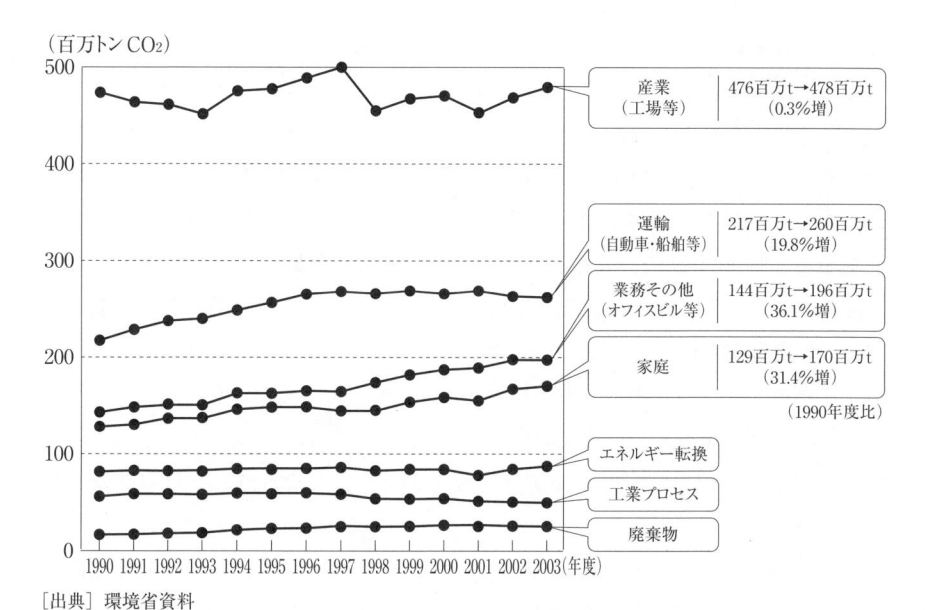

図-3.6.6　日本の部門別 CO_2 排出量の推移

部門	1990→2003	増減
産業（工場等）	476百万t→478百万t	（0.3%増）
運輸（自動車・船舶等）	217百万t→260百万t	（19.8%増）
業務その他（オフィスビル等）	144百万t→196百万t	（36.1%増）
家庭	129百万t→170百万t	（31.4%増）

（1990年度比）

[出典] 環境省資料

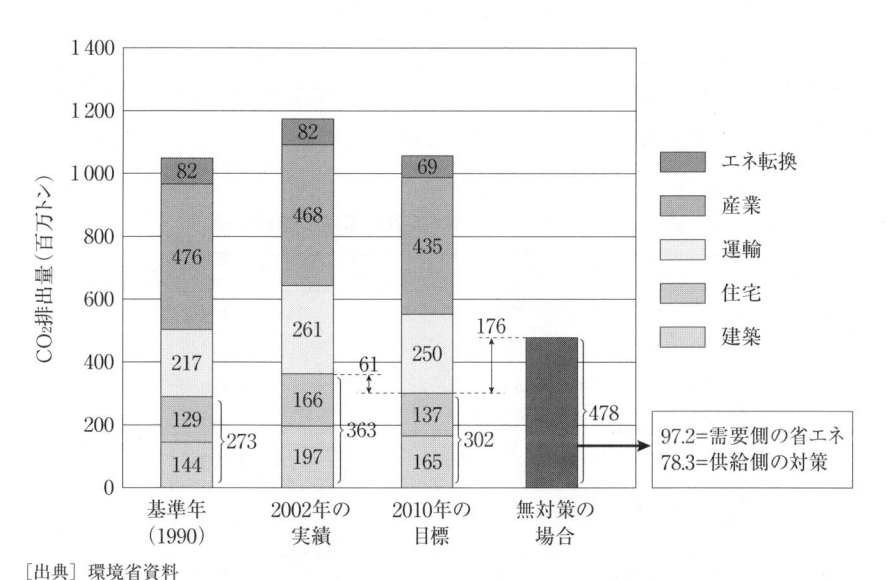

図-3.6.7　京都議定書における民生部門の CO_2 排出量削減目標

基準年（1990）: エネ転換 82、産業 476、運輸 217、住宅 129、建築 144　{273}

2002年の実績: エネ転換 82、産業 468、運輸 261、住宅 166、建築 197　{363}　61

2010年の目標: エネ転換 69、産業 435、運輸 250、住宅 137、建築 165　{302}

無対策の場合: 478、176

97.2＝需要側の省エネ
78.3＝供給側の対策

なぜ7年も前の1990年が基準年とされたのか。1990年EUではドイツの東西統合という歴史的にきわめて重要な年である。このことが温暖化対策という意味でも重要な意味を持つ。東西ドイツ統合により，ドイツは旧東ドイツの旧式な生産設備や発電所を数多く抱え込んだ。その後ドイツはこれらの負担に追われることになるが，1997年にはある程度更新が進んでいた。すなわち，1997年を基準年とすると，1990年以降の設備の更新や省エネ対策が無駄になってしまう。1990年を基準年とすることで，実質的な削減負担を減らした訳である。乾いた雑巾に喩えられる日本とは大きく状況が異なる。イギリスにおいても北海油田の枯渇により，天然ガスへの転換が国策として進みつつあった。また，東欧の民主化により，削減対策となる非効率な工場は山のようにあった訳である。これを政治的な敗北と呼ぶのは簡単だが，そのような背景があることを理解しなければならない。

　建築分野において，具体的にどれだけCO_2を削減すれば良いのか。建築関連から排出される家庭用および業務用のCO_2は全体の1/3を占め，それだけに建築分野への期待が大きい。とくに，家電機器やOA機器の効率改善，建築および住宅の省エネルギー基準の普及に期待されている部分が大きい(**表-3.6.1**)。2006年に国土交通省がまとめた住生活基本計画では，新築住宅の性能表示率を現状の16％から2015年に50％まで向上させることが謳われている。これらの施策を総合して，家庭用と業務用のCO_2排出量を2010年までに約61百万トン削減するの

表-3.6.1　建築分野における京都議定書達成計画

省エネ手法	CO_2削減量(万トン)
住宅・建築の省エネ基準の普及	3 400
住宅（新築の普及率21％→50％）	850
建築（新築の普及率65％→80％）	2 550
家電機器・OA機器の効率改善等	3 880
BEMS&HEMSの普及とESCOの推進	1 120
燃焼機器等の効率改善	490
高効率照明の普及	340
高効率給湯器（エコキュートなど）の普及	340
待機電力の削減	150
合　計	9 720

が目標である。しかし，無対策の場合，目標値を176百万トン上回ると予測されている。176百万トンの内訳は97.2百万トンが需要側の省エネルギーで，78.3百万トンが供給側の対策と予測されている。効果としては，供給側の対策の感度が大きいので，議論としては原子力への期待が大きくなる。

CO_2の削減を叫びながら原子力に頼るにはまだ不安がある。ある日，放射性廃棄物が大量にでてきたときに誰が責任をとるのか。さまざまな政策的な支援もあり，原子力発電由来の電力は安い。しかしながら，国内の電力会社が原子力，とくにプルサーマルに走ろうとしているのは経済効率のためとも言える。

3.6.4 環境負荷 D の最小化シナリオ

環境負荷Dを最小化させるには，社会や経済の仕組みも見直す必要があるが，まずは建築そのものを変えていかざるを得ない。それがエコロジカル・デザインという考え方である。追加的な費用負担が増えるとの指摘もあるが，それは豊かさWの設定次第であろう。エコロジカル・デザインの実施事例を見ると，室内環境の設定を甘くする代わりに周辺地域や敷地内環境に対する配慮が厳しくなっている。ロサンゼルス郊外にあるオフィスはパッシブ・デザインを施し，冷房設備は施されていない。年に数日は，我慢できない猛暑日もあるそうだが，そういう

1. 建築のエコロジカルデザイン
   (1) 答は場所にあり
   (2) エコ収支が方向を決める
   (3) 自然の仕組みに沿う   シム・ヴァンダーリン
   (4) 誰もがデザイナー
   (5) 自然を際立たせる
2. エネルギー源とエネルギーインフラ
   (1) 個別分散型システムと地球エネルギーネットワーク
   (2) 統合型高効率発電システムとトップランナー機器
3. 環境共生デザイン
   (1) 有機的な都市を指向するもの
      （ヴィレッジ・ホームズやソーラリヴィング・センターなど）
   (2) 人工的な環境管理都市を指向するもの
      （アーコサンティやバイオスフィア2など）
4. 環境エネルギーシミュレータ
5. 自然共生型ライフスタイルの創造

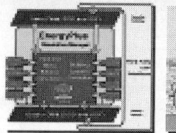

［出典］田中俊六：省エネルギーシステム概論, オーム社, 2005 および BIOCity など

図-3.6.8　建築環境システムにおける環境負荷Dの最小化シナリオ

日は休むか家で仕事をすればよいとのこと。

人間の価値観はいったん新たな価値を見つけると意外にスムーズに移行するものである。郊外や農山村ではこのようなスタイルは日本でも可能であろう。古来，日本の住宅こそ伝統的に周囲と溶け合う技術を持っていたはずだ。都市においてもコンパクト化を図ることにより，地上に緑を取り戻し，オフィスにも緑をビルトインし，サステナブル・デザインを提唱したシム・ヴァンダーリンの思想をもっと活かすべきであろう。アジアや日本の地域性を考慮し，伝統的手法を新たな材料と技術で環境共生的にデザインすることが大切だ（図-3.6.8）。

3.6.5 循環型住空間システムのスループット最大化シナリオ

21世紀COEプログラム「循環型住空間システムの構築」では，豊かさWの最大化と環境負荷Dの最小化によって得られるスループットTの最大化をライフ・サイクルの概念で定量化することを試みた（図-3.6.9）。WとDの次元を揃えるため

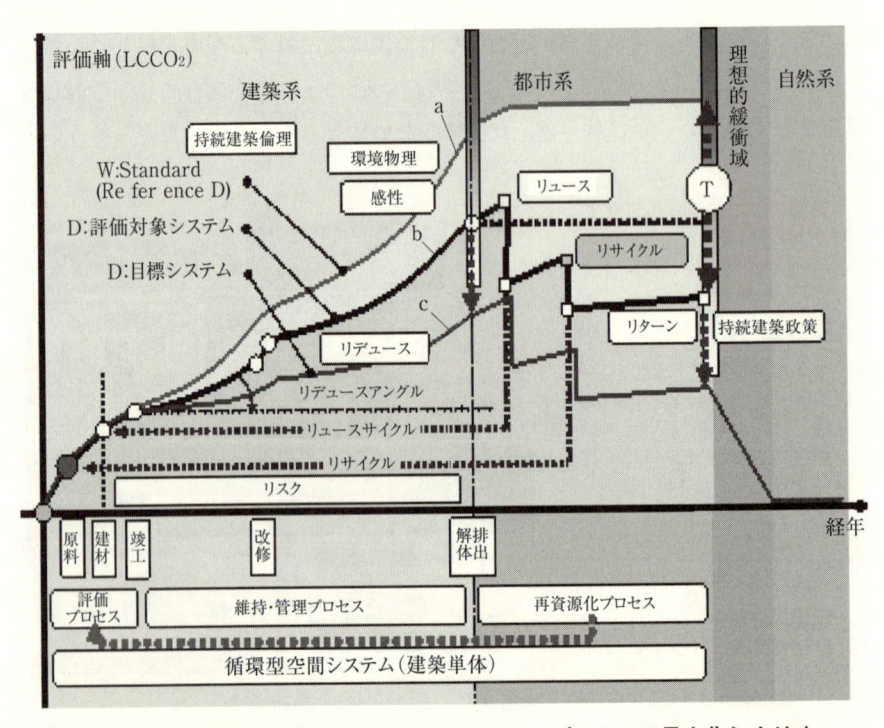

図-3.6.9 循環型住空間システムにおけるスループットTの最大化シナリオ

導入したレファレンス・モデルでは，所定のWを想定した既存システムのLCCO$_2$(**図-3.6.9**の線a)と，同じWを想定した新システムのLCCO$_2$(**図-3.6.9**の線b)を試算し，両者の差をTとしてその最大化を図るとともに，建築系から都市系あるいは都市系から自然系への理論的緩衝域における時空間境界でアーバン・ファイア・シャッターあるいはネイチュア・ファイア・シャッターを通り抜けられるか否かの判断をして，新システムのLCCO$_2$が目標とすべきLCCO$_2$(**図-3.6.9**の線c)をクリアできるように，新システムの5R要素技術(リユース，リサイクル，リターン，リデュース，リスク)の改良を図る。

第4章 健康で快適な音環境デザイン

4.1 健康で快適な音環境デザインの考え方

　藤本[1]は，福岡市で実施した居住環境に関する住民アンケート調査で得られた，住宅や周辺環境に関するさまざまな環境要素の中で，"騒音"に対する評価は住民の「居住環境に対する満足度」や「アメニティ意識」と相関が高く，「アメニティ評価」の高い住宅地では，評価の低い住宅地よりも「小鳥の鳴き声」や「虫の声」などの自然音が多く聞かれている，という結果から，居住環境が良好であるための基本的条件は"静けさ（騒音の少ないこと）"であり，同時に「自然音」や「水の音」が聞こえるような豊かな自然が身近に存在する環境を創出することが重要である，と述べている。"静けさ"が居住環境が良好であるための基本条件であることは誰もが認めるところだと思われる。また，"居住環境にとって好ましい音"として，「小鳥のさえずり」や「虫の音」などの自然音や「噴水の音」などの水に関係する音があげられる傾向にあることはさまざまな調査[2]で示されているが，このような調査をみるまでもなく，「自然音」や「水の音」が自然に聞こえるような豊かな自然が身近に存在する環境が居住環境にとって重要である[3]ことも明らかである。

　R.Murray Schafer氏は，その著「世界の調律」[4]の中で，環境音を「基調音」，「信号音」，「標識音」に分けてとらえ，"共同体の中でとくに尊重され，注意されるような特徴を持った音"（例えば，お寺の鐘の音など）として「標識音」の重要性を指摘している。居住環境にはこのようなシンボリックな音も重要であると思われる。鳥越けい子氏[5]による「神田ニコライ堂の鐘」の調査や平松幸三氏[6]の「京都祇園祭り」調査は，地区のコミュニティ活動として認知された行事や風景に伴って発生しているこのような音が，共同体に尊重され"好ましい音"として受け止められていることを示している。このことから，健康で快適な音環境を創造す

るためには，住民が"地区らしさ"を感じるような環境づくり・まちづくりを目指すことが重要であると示唆される。

以上をふまえて，健康で快適な音環境デザインについて考えてみたい。デザインという用語はたいへん広い意味を含んでいるが，何かを「製作する際に，材質・機能・技術・美的造形性などの諸要素と生産・消費面からの各種の要求を検討・調整する総合的造形計画」（広辞苑第4版）ととらえるならば，都市空間を対象とした音環境デザインとは，その空間にふさわしい音，ふさわしい聞こえ方などを設定し，そのための音場制御（聞こえる音の制御，空間の音響特性の制御など）を行うことと考えることができる。

したがって，都市空間ではまず第一に環境騒音の低減が必要である。その上で，その空間にふさわしい音や必要な音はどのような音なのか，そしてその音はどのように聞こえるべきか（その音を聞くための空間はどのような音響特性であるべきか，そのためにはどうすべきか）を設定し，それを技術的に実現してゆく（音環境デザイン）ことが重要であると言えるであろう。このような視点から，4.2節では静かな都市環境を実現するための環境騒音の予測・評価・対策について概説し，4.3節では健康で快適な音環境創造のための環境保全整備とそのために必要な社会の取り組みについて考察する。

4.2 環境騒音の予測・評価・対策

都市空間には，道路交通騒音，航空機騒音，鉄道騒音などの交通機関による騒音，建設工事などの騒音，建築物の空調設備機器の騒音などさまざまな環境騒音が存在している。健康で快適な音環境の実現には，このような騒音の影響をできるだけ少なくすることが必要であり，環境騒音の予測はその第一歩となる。ここでは，環境騒音の代表である道路交通騒音を取り上げ，わが国でもっとも一般に使われている予測法とその適用例について述べ，GIS（地理情報システム）を用いた都市の騒音評価システムと沿道騒音対策の考え方を示す。

4.2.1 ASJ RTN-Model 2003 [7]

環境騒音の代表は道路交通騒音であろう。現在，わが国で広く一般に用いられている道路交通騒音予測法は，日本音響学会の道路交通騒音予測モデル ASJ

RTN-Model 2003(以後, ASJ Model と呼ぶ)である。このモデルは, 一般道路, 道路特殊部を含めてほとんどすべての構造・形態の道路を対象に, 定常走行, 非定常走行(渋滞), インターチェンジ部などの加減速・停止などの状態において, 道路周辺における道路交通騒音の等価騒音レベル L_{Aeq}(dB) を予測するものである。ここでは, ASJ Model の基本的な考え方を概説する。

(1) 騒音伝搬の基礎式

　道路交通騒音の予測では, 道路を走行する自動車が発生する騒音が予測点までどのように伝搬するかを理論的に求めることになるが, 予測しようとする量は L_{Aeq} であるので, L_{Aeq} が実用的な精度で計算できるように音の伝搬をモデル化していく。

　まず, 1台の自動車を無指向性点音源, そして屋外を完全な自由音場(反射面がなく, 点音源から放射された音が球面状に拡がっていく空間)と仮定すると, 予測点における騒音レベル L_{pA}(dB) は, 音源(自動車)のA特性パワーレベルを L_{WA}(dB), 音源から騒音予測点までの距離を r(m) として,

$$L_{pA} = L_{WA} - 20\log_{10} r - 11 \tag{4.1}$$

で計算できる。

　予測点における騒音レベルは自動車の走行(音源の移動)に伴って変化する。例えば, 図-4.2.1 のような道路を考えた場合, 自動車の走行によって音源の位置 i が時々刻々と変化し, これに伴って予測点の騒音レベルも変化する。求めようとする量は, このように時間的に変化する騒音の等価騒音レベルである。

　さて, 現実の道路は十分に長いが, 騒音の伝搬エネルギーは距離の2乗に反比

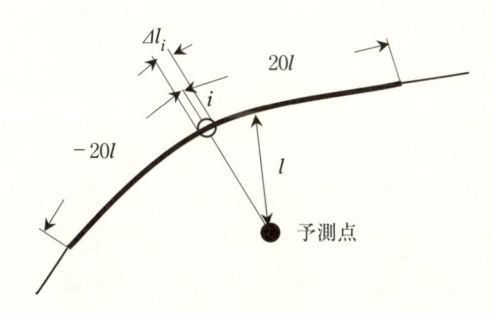

図-4.2.1　音源から予測点への音の伝搬

例するので，予測点における騒音レベルの計算では，予測点から一定距離以上離れた道路からの寄与を無視しても実用的には問題ない。ASJ Modelでは，予測点と道路との最短距離lの20倍までの範囲（$-20l$から$+20l$）の道路を考慮すればよいとされている。

自動車の走行に伴う騒音レベルL_{pA}の変化は連続的であるが，計算対象道路をlより短く分割し，各分割区間の中心に点音源が存在すると考えて各点音源（i）から予測点に伝搬する騒音レベル$L_{pA,i}$を離散的に求め，それらの値から等価騒音レベルを計算しても十分な精度が得られる。

(2) 自動車走行騒音パワーレベル

自動車走行騒音は，速度，エンジン回転数，負荷などによって変化するが，実用的には次式で求められる。

$$L_{pA} = a + b\log_{10}V + C \tag{4.2}$$

ここで，Vは走行速度（km/h），aは車種別に与えられる定数（**表-4.2.1**），bは速度依存性を表す係数（定常走行区間では30），Cは基準値に対する補正項である。a，bの値は，定常走行と非定常走行，車種分類が2か4かによって異なる（**表-4.2.1**には，2車種分類の場合だけを示す）。またCは，排水性舗装など，道路の勾配など，自動車騒音の指向性，その他の要因による補正で表されるが，ここでは説明を省く。

表-4.2.1 2車種分類の場合の定数aの値

車種分類	定常走行区間 （40 km/h ≦ V ≦ 140 km/h）	非定常走行区間 （10 km/h ≦ V ≦ 60 km/h）
小型車類（乗用車＋小型貨物車）	46.7	82.3
大型車類（中型車＋大型車）	53.2	88.8

(3) 伝搬計算

ここで，1つの点音源（i）からの伝搬エネルギーによる騒音レベル$L_{pA,i}$を求める際に，理想的な自由音場と現実の道路周辺の環境の違いを考慮する。実際の道路周辺はきわめて多様であるので，理想的な自由音場と現実はさまざまな違いがある。騒音伝搬の計算では，これを実用的に許容される範囲で単純にモデル化する。ASJ Modelには，回折に伴う減衰，地表面効果，反射音，空気の音響吸収，

風の影響，建物・建物群による影響，先端分岐型遮音壁の回折補正など，さまざまな道路や市街地に対応した騒音伝搬のモデル化が提示されている(詳細は文献7)を参照)。

ここでは，地表面効果と回折効果(障壁や建物などによる騒音の減衰)だけについて触れる。初めに地表面効果を考える。まず，音源(自動車)側の地表面を完全反射面と想定し，式(4.1)の右辺に3dB加算する。つぎに，音源から予測点に至るまでの音の伝搬経路における地表面の影響を考える。これは，地表面の種類(コンクリートやアスファルト舗装，固い土，芝地，表面の柔らかい畑地)と音が地表面から平均的にどのくらいの高さで伝搬していくかによって決まるとされている。ここでは詳しい式は省略して，地表面の影響を ΔL_{grnd} と表す。

つぎに，障壁や建物などによる騒音の回折効果を考える。回折は音波の波動性に起因する物理現象であり音の周波数に関係するが，ASJ Modelでは道路交通騒音の周波数特性をモデル化し，前川チャートを用いて半無限障壁の回折効果(音源が点音源であり，音の波長に比べて十分に薄い半無限平面がある場合とない場合の予測点における騒音レベルの差)を求めている。障壁が，有限の場合，築堤の場合，矩形断面，2重や3重の障壁の場合なども，半無限障壁の回折効果を応用して回折効果を求める方法が提示されている。ここでは詳しい式は省略して，回折効果を ΔL_{dif} と表す。

以上を式(4.1)に反映させると，

$$L_{pA} = L_{WA} - 20\log_{10} r - 8 + \Delta L_{\text{grnd}} + \Delta L_{\text{dif}} \tag{4.3}$$

となる。

(4) 等価騒音レベルの計算

式(4.3)を用いて，1台の自動車が区間 $-20l$ から $+20l$ の道路を走行したときの予測点における騒音レベルの時間変化 $L_{pA,i}(i = -20, -19, \ldots, 20)$ が計算できる。これを"ユニットパターン"と称している。

こうして計算されたユニットパターンから，1台の自動車が走行したときの単発騒音暴露レベル L_{AE} を式(4.4)により求め，

$$L_{AE} = 10\log_{10} \frac{1}{T_0} \sum_i 10^{L_{pA,i}/10} \cdot \Delta t_i \tag{4.4}$$

さらに交通量 N(台/h)を考慮することで，1時間(3 600s)当たりの等価騒音レベ

ル L_{Aeq} を求めることができる。

$$L_{Aeq} = 10\log_{10}\left(10^{L_{AE}/10} \cdot \frac{N}{3600}\right) \quad (4.5)$$
$$= L_{AE} + 10\log_{10}N - 35.6$$

以上が，ASJ Modelの騒音予測の基本的な流れである。日本音響学会は，建設工事騒音予測モデル ASJ CN-Model 2002[8]も提案しているが，それも基本的には道路交通騒音予測モデルと同様の考え方に基づいている。また，4.2.5項で紹介するEUのHARMONOISEとIMAGINE[9]で開発された環境騒音予測法もこのようなエネルギーモデルに基づく手法を採用している。

4.2.2 「騒音に係る環境基準」の評価

環境省は，「環境基本法」に基づいて，生活環境を保全し，人の健康の保護に資する上で維持されることが望ましい条件として「騒音に係る環境基準」[10]を定めている。本節では，道路交通騒音予測の適用例として，「騒音に係る環境基準」の評価を紹介する。

(1) 面的評価

1999年4月に施行された「騒音に係る環境基準」を表-4.2.2，表-4.2.3に示す。この基準によって，道路に面する地域における騒音は，一定地域ごとに基準値を超過する建物の戸数や割合によって評価するという"面的評価"が導入された。こ

表-4.2.2 騒音の環境基準

(単位dB)

地域の類型	時間区分	
	昼間 (6：00〜22：00)	夜間 (22：00〜6：00)
AA	50以下	40以下
A及びB	55以下	45以下
C	60以下	50以下

注）1. AAを当てはめる地域は，療養施設，社会福祉施設等が集合して設置される地域など特に静穏を要する地域とする。
　　2. Aを当てはめる地域は，専ら住居の用に供される地域とする。
　　3. Bを当てはめる地域は，主として住居の用に供される地域とする。
　　4. Cを当てはめる地域は，相当数の住居と併せて商業，工業等の用に供される地域とする。

表-4.2.3　道路に面する地域の環境基準

(単位dB)

地域の区分	昼間 (6：00〜22：00)	夜間 (22：00〜6：00)
A地域のうち2車線以上の車線を有する道路に面する地域	60以下	55以下
B地域のうち2車線以上の車線を有する道路に面する地域 及び C地域のうち車線を有する道路に面する地域	65以下	60以下

のような面的評価を行うためには，沿道に立地する建物群による騒音減衰量の予測(建物背後における騒音予測)が必要であり，ASJ Modelをはじめとするいくつかの手法が提案されている。

a. ASJ Model　ASJ RTN-Model 2003の前身であるASJ Model 1998[11]には，「建物群背後における評価区間の平均的なL_{Aeq}の計算方法(区間平均値を求める方法)」が示されており，ASJ RTN-Model 2003(「建物群背後における評価区間の平均的なL_{Aeq}の予測」)ではより簡便化された方法に改訂されている。

b. 環境省マニュアル(MOE)　環境省は，「騒音に係る環境基準」を実施するための「騒音に係る環境基準の評価マニュアル」[12]を示しており，この中の「建物ごとの距離帯別騒音レベルの推計方法」に，沿道の建物ごとの騒音を簡便に予測する独自の手法を提示している。このモデルは，ASJ Modelとは違って住戸ごとの騒音レベルを推計する。騒音レベルは，道路周辺部に近接建物列が形成されているか否か，形成されている場合は道路が見通せるか否かによって場合分けされ，予測点から道路への見通し角，街区全体の建物群立地密度，近接建物列の平均奥行などから予測される。

c. 戸建て住宅群による騒音減衰量(F2006)　藤本ら[13]は，地域内の平均的な値だけではなく特定点の騒音の値を求めることができればより現実に即した環境評価が可能となるであろうと考え，戸建て住宅群による道路交通騒音の減衰量ΔL_{AE}の予測法F2006を提案している。

(2) 建物背後の騒音予測と環境基準の評価の例

小型車類が速度50 km/hで定常走行している交通量6 000台/hの1車線道路(単位長さのA特性パワーレベルL_{WA} = 88.2 dBの線音源)に面した戸建て住宅地

(100 m × 60 m) について，① ASJ Model 1998，② ASJ RTN-Model 2003，③ MOE，④ F2006 によって住宅地内の道路交通騒音レベルを予測してみた。すなわち，予測点の騒音レベルを $L_{pA}=L_{WA}-10\log_{10}d-8+\Delta L_x$ で算出した。ここで，d は車線から予測点までの距離，ΔL_x は，ASJ Model では建物群による区間平均補正 $\overline{\Delta L_{\text{builds.}}}$ または $\overline{\Delta L_{\text{bldgs}}}$，MOE では建物による減衰補正 ΔL_{build}，F2006 では ΔL_{AE} を示す。建物密度（評価街区全体の面積に対する住宅立地面積）は 19.5 % である。

地上 1.2 m 点の住宅地内の騒音レベル分布を**図-4.2.2**に示す。上段が左右に①，②，下段が左右に③，④の結果である。図において，住宅地の上部（太線で示した部分）が道路（車線）である。騒音予測は，F2006 の適用範囲を考慮して，道路

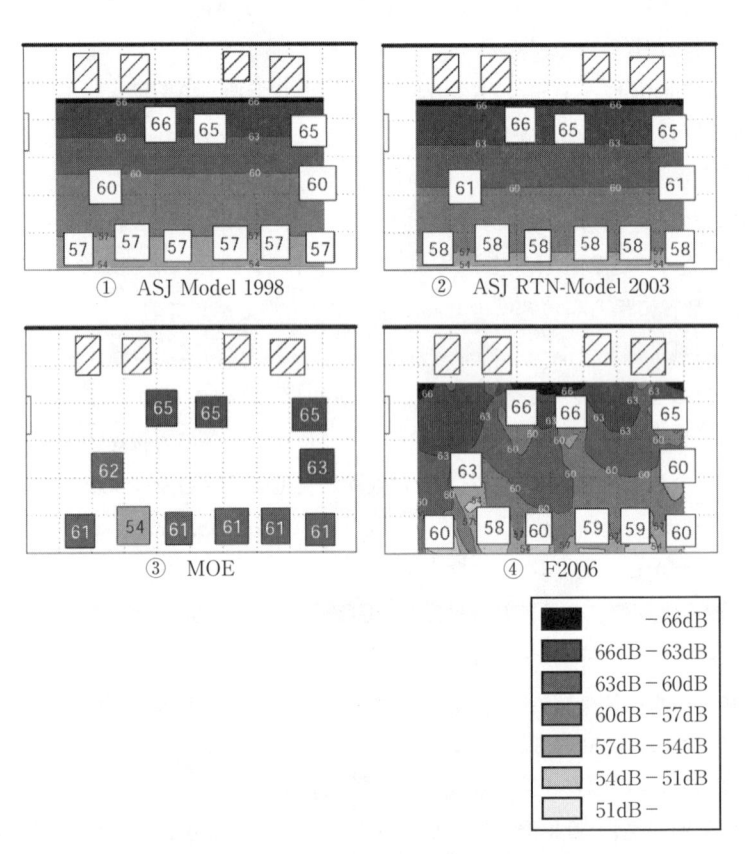

図-4.2.2　戸建て住宅地の騒音レベル分布

から 15 m から 60 m の範囲とし，また住宅地内の左右 10 m は除外した(図中の騒音レベルのコンターを描いた範囲が騒音予測範囲)。③の MOE 以外は騒音レベル 3 dB ごとのコンターを示している。ASJ Model の予測結果は区間平均値のため，道路から等距離の点では騒音レベルは一定となる(比較のために各住戸の道路側中央における騒音レベルも予測している)。一方，F2006 では予測点ごと(0.2 m メッシュ)の騒音レベルを計算して騒音分布を求めた。

①と②を比較すると，わずかだが①（Model 2003)の方が予測値が大きくなる(騒音レベルが高くなる)ようである。④では，建物配置に対応した騒音レベル分布が得られており，(道路と平行に見たときの)建物と建物の間から音が背後地に伝搬し，その結果，道路を見通すことができる場所では騒音レベルが大きくなる様子が把握できる。③は，全体的には①，②や④と大きな違いはないものの，最後列の一部のように，時々特異な値が認められる。これは，MOE の予測式が条件によって場合分けされているためと考えられる。すなわち，近接建物列が形成されているか否か，道路が見通せるか否かの場合分けがパラメータのわずかな違いで生じるため，用いた予測式の違いがそのまま騒音予測結果に反映され，その結果，特異な値が現れたと考えられる。

4.2.3 GIS を用いた道路交通騒音評価システム

これまで述べたような煩雑な騒音予測計算も，現在ではコンピュータを利用することで比較的容易に行うことができる。最近では，地理情報システム(Geographic Information System)を活用して都市広域の騒音レベルを予測・評価するためのツールが普及しつつある。このようなシステムを使用することで，設計段階において建物に曝露される騒音レベルを予測し，騒音防止のための対策を検討することが可能になる。

以下，(2)項では，福岡市が構築した GIS を用いた沿道における道路交通騒音評価システムを紹介し，そして(3)項では，このシステムによる騒音対策の検討の可能性について考察する。

(1) GIS の有効性

4.2.1 項に概説した道路交通騒音の予測計算法からわかるように，沿道の道路交通騒音を予測するためには，対象道路の交通量，車種，車速などの交通情報が必要であり，4.2.2 項に示した「騒音に係る環境基準」の面的評価のためには，さ

らに沿道に立地する建物群の位置や大きさなどの情報も必要となる。GIS は，道路と建物の位置を把握したり道路交通情報をデータベースとして管理する機能を有しており，騒音の予測・評価に必要なデータの管理ツールとしてたいへん有効である。このような観点から，環境省も「騒音に係る環境基準の評価マニュアル」の中で沿道騒音の評価ツールとして GIS の活用を推奨している。また国立環境研究所のウェブページには，2002 年以降の全国の自動車交通騒音の測定結果と沿道の環境基準達成状況を表示する「全国自動車交通騒音マップ」が公開されている[14]。

人口が 150 万人を超え，道路交通騒音を深刻な環境問題の 1 つとしてとらえている福岡市は，2000 年に GIS を用いた自動車騒音評価システム[15]を構築した。このシステムを用いることによって，市内全域の騒音レベルや環境基準達成状況を広域的にとらえることが可能である。次の(2)項では，このシステムの機能を紹介したい。

(2) 福岡市沿道騒音評価システム

このシステムは基本的には環境省評価マニュアルに基づくもので，GIS を用いて，福岡市の主要道路沿道に立地する住居系建物ごとに騒音レベルと環境基準達成状況を表示するものである。このシステムで採用されている騒音予測の方法は，道路端における騒音レベルを実測によって求め，この値を基に沿道から 50 m の範囲にある建物ごとの騒音レベル L_{Aeq} を推計するというものである。

システムに必要な基礎データは，大きく分けると地理情報，調査データ，推計データの 3 種類である。地理情報とは，福岡市の地図データのことで，背景(行政界や図郭など)，建物(市内全域で用途地域の分類も含む)，道路(名称，道路中心，道路端など)の情報が，国土地理院発行の 1/2 500 地形図を基に作成されている。調査データとは，このシステムのために行われた実測調査から得られたデータで，沿道状況(歩道幅，車線数など)，道路端における騒音レベルの実測値，交通状況(車種別の交通量など)，調査地点の現況写真などの情報である。推計データは，環境基準の評価対象(道路端から 50 m の範囲)の騒音レベルを推計するためのデータで，評価点から道路への見通し角，周辺建物の立地密度，道路端から評価点までの距離などの情報である。

評価対象には，福岡市内の国道，県道および 4 車線以上の市道から，道路の状況がおおむね一定とみなせる(交差点や路面の舗装状態が変わらないなど)計 291 区間の沿道が選定されている。その総延長は GIS 上のデータで延べ 422.1 km に

なる。そして，各評価区間に面する市街地が，建物の立地密度がほぼ一定となるような"街区"という単位で区分され，街区ごとに「騒音に係る環境基準」の評価がなされる。全市で32万戸を超える住戸のうちの約4万8000戸が評価対象の街区内に立地していて，それぞれの建物の騒音レベルを予測し，評価することが可能になっている。ただし，建物の高さ方向の情報が整備されていないなどの理由から，騒音の評価点は地面から1.2 mの点となっている。今後，高さ方向の予測機能が追加され，3次元的な評価が可能になると，例えば集合住宅の住戸別に騒音評価が行えることになり有効性が増す。その実現は強く望まれる。

このシステムでの表示例をいくつか例示する。図-4.2.3は，官民境界の道路端351点における騒音レベルの実測値を環境基準と照合して市全体の達成状況を評価した例である。約半数の区間で昼間の騒音レベルが70 dBを超え，昼夜とも環境基準を超過していることが読み取れる。道路端の実測値から，ある街区の騒音

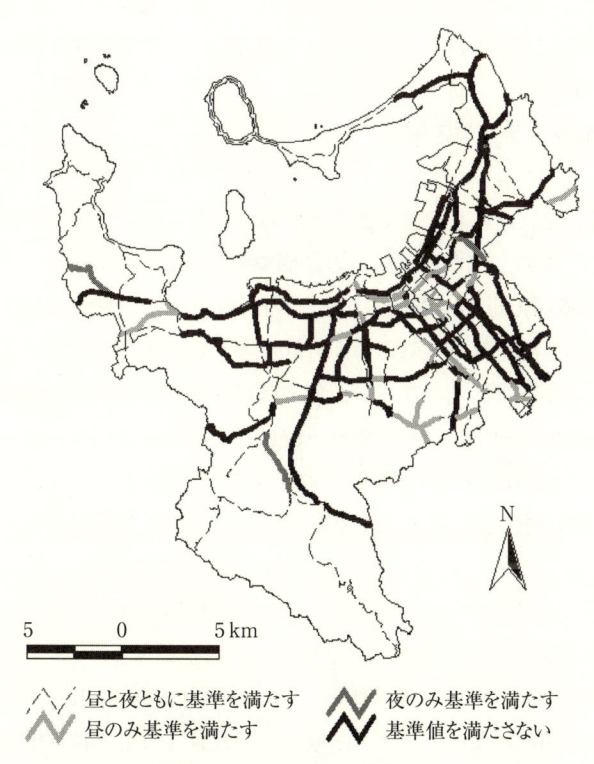

図-4.2.3 環境基準の達成状況（主要幹線道路の道路端）

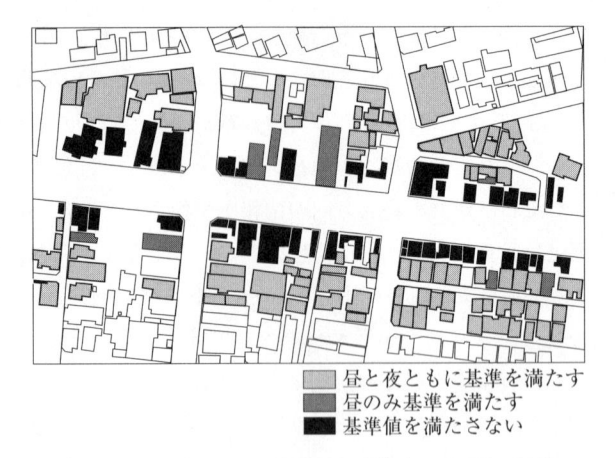

□ 昼と夜ともに基準を満たす
□ 昼のみ基準を満たす
■ 基準値を満たさない

図-4.2.4　環境基準の達成状況（道路に面する地域）

レベルを予測し，環境基準の達成状況を評価した例を**図-4.2.4**に示す．この街区では，道路に面している建物のほとんどで騒音レベルが70 dBを超え，昼夜とも環境基準を超過していることが分かる．

(3) 騒音評価システムの応用例

GISは，データにさまざまな属性を関連付けて登録しておけば，条件によってデータを抽出したり連結したりすることが容易であるので，そのような機能を活用することでつぎのような沿道騒音の評価や対策に応用することが可能である．

a. **騒音レベルの高い道路の抽出**　沿道の騒音対策を検討するとき，まずは騒音レベルの高い道路を優先するという方針が考えられる．福岡市のシステムに入力された道路の単位は区間であるが，例えば昼間の騒音レベルが70 dB以上という検索条件によって抽出された区間を連結して表示することで，結果として騒音レベルの高い道路のみを表示することができる．

b. **建物の用途に対応した評価**　環境基準では地域類型と時間帯によって，また道路に面する地域か否かによって12種類の基準値が定められているが，このシステムを都市の環境保全に利用するためには，現実の状況に対応したよりきめ細かな評価が必要になる．例えば，日本建築学会推奨基準[16]によると，昼間の室内における許容騒音レベルは，住宅50 dB，学校35〜45 dB，病院35 dB，とくに病室では30 dBとなっており，医療施設や教育施設などは住宅よりも静穏な環境が必要とされている．GIS上の建物データに建物種類を属性として登録して

おくことで，医療施設や教育施設を騒音に留意すべき建物として抽出することが可能になる。**図-4.2.5**に病院を抽出して表示した例を示す。ここに示された病院の昼間のL_{Aeq}は 65 dB であると推計されていて，道路に面する地域の環境基準値 70 dB はクリアしているが，図のように医療施設のため騒音対策にとくに留意すべきであると明示することによって，適切な騒音対策が考えやすくなる。

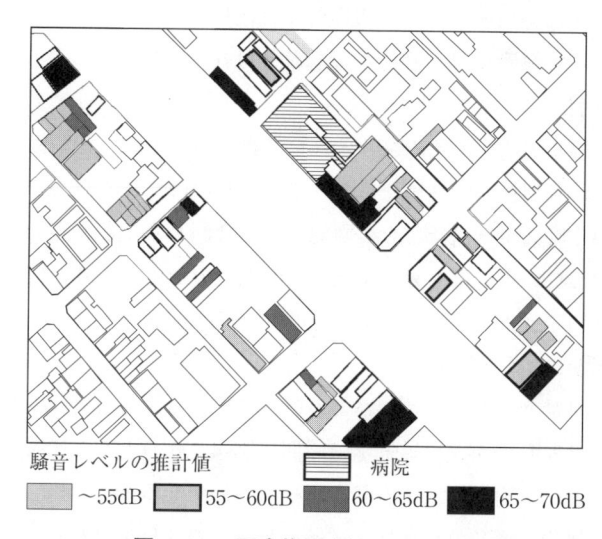

図-4.2.5 医療施設を抽出した表示

c．遮音設計への応用 このシステムでは建物ごとの騒音レベルが予測できるため，建物の属性データとして室内許容騒音レベルを付加することで，各建物の必要遮音量を知ることもできる。それによって，設計段階において，外壁面に必要な遮音性能が把握できる。

このように GIS を用いた騒音評価システムは，都市全域の騒音レベルを巨視的に評価することから，建物の騒音対策を選定するような微視的な検討にまで活用が可能で，健康で快適な都市および建物を構築する上できわめて有効なツールであると言える。

4.2.4 沿道騒音の対策

一般道路沿道における道路交通騒音の対策は，現実的には難しい問題である。本項では，今後，沿道を静かな環境にするために取り組むべき対策について考察

する。自動車単体の騒音規制などの直接的な騒音防止技術は他の文献に譲り，都市・建築的アプローチからの騒音対策について考えてみる。

(1) 都市計画と地域計画

住宅地のような静けさが必要な地域を工場や商業施設が立地する地域と分離することは，静かな居住環境を確保するためのもっとも基本的な方法である。この手法を既存地域に適用することは現実的には困難であるが，新しく計画・建設される地域では環境騒音に対する対策を忘れてはならない。

(2) 交通流対策

静けさが必要な場所への車の乗り入れを禁止することは，音源側の対策として効果的である。利便性が犠牲になることに配慮しなければならないが，大型車の乗り入れ制限や時間帯制限などを計画的に組み合わせることで有効な騒音対策となると期待されている。乗り入れを禁止するだけでなく，通り抜けの大型車を騒音に強い地域の道路へ誘導することも必要である。

(3) 伝搬経路における対策

伝搬経路の対策として，高速道路で多用されているような遮音壁を一般道路に設置することは難しいが，車道と歩道の間に**図-4.2.6**のような低層遮音壁を設置することは，道路に面した地域の騒音低減に効果がある[17]と考えられる。また，道路に面した建物に騒音のバッファービルとしての役目を負わせて，その背後に騒音の少ない空間を計画的に確保するということも，今後は対策の1つとして考

図-4.2.6　低層遮音壁の例（文献17）より引用）

えていかなければならないであろう。そのとき，緩衝建物のデザインに配慮することで，都市景観の保全や改善にもつながると期待される。これには，必要な騒音低減量から設置すべき緩衝建物群の規模を逆算する手法が必要になるが，それは今後の研究課題である。

(4) 建物の対策

受音側の建物の騒音対策では，建物外周部の遮音性の向上が基本となる。最近の建物の外周部は，省エネルギーのためにダブルスキン構造にして中の空気を循環させるなどのディテールの工夫がなされることがあるが，これは結果的に遮音性の向上につながる。しかし，換気のための開口，昼光利用のための窓などは遮音性とトレードオフの関係にある点に十分留意する必要がある。例えば，換気口など著しく遮音能力の低い箇所があることによって建物全体の遮音性が落ちてしまう事例などがよく見受けられる。

4.2.5 EUにおける環境騒音低減への取り組み

つぎに，近年，騒音低減にとくに力を入れているEUの取り組みについて紹介[18]する。

1996年に欧州委員会(EC)によって採択された報告書「The Green Paper on Future Noise Policy」[19]は，騒音を低減させるための活動が，大気汚染や水質汚染のような環境問題に比べてこれまで優先度が低かったことを認め，その結果としてEU人口の約20％(8000万人に相当)が受け入れ難い騒音レベルに曝されていること，また昼間に顕著なアノイアンスを引き起こす可能性がある騒音レベルに曝される地域(grey areas)に1.7億人が居住していることなどを示した。さらに，この報告書はEU内における騒音政策のための新しい枠組みを提言し，そして，この枠組みに沿ってECの下に設置された騒音に関するWGの1つが，Directive2002/49/EC(通称，Environmental Noise Directive；END)[20]を立案した。ENDは「環境騒音のアセスメントと管理に関する指令」であり，序文と14個の条項および6つの付録から構成されている。その第7条は騒音マッピングについて記述しており，「EU加盟国は，2007年6月30日までに，その前年の状況を示す戦略的騒音マップを示すこと。その対象は，居住者が25万人以上の地域，年間600万台以上の道路交通を有する主要道路，年間6万本以上の運行を有する主要な鉄道路線，地域内の主要空港とする。戦略的騒音マップは，少なくとも5

年ごとに再検討され，必要であれば更新されなければならない」としている。

　この指令（END）を達成するためにHARMONOISEとIMAGINEというプロジェクトが実施された。2001年8月から2005年1月まで推進されたHARMONOISEプロジェクトでは，EU内の道路交通および鉄道から発生する騒音を予測するための統一的な手法が開発され，2003年12月から2006年12月まで実施されたIMAGINEプロジェクトでは，HARMONOISEプロジェクトで開発された騒音予測手法が航空機騒音と工場騒音に拡張されるとともに，騒音マッピングを円滑に実施するための指針，事例およびデータベースが検討された。そして，これらの手法は2012年度に実施される騒音マッピングから使用されることになっている。

　このように，EUでは，現在，環境騒音低減のための騒音マッピングが積極的に実施されている。わが国においても，道路交通騒音を含めた環境騒音を取り巻く状況を見つめ，それらの低減および改善に向けた具体的な行動を進めるための枠組みや考え方を参考にし，静かな都市環境を構築していくべきだと思われる。

4.3 健康で快適な音環境の創出

　最後に，健康で快適な音環境の創出について考察する。健康で快適な音環境とは何かを論ずるのはたいへん難しいのであるが，ここでは，4.1節に述べた，居住環境整備としての自然環境保全と地域らしさの創出のための手法と，健康で快適な音環境を実現するために必要な社会の取り組みについて考えてみる。

4.3.1　自然音が聞こえる環境の保全整備

　健康で快適な音環境を創造するためには，「小鳥のさえずり」や「虫の音」などの「自然音」や「噴水の音」などの「水の音」が自ずと聞こえるような豊かな自然が身近に存在する環境を創出することが重要であるという視点にたって，そのための自然環境の保全整備について考えてみる。

　自然音が聞こえるようにするためには，音源となる小鳥や虫などの生態を視野に入れた自然環境保全（生態学的視点）が基本になる。すなわち，生態系に配慮した緑地（自然山林・緑地・街路樹など）や水面を保全・確保することによって，野鳥や昆虫が生息できる場が確保・創造され，その結果「小鳥のさえずり」や「虫の音」

などの自然音が聞かれるようになると考えられる．すなわち，
- 公園などの全体計画の中で小鳥や虫の生息を考慮した「保護ゾーン」を計画し，その中ではできるだけ自然の状態を維持する樹木などの植栽に際して食餌植物を導入し，その種類や配置に多様性をもたせる
- 樹木の剪定は小鳥の繁殖期を考慮して行う

などの生態学的視点からの配慮が大切である．
　このような配慮のもとに，具体的には，
- 小中学校や公園などの緑化推進
- 幹線道路や生活道路接道部の緑化推進
- 民有地の緑化に対する支援（行政からの補助金など）
- 都心部の建築物における屋上緑化の支援

などが考えられる．
　このような施策によって保全整備された緑は，野鳥や虫の生息に好ましい場となり，環境にふさわしい音となるであろう「小鳥のさえずり」や「虫の音」などの自然音が聞かれるようになり，それが生活環境にうるおいを与え，健康で快適な音環境の創出の一助となると期待される．また緑地は騒音に対する心理的減音効果[21]も期待できる．
　こうした施策が効果を発揮するには長時間を要するので，施策を継続的に実施する必要がある．また，緑地は落ち葉，害虫，剪定などの維持管理を必要とすることにも留意しなければならない．さらに，河川，池，湖沼などの水面も小鳥や虫の生息にとって重要であるので，自然音が聞こえるような自然を創造するためには水面の保全整備も重要である．生態学的には，緑のネットワークとの連携を図ることが重要であると考えられる．

4.3.2 音環境の視点からの地区らしさの創出

　健康で快適な居住環境にはそれぞれの地域の個性（アイデンティティ）が必要であり，また地域に特徴的な音が必要である（むしろなければならない）と思われる．このような音環境の視点からの地区らしさの創出について考えてみる．
　地区らしさの創出に関してまず第一に重要なことは，地区らしいかどうかを評価するのは住民であるという視点である．自らが積極的にかかわることのできるものほど地区らしいと感じる度合いが高くなると思われるので，地区らしさの創

出のための施策では住民主体の視点が重要である．住民がどのような環境要素に地区らしさを感じるかは，地区のフィジカルな特性とともに伝統文化などの社会的特性にも関連するので，地区らしさ創出のための施策は，地区らしさを育む活動の場となる空間(例えば，神社やお寺，広場，地区の象徴となるような景観など)のハード面の整備(個別整備と全体計画)と，それらを運用活用するためのソフト面からの支援があげられる．とくに，後者を蔑ろにしては健康で快適な音環境は創出できないことを認識する必要がある．具体的な施策として，

- 歴史的建造物や町並みの保存
- 地区行事や地区活動ならびに伝統行事の振興・支援(補助金など)・保存
- 地域のコミュニティ活動の場となるべき「公民館」や「公園広場」の整備

などの推進が考えられる．

このような一般的な地区らしさの創出に関する施策に加えて，音環境を意識した施策として，

- 「標識音」の創造と保全整備

をあげておきたいと思う．4.1節に述べたように，地区らしい音の存在も健康で快適な音環境に不可欠であると考えられるからである．どのような音が"共同体の中でとくに尊重され，注意される音"になりうるかは，それぞれの地域の特性によって異なると思われるが，例えば，「環境省 残したい日本の音風景100選」[22]に選定された音風景のように，すでに地区の「標識音」として認知されていると思われる音がある場合には，その音を意識的に保全するための施策を考え，新しい地区開発の場合には，地区の象徴となり得るような音の出る施設の導入を意識的に計画することが考えられる．

このような施策によって，地区らしさを感じる音が時折聞かれるようになると考えられる．地区の運動会の歓声，盆踊りの音楽，お祭りの縁日の賑わいの音，近くのお寺の鐘の音，こうしたさまざまな音が，季節によってあるいは場所によって聞こえることは，ある種の地域の個性(アイデンティティ)を生み出し，ゆとりとほのぼのとした感じを与え，さらにコミュニティ意識を生み出すものと期待される．

4.3.3　健康で快適な音環境に向けて

これまで，健康で快適な音環境のために，静けさの確保，自然音の聞こえる環

境保全，地区らしさの創出，について述べたが，最後に，健康で快適な音環境を実現するために必要な社会の取り組みについて考えてみる。

(1) 環境教育

これまで述べた音環境保全に関する施策を実効性あるものにするためには，コミュニティを構成する住民や事業者が音環境保全の重要性を理解するとともに，環境保全施策へ参加・協力することが不可欠であるので，そのための「環境教育」が重要と考えられる。すなわち，住民や事業者に対する，

- 音環境への関心の向上
- 音に対する感性の醸成
- 騒音低減努力の要請
- 騒音の影響や防止技術に関する知識の普及

などを目的とした啓発・啓蒙活動を行うことが重要である。また，地域コミュニティにおける自発的な騒音防止や，健康で快適な音環境の実現に関する学習や実践活動を支援することも重要となる。

住民や事業者が日頃から騒音を出さないように努めなければ静かな音環境を実現できない。また，音に対する感性の欠如や防音などに関する初歩的な知識の不足から騒音問題が生じているケースも少なくない。このような点を踏まえて，まず騒音防止のために，市民や事業者に対して，

- 外部へ出した音が周囲にどのような迷惑を及ぼすか
- 外部へ音を出さないためにはどのような努力・工夫をすべきか
- 騒音を発生する機器類を設置する場合の配慮
- 一般的かつ基礎的騒音防止技術
- 騒音防止のために日頃から心掛けるべき事項

などについて，さらに健康で快適な音環境実現のために，

- 周辺の緑化など周辺環境の保全の必要性
- 地域行事・伝統行事などへの参加およびその保存への支援
- 緊密なコミュニティづくりへの協力

などについて，さまざまな手段を通して広報し，市民や事業者の理解と施策への参加や協力を求めるという地道な努力が必要であると思われる。

このような環境に対するモラルは，幼少の頃からの教育が大切であるので，次代を担う若年層を対象とした啓蒙・教育活動が重要であり，その実効性も高いと

考えられる。また良い音を経験させることによって音に対する感性を醸成することも必要であると思われる。このような観点から，小学校や中学校の環境教育の一環として，
- 不必要な音，必要な音
- 騒音が引き起こす迷惑
- 騒音を出さないための工夫
- 「思いやり」や「協調性」の重要性

などに関する授業や社会見学会などを行ったり，また「良い音の経験」を支援するため，音楽教室の音響性能向上および音響設備の充実などを図ることも必要であると考えられる。

音環境に関する啓蒙活動により市民が音に対する関心を喚起され，騒音を出さないように配慮を払うようになっても，それが一時的なものであっては音環境の改善は期待できない。したがって，その効果が永続的なものとなるように，啓蒙活動をさらに発展させ，生涯学習教育にまで拡充することが重要である。そのためには下記のような企画，それを実現できる場の提供なども考えていく必要があるであろう。
- 音環境全般に関する市民講座の開催
- サウンドウォーク
- 音環境モデル地区の見学会
- 騒音防止対策例の見学会
- 基礎的な防音技術の講習会
- 騒音を発生する住宅設備機器の設置に関する講習会

(2) 情報公開

健康で快適な音環境のためのさまざまな施策の実効性評価および啓発・啓蒙活動をバックアップする上で，音環境に関する情報公開が望まれる。例えば，市役所，区役所などでマスメディア用いて，環境騒音の現況(騒音マップ)，環境基準の達成状況，聞こえる音の現況，その他行政が有する環境情報(騒音苦情)，などを公開することが考えられる。さらに，地区行事や地区活動，地域のコミュニティー活動などの情報も住民が容易に知ることができるように整備することが重要である。なお，言うまでもないが，情報公開に際しては，個人のプライバシーを侵害することのないように配慮しなければならない。

(3) 音の体験のための施設

　人間の音に対する評価は感覚的な面が大きいので，音環境の理解のためには音を試聴する(体験する)ことがとても効果的であると考えられる．したがって，地域の環境音の試聴ができたり，市内の騒音の現況や環境基準の達成状況および騒音に関する規制などを試聴しながら学習したり，騒音低減のための工夫や防音の基礎知識を音を試聴しながら学べる「音の体験のための施設」の設置が望まれる．この施設は，市民に開放すると同時に小中学校の環境教育の場として有効利用できる．

　さらに，良い音を経験できる場(優れた音響性能を有するコンサートホール)の提供と質の高い演目の実施も音に対する感性を養うために重要な役割を担うと考えられる．

(4) 専門家の養成

　音環境整備計画を着実に実行するためには，音環境に関する専門的知識を持った専門家が不可欠であると考えられる．このような専門家は，例えば市役所の職員として，前述の「音の体験施設」の所属とし，

- 音環境整備計画を主導的に推進する
- 音環境に係る研究
- 音環境に係る人材の育成
- 環境教育施設の見学者に対する音環境問題の解説および多方面への音環境に関する啓発・啓蒙活動
- 騒音に係るトラブルに対するアドバイス

などの業務を担当することが考えられる．

　また，環境音の現況把握と将来予測を行い，将来の音環境保全計画を立案することも，専門家の任務であろう．

参考文献

1) 藤本一寿：居住環境とアノイアンスに対する住民意識, 音響技術 118, pp.45-50, 2002
2) 例えば，藤本一寿ほか：音の印象に関するアンケート調査, 日本音響学会講演論文集 (秋), pp.563-568, 1988
3) 金炳 哲, 藤本一寿, 中村 洋：音と緑を基調にした住宅地の居住環境のアメニティ向上の手法, 日本建築学会計画系論文報告集, 458, pp.35-42, 1994
4) R. M. Schafer, 鳥越けい子 他訳：世界の調律, 平凡社, 1986
5) 鳥越けい子：サウンドスケープ研究の課題と展望—神田地区におけるケーススタディーを通して，騒

音制御, 11(3), pp.141-146, 1987
6) 平松幸三, 白井良実, 高木興一, 山本剛夫：京都東山八坂地区におけるサウンドスケープ調査, 日本音響学会講演論文集(秋), pp.419-420, 1987
7) 日本音響学会道路交通騒音調査研究委員会：道路交通騒音の予測モデル"ASJ RTN-Model 2003", 日本音響学会誌, 60, pp.192-241, 2004
8) 日本音響学会建設工事騒音調査研究委員会：建設工事騒音の予測モデル"ASJ CN-Model 2002", 日本音響学会誌, 58, pp.711-731, 2002
9) http://www.imagine-project.org/
10) 環境庁告示第64号「騒音に係る環境基準について」, 1998.9.30
11) 日本音響学会道路交通騒音調査研究委員会：道路交通騒音の予測モデル"ASJ Model 1998", 日本音響学会誌, 55, pp.281-324, 1999
12) 環境庁：騒音に係る環境基準評価マニュアルⅠ基本評価編, Ⅱ地域評価編(道路に面する地域), 2000
13) 藤本一寿, 山口晃治, 中西敏郎, 穴井 謙：平面道路に面する地域における戸建て住宅群による道路交通騒音減衰量の予測法, 日本音響学会誌, 63, pp.309-317, 2007
14) http://www-gis.nies.go.jp/
15) 藤本一寿, 穴井 謙：GISを用いた沿道における道路交通騒音評価システム, 日本音響学会騒音・振動研究会資料 N-2002-43, pp.1-6, 2002
16) 日本建築学会編：建築設計資料集成1環境, p.13, 丸善, 1978
17) 上坂克巳, 大西博文, 木村健治, 鉢嶺清模：低層遮音壁の設計方法に関する研究, 土木研究所資料, 第3705号, 2000
18) 今泉博之, 高橋保盛, 藤本一寿, 穴井 謙：EUを中心とした諸外国における環境騒音低減への取り組み－最近の研究動向－, 日本音響学会騒音・振動研究会資料 N-2006-58, pp.1-7, 2006
19) European Commission：Green Paper on Future Noise Policy (COM(96)540), 1996
20) European Parliament and Council：Directive 2002/49/EC, 2002
21) 鈴木弘之, 田村明弘, 鹿島教昭：街路に沿う歩行空間の喧噪感に及ぼす緑の効果, 日本音響学会誌, 45, pp.374-384, 1989
22) http://www-gis2.nies.go.jp/oto/index.html

第5章 健康で快適な光環境デザイン

5.1 光環境デザインの考え方

　光と照明にかかわる分野では，光を物理的または定量的に扱う場合，光を心理的または定性的に扱う場合などで，「光環境」，「視環境」，「照明環境」という用語を使い分けている[1)-3)]が，ここでは，光によって構築される環境（光の状態や作用，物の見え方など）の総体を「光環境」と呼ぶ。

　一般に，人は視覚によって外界の多くの情報をとらえ，行動しているため，光環境の在り方は，人の生活に非常に重要である。人にとって，光環境は空間を可視化するものであり，光環境デザインは空間をつくることそのものであると言える。

　光環境デザインでは，建築の形態・構造・材料などを基として，照明が主要な役割を担う。照明に関する応用的科学技術の体系を照明工学と呼ぶが，照明工学とは，照明に関するアート・サイエンス・デザインでもある[*1]。ここで，アートとは，特殊な技術・技能，サイエンスとは，一定の理論に基づいて体系化された知識と方法としての学問，デザインとは，社会における問題の発見と解決，および，その過程を意味する[*2]。

[*1] 用語の概念は，分野や言語によって必ずしも一致するものではない。国際規格やJISの照明用語では，「lighting technology」と「illuminating engineering」，「照明技術」と「照明工学」を厳密に区別していないが，改訂予定のCIE国際照明用語集では，「lighting technology」と「illuminating engineering」を分け，それぞれ「the equipment for lighting and its control」，「the art, science and design in general, and development of systems for producing, directing, controlling or applying light in particular」と定義している。

[*2] デザインという概念に対する考えや解釈は多様であるが，筆者は，社会における問題の発見と解決，および，その過程と考えている。狭義のデザインとは，総合的な造形計画，および，計画されたものと解釈している。

建築空間は，人が生き，人によって活かされるものである。優れた建築空間は優れた光環境と一体であり，優れた光環境は良い照明によって実現される。良い照明とは，人が健康で快適に暮らし，安全に効率よく働けるよう，空間・場所・作業・行為などの状況に応じて要求される光環境の量と質を，共に満たすものでなければならない。

5.2 光環境の強・用・美・資

ローマ帝国初期の建築家・建築理論家のウィトルウィウス(Marcus Vitruvius Pollio：出生年・没年などは不詳)は，その著書「建築十書(De architectura libli decem)」において「(建築術は)強さと用と美の理が保たれるようになさるべきである」と述べ，次のように記している[4]。「強さの理は，基礎が堅固な地盤まで掘り下げられ，材料の中から惜しげなく十分な量が注意深く選ばれている場合に保たれ，用の理は，場が欠陥なく使用上支障なく配置され，その場がそれぞれの種類に応じて方位に叶い工合よく配分されている場合に保たれ，美の理は，実に，建物の外観が好ましく優雅であり，かつ肢体の寸法関係が正しいシュムメトリア[*3]の理論を持っている場合に保たれるであろう」

建築に関する「強・用・美」の考え方は，光環境にあてはめることもできる。すなわち「光環境デザインは，強さと用と美の理が保たれるようになさるべきである」と言えるが，さらに現代の状況を考えると，「光環境デザインは，強さと用と美と資の理が保たれるようになさるべきである」と言いたい。

強さの理は，丈夫で長持ちして保守が容易であるように，照明が適切な材料で構成されている場合に保たれ，用の理は，照明が欠陥なく使用上支障なく配置され，光が場や活動の種類に応じて方位にかない，具合よく配分されている場合に保たれ，美の理は，空間における光の大小・多少・強弱の配分，光の色，陰影が好ましく優雅である場合に保たれ，資の理は，削減・再利用・再生利用によって，照明に係る資源とエネルギーが循環し持続している場合に保たれるであろう。

[*3] 「シュムメトリア(symmetria)」とは「量的秩序に基づく格に適った構成」で，「建築の肢体そのものより生ずる工合よき一致であり，個々の部分から全体の姿にいたるまでが一定の部分に照応することである」と述べられている[4]。

ISO/CIE の屋内照明基準[*4]では，作業のための照明について，光環境の量と質を満足するよう3つの項目を挙げている[5)]。
① 作業者が満足できる状態と感じるような視覚快適性
② 厳しい環境や長時間の作業においても，作業者が迅速かつ正確に視作業を行えるような視覚作業性
③ 作業周辺が見え，危険を感知できる視覚安全性

また，これらの項目を実現するため，考慮しなければならない光環境の主なパラメータを挙げている。
① 輝度分布
② 照度と照度分布
③ グレア
④ 光の指向性
⑤ 光の色
⑥ 演色性
⑦ フリッカ
⑧ 昼光
⑨ 保守

上記のパラメータのうち，昼光は異質な印象を与える。これは，作業のための屋内照明基準が，人工照明設計の観点から作成されてきたためである。昼光も人工光も，照明（空間に光を供給すること）に用いる光源であり，輝度分布や照度分布などのパラメータは，昼光による光環境でも考慮されなければならない。

屋内照明基準と同様に，作業のためのCIEの屋外照明基準も，① 視覚快適性，② 視覚作業性，③ 視覚安全性という3つの基本的項目を挙げている[6)]。また，これらの項目を実現するため，考慮しなければならない光環境の主なパラメータを挙げている。

[*4] CIE (Commission Internationale de l'Eclairage：国際照明委員会) は，光と照明に関する各種の規格・指針・勧告などを公布している国際機関である。光・照明・色彩・放射の応用に関するCIE規格は，審議を経てISO規格となる。ISO (International Organization for Standardization：国際標準化機構) は，電気分野を除くあらゆる分野において，国際的に通用させる規格・標準などを制定する国際機関である。電気・電子・通信・原子力などの分野については，IEC (International Electrotechnical Commission：国際電気標準会議) という国際機関が，各国の規格・標準の調整を行っている。

① 輝度分布
② 照度
③ グレア
④ 光の指向性
⑤ 光の色
⑥ 演色性
⑦ フリッカ

　屋外照明基準では，保守をパラメータとして挙げていないが，考慮しなくてよいというわけではない。屋外照明においても，光の利用効率に関する配慮や照明の効率的な運用は，当然のことである。

　人が地球上に生存し続けるために，光環境デザインにおいても省資源・省エネルギーは必須の課題である。しかし，本来の目的である明視性，安全性，快適性，審美性の実現を犠牲にして，省エネルギーを優先することは本末転倒である。省エネルギーのためと言って単純に照明を間引いたり消したりすると，屋内外の光環境の質が低下して，作業効率の低下，不快感や疲労感の増加，陰鬱感や停滞感の発生，交通事故や路上犯罪の増加などの害を助長するおそれがある。照明の工夫により，最小限の資源とエネルギーで，目的とする光環境を実現しなければならない。照明の資源とエネルギーは，建築の運用に大きく影響されることにも注意が必要である。

強	用
照明の材料と構成 [寿命・効率・保守]	照明の種類と配置 [目的・場所・活動]

光 環 境

美	資
光の配分と色 [明暗・強弱・陰影]	照明の資源とエネルギー [削減・再利用・再生利用]

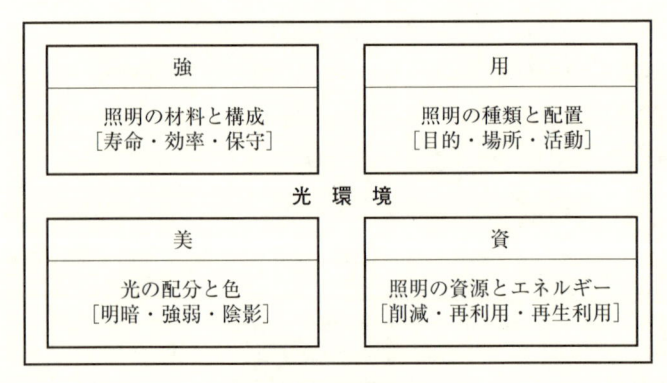

図-5.2.1　光環境の理

5.3 健康で快適な光環境

　良い照明とは，人が健康で快適に暮らし，安全に効率よく働けるような光環境を実現するものである。光環境の安全とは，視作業・交通・歩行・スポーツなどにおいて事故・怪我・損傷・犯罪の危険のない状態と，比較的容易に理解することができる。それでは，健康で快適な光環境とは，どのような状態をいうのか？

　光環境に関する快適には，「comfort（快適）」と「pleasantness（楽しさ）」の2つのレベルがあるとされる＊5。「comfort（快適）」とは，通常の人が，通常の状況で視作業をするのに障害のない状態をいい，消極的な満足感を意味する[7]。「pleasantness（楽しさ）」とは，輝き・陰影・明暗などを積極的に活用した光景に，充足感を味わうような状態をいい，積極的な満足感を意味する[8]。

　光環境に関する健康とは，人の体と心が健やかな状態と言える＊6。無病息災ではなく，一病息災＊7が現代の健康の姿と言われるように，病気があっても生活の質を高め，維持できるような状態をつくるのが，健康な光環境デザインである。

　21世紀における光環境デザインのキーワードは「光と健康」である。20世紀までに進められた視覚研究・照明研究と技術開発は，光と照明に関する多くの要件を明らかにし，光環境の明視性と快適性を得るためのさまざまな指標・基準・方法を示してきた。しかし，体内時計や生体リズムに関する研究が進展し，それらに関係する遺伝子や光受容器が発見されるなど，生体に対する光の影響が徐々に明らかになるにつれて，照明研究も人の健康を得るための方法を探る方向へ動いている＊8。

＊5　光環境の快適の概念について，「visual amenity（視覚的心地よさ）」と「visual pleasantness（視覚的楽しさ）」を挙げる者もいる。

＊6　WHO（World Health Organization：世界保健機関）は，その憲章において「健康（health）」を「a state of complete physical, mental and social well-being and not merely the absence of disease or infirmity（身体的・精神的・社会的にまったく満足のいく状態であり，単に疾病や虚弱のないことではない：著者訳）」と定義している。

＊7　「一病息災」とは「持病が1つくらいある方が，無病の人よりも健康に注意し，かえって長生きできるということ」である［広辞苑］。

＊8　健康に関連して「well-being（ウェルビーイング）」という概念がある。これは，人間全体として良好・快適な状態，安寧な状態，または健やかな生き方を意味する［医学書院・医学大辞典］。照明の役割は，健康より，むしろウェルビーイング（満足した状態）の獲得に寄与することという考えもある。

第5章 健康で快適な光環境デザイン

　光環境デザインは人のためにある。優れた光環境をつくるには，光環境と人との関係をよく理解していなければならない。

5.3.1 光環境と人

　光はヒトに生理的な応答を生じさせる。光に対するヒトの応答は，視覚系と非視覚系に分けることができる。視覚は眼を受容器とする感覚であり，光が網膜の感覚細胞に対して刺激となって生じる形態覚・運動覚・色覚・明暗覚などの総称である。光はヒトの生体リズムにも影響することが知られているが，その光受容器が同じく眼にあり，どのように外界の光周期情報を体内へ伝えるかがわかるようになってきた[9)-11)]。

　眼に入った光は水晶体を通過し，硝子体を経て網膜に到達する。網膜の光受容器では，光を吸収する視物質や多くの酵素などが働いて，光の刺激を，その強弱や分光分布に応じて生理的電気信号に変換する。視覚の基となる光受容器（視細胞）には錐体と杆体の2種類が，さらに色覚にかかわる錐体にはS錐体，M錐体，L錐体の3種類がある。S錐体は短い波長の光（紫―青）を，M錐体は中間の波長

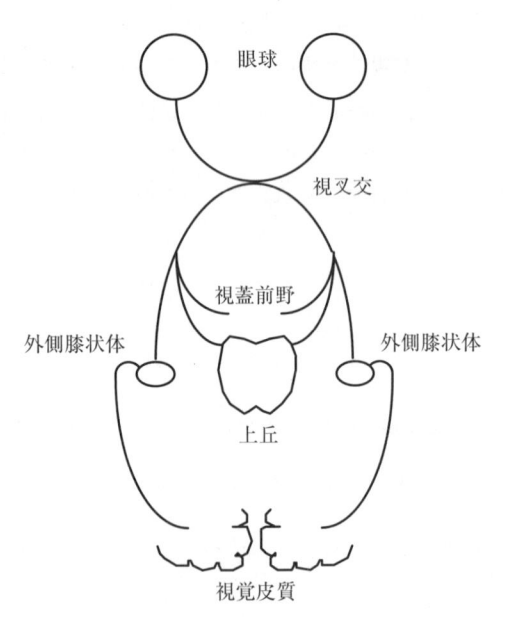

注）参考文献 12),14) より作成

図-5.3.1　視覚経路の概念図

の光(青—緑—黄)を，L錐体は長い波長の光(黄—赤)をよく吸収する．

　光受容器で変換された生理的電気信号は，水平細胞，双極細胞，アマクリン細胞，神経節細胞を経由して，視神経へ伝送される．この信号は，視神経を通って視交叉で左右に別れ，さらに視索，外側膝状体，視放線を経て，視覚皮質に至る．視覚皮質では視覚情報処理が行われる．

　視索の神経繊維の大部分は外側膝状体へ行くが，一部の神経繊維は視交叉上核(視交叉のすぐ上にある視床下部の小さな核)，視蓋前核，上丘などへ連絡する[12)-14)]．視交叉上核はサーカディアンリズムに，視蓋前核は対光反射に，上丘は視覚反射に関与する．対光反射とは，眼に光をあてると縮瞳(瞳孔が縮小)する反射である．上丘は随意的眼球運動を制御し，視覚刺激などに対応して頭の位置を制御する．

　ヒトの生体リズムは，光などの外界の手がかりがまったくない状況におかれると，約25時間の周期になる．これをフリーランリズム(free-run rhythm：自走リズム，自由継続リズム)という．しかし，通常，ヒトの生体リズムは約24時間の周期を取る．これをサーカディアンリズム(circadian rhythm：概日リズム)[*9]という．それは，地球の自転による24時間周期の環境変動に，ヒトが生体リズムを同調させているためであり，光が重要な因子となっている．

　睡眠・覚醒の周期，体温の変動，メラトニンやコルチゾールなどのホルモンの分泌など，種々の機能がサーカディアンリズムを示す．錐体と杆体という光受容器に対して，睡眠・覚醒の周期，とくにメラトニン分泌に関係するものは第3の光受容器と呼ばれ，それは，網膜の神経節細胞であると言われている．神経節細胞では，メラノプシンという視物質が直接的に光を感受する[14)]．

　非視覚系の神経経路は網膜視床下部路と呼ばれる．視床下部は，ホルモン分泌，体温調節，代謝，生殖という多くの機能を制御し，記憶や情動のような高次機能も制御する．網膜視床下部路の終点は視交叉上核であり，体内時計の基本的

[*9] 「サーカディアン(circadian)」とは「circa(およそ)」と「dies(日)」という語の合成で，「約24時間周期の，概日の」という意味である．24時間より長い周期で変動する生物活動のリズムを「インフラディアンリズム(infradian rhythm)」といい，冬眠，月経，生殖などに見られる．24時間より短い周期で変動するものを「ウルトラディアンリズム(ultradian rhythm)」といい，レム睡眠・ノンレム睡眠の周期やホルモン分泌に見られる．なお，レム睡眠(REM睡眠)は急速眼球運動を伴う睡眠で，脳波は覚醒時に似る．ノンレム睡眠(non-REM睡眠)はレム睡眠以外の睡眠で，緩やかな振動数の脳波が現れる．

な部分と考えられている。

　眼に入る明暗の周期は，視交叉上核の神経活動の周期を決定し，松果体からのメラトニン分泌のリズムを決定する。メラトニンは，外界が夜になったことを体内へ伝える因子として働き，その血中濃度は夜(暗期)に高く，昼(明期)に低くなる。眼に入る光は，メラトニン分泌の抑制に働く。メラトニン分泌抑制の作用スペクトルは，S錐体と杆体の比視感度(分光視感効率)の間，460 nm付近で最大になるとされている[9]。コルチゾールは副腎皮質から分泌される糖質コルチコイドで，糖，タンパク質，脂質の代謝を調節する。その血中濃度は早朝にピークを持ち，夕方から夜に低下する。

　網膜からの光の信号は，視交叉上核を経て，視床下部の室傍核へ伝達される。その信号は，脊髄の中間外側細胞柱，上頸神経節を経て松果体へ伝わり，メラトニンの分泌を抑制する[11]。また，光の信号は，室傍核からの副腎皮質刺激ホルモン放出ホルモン(corticotropin releasing hormone；CRH)の分泌を促し，CRHは下垂体前葉へ送られて，副腎皮質刺激ホルモン(adrenocorticotropic hormone；ACTH)の分泌を促す。ACTHは副腎皮質へ送られ，コルチゾールの分泌を刺激

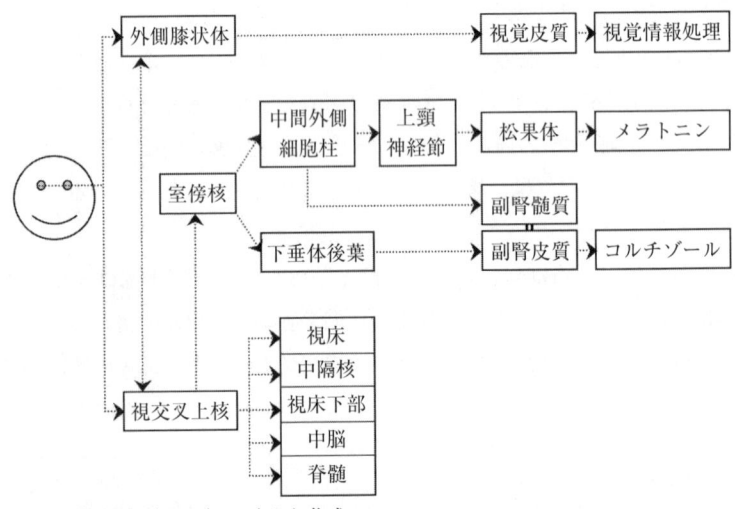

注)　参考文献11)，16)，17)より作成
　　コルチゾールの分泌については，視床下部―下垂体―副腎軸を介さず，視交叉上核から交感神経系を介して，副腎を刺激する経路もあると報告されている。

図-5.3.2　眼から脳への視覚系と非視覚系の経路

する[15]。コルチゾールの分泌については，光の信号が下垂体を介さずに，交感神経系によって副腎を刺激する経路もあると報告されている[16),17)]。

　ヒトのサーカディアンリズムと，それに関係する光受容器やメカニズムの解明が進むにつれ，光環境に対する考え方は変わりつつある。人工照明の発達の過程においては，変動のない一定の明るさを空間に供給することがよいとされてきた。オフィスなどで採用されている人工照明制御の基本的な考え方は，これに基づいている。しかし，長い年月の中で昼光の変動に馴化してきたヒトにとっては，明暗や色が変動する光環境の下で生活するのが自然である。光環境と人との関係，とくに健康の観点から，変動しない光環境ではなく，変動する光環境に価値が見出されるようになり，昼光の変動状態に似せて光の量や色を変化させるような人工照明の方法が提案されている。

　多くの場合，人が建築空間に昼光の存在を好むという点を別にして，昼光照明の意義は照明の省エネルギー，窓の意義は眺望や開放感の獲得，換気や通風，避難口としての機能にあるとされてきた。しかし，昼光の最も重要な意味は，人の健康にある。例えば，昼光の状態は，季節性感情障害（seasonal affective disorder；SAD）*10 という情動疾患に関係すると言われている。日常生活の質については，家の中にこもりがちになる高齢者に対して，屋外における光曝露や良好な眺望の獲得が重要であると指摘されている[18)]。健康的な光環境をつくるには，建築空間で生きる人へ，光の変動や時刻の推移などの外界情報を，より積極的に伝えるデザインが必要とも言える。

5.3.2 光環境と空間

　光環境デザインは空間をつくり，つくられた空間は，光景として視覚的な質を決める。光環境の印象は，光と陰のパターン，空間から空間への光の変化などによって決まるが，建物や室の形態，空間と空間の階層構造，主要面の色彩・反射率または透過率・テクスチャなどと切り離すことはできない。光環境デザインは空間を可視化するものであり，良い照明は建築の形態・構造・材料に適合し，照明設備自体も建築の一部として統合されなければならない。優れた光環境は建築の

---

*10　「季節性感情障害（SAD）」とは季節と密接に関連して出現するうつ病で，秋から冬にかけてうつになるタイプが圧倒的に多い［南山堂医学大辞典］。

コンセプトを強調し，空間に活気や楽しみ（積極的な快適性）を与える。

光の配分は空間の印象を決め，発光体としての照明器具の形状と配置は，空間の感覚的な方向性を決める。例えば，照明設備が与える進行・停止の感覚を利用して，空間のゾーニングを行う手法がある。空間のつながりは視線のつながりで

うねるような形状の天井にダウンライトが設置され，床に落ちた光が大小のランダムな模様をつくっている。

図-5.3.3　木もれ日のような光のパターン

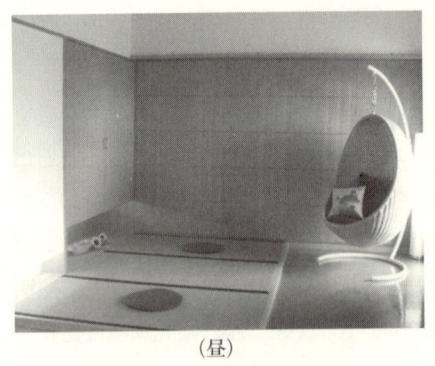

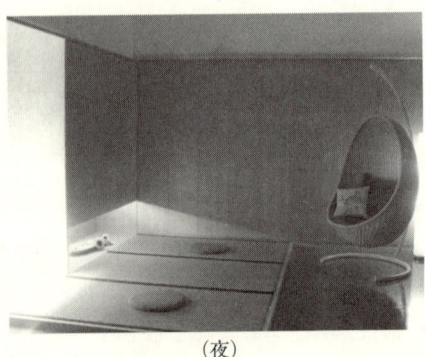

（昼）　　　　　　　　　　　　（夜）

昼間，大きな窓（椅子に向かって右側）から昼光が入り，人工光による明暗の対比を弱めてしまう。

図-5.3.4　昼の表情と夜の表情

あり，そのつながりを自然に表すような工夫が光環境デザインに求められる。

　照明デザイナーがつくる光環境は，人工照明による，いわば夜の世界が主体で，多くの場合，昼光照明による光環境は見過ごされる。昼光照明は建築の形態や構造などと密接に関係するため，照明デザイナーより建築デザイナーが考慮しなければならないことが主因であるが，夜間も作業を行う建物については，昼光のない状態を優先して照明設計を行うこと，現代の建築では，昼間でも空間内部の至る所に昼光が届くとは限らないこと，常に変動する昼光を照明要素としてモデル化するのが難しいことなども原因である。

ガラスのファサードには，内部からの光だけでなく，外部（近接建物）からの光も映る。

図-5.3.5　さまざまな光のファサード

人工照明を主体に照明設計を行ったとき，室の用途と形式によっては，昼間に意図する光環境の印象を得られない場合が生じやすい。それは，人工光に比して量の多い昼光が，人工照明がつくる深みのある光と陰のパターンを弱めてしまうからである。光環境デザインでは，昼の世界と夜の世界のどちらにおいても，効果的な光と陰の表情をつくることが望ましい。昼間，豊富な昼光を利用するために，人工照明を消すことが多いと予想される場合は，建築意匠を壊さないような照明設備にするよう配慮する。

昼と夜の表情の違いを示す例に，光がつくる建物のファサードの印象がある。例えば，夜間，街路からオフィスビルを見上げると，暗い外壁面の中に煌々と輝く光のパターンに気づく。外部と内部の明暗の対比が強くなり，昼間はあまり気にならない照明器具の配置が，はっきりと目につく。夜間に現れるさまざまな光のファサードは，照明器具の形状や配置，ランプの種類によるが，それらは室の種類や配置などの建物の平面計画と密接に関係し，建物から漏れる光のパターンは，立面計画の影響を受ける。建物の外壁面に照明を設備してライトアップを行うのではなく，建物内部から漏れ出る光を活用し，建物のファサード全体を柔らかな発光体としている事例がある。高層ビルでは，保守・管理の点から外壁面への照明の設置に制限が生じるため，建物の内部から出る光の活用は，おもしろい手法である。

建物からの光は都市の表情をつくる。照明と建築との統合は，昼の光の表情と夜の光の表情，屋内で見る光の印象と屋外から見る光の印象など，さまざまな観点から実現されるのが望ましい。

屋外照明の問題に光害（ひかりがい）がある。光害とは，不適切または配慮に欠けた人工光の使用や運用，漏れ光によって良好な光環境の形成が阻害されている状況，または，そのような状況による悪影響と定義されている[19]。漏れ光とは，照明器具からの光のうち，目的とする照明対象範囲外に照射される光をいう。漏れ光のうち，光の量もしくは方向，または，その両方によって，人の活動や生態系などに悪影響を及ぼす光を障害光という。

屋外照明が周辺環境へ及ぼす影響は，次のとおりである。

① 動植物への影響　　a) 生態系
　　　　　　　　　　b) 家畜・野生動物・昆虫など
　　　　　　　　　　c) 農作物・野生植物

② 人間への影響　a) 天体観測
　　　　　　　　b) 居住者
　　　　　　　　c) 歩行者
　　　　　　　　d) 高齢者
　　　　　　　　e) 交通機関

不要かつ無駄な光による光害は，周辺環境へ悪影響を及ぼし，エネルギー的には環境負荷の増大を招く．屋外の照明設備を計画するときは，次の事項を考慮して，広い意味での環境に配慮しなければならない．

① 地球環境への負荷が少ないこと
② 人間生活に有用であること
③ 自然生態系への影響が少ないこと

具体的には，下記の事項を満たすように照明設備を計画する．それらは光害の防止のためだけでなく，屋外照明計画で当然考慮されなければならない．

① 照明の目的に応じた適切な照度レベルの設定
② エネルギーの有効利用のためのランプと照明器具の選択
③ 照明の目的に応じた点灯時間の設定や調光
④ グレアや極端な明暗の排除

5.3.3　光環境と資源

　光環境の省資源・省エネルギーを実効あるものにするには，「適光・適所・適時」の考え方が重要である．消費される照明エネルギーは人工照明の用い方にもっとも関係する．ただし，単にエネルギー消費を削減する目的で，光環境の質を落とすのは逆効果になるので，避けなければならない．省資源・省エネルギーのためには，光環境の諸要素を総合的に考えながら，効率のよい照明を用いる必要がある．効率のよい照明は，次の事項によって達成できる．

① 昼光利用
② 目的に適う効率の高いランプの使用
③ 目的に適う配光特性を有する効率の高い照明器具の使用
④ 適切な照明制御
⑤ 照明と室の適切な保守

　すでに，照明産業界では，照明の省資源・省エネルギーのためにさまざまな努

力がなされている。ランプを小型化して製造にかかる資源を削減する，高効率のランプや照明器具を開発して省エネルギーに資する，ランプや照明器具に使用される材料のリサイクル(再生利用)を行うなどである。21世紀のあかりと呼ばれ，長寿命で消費電力が少なく，小型化できるLED(light emitting diode：発光ダイオード)が，一般照明の主光源となる時代も遠くないかもしれない。しかし，照明の製造者，技術者，設計者，設備者の努力だけでは，実効ある省資源・省エネルギーは達成できない。利用者の努力も必須であり，意識を改める必要がある。

照明制御には，明るさの制御だけでなく，演出や雰囲気づくりのための光色や照射範囲の制御もある[8]。例えば，注目させたいものに当たる光の量や色を，それ以外の部分に当たるものと区別するように調光して，対象を際立たせる効果をねらう手法がある。ある空間内に異なる用途のエリアが存在するとき，エリアごとにランプや照明器具を使い分けて，用途に合った雰囲気をつくる手法もある。

省エネルギーのための照明制御には，在室者の有無・室の使用状況・昼光利用の状況によって，手動または自動で点滅または調光し，照明エネルギーの無駄をなくす方式のほか，初期照度補正という方式がある。照明設計では，ある点灯時間経過した後の状況を考慮して，設計照度を満足するような照明器具の台数を求めている。したがって，照明設備の使用初期の照度は，設計照度より高くなり，明るさの無駄が出る。経過時間をパラメータとして調光すれば，一定の必要照度を確保しつつ，余分な照明エネルギーを省くこともできる。これを初期照度補正という。

表-5.3.1　照明制御方式

要素	照明制御方式				適用
	個別手動点滅	個別手動調光	人感センサー自動点滅	人感センサー設定照度	
在・不在	○		○		会議室・応接室・個室など
使用状況	○	○		○	時間外の事務室などで必要な場所のみ点灯
昼光利用	○	○		○	事務室などで昼光量によって人工照明を調光
初期照度補正				○	竣工時などに初期照度を所要値に補正

注）参考文献8)より作成

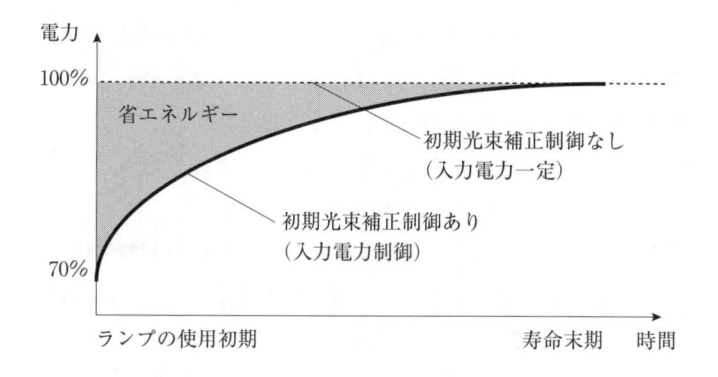

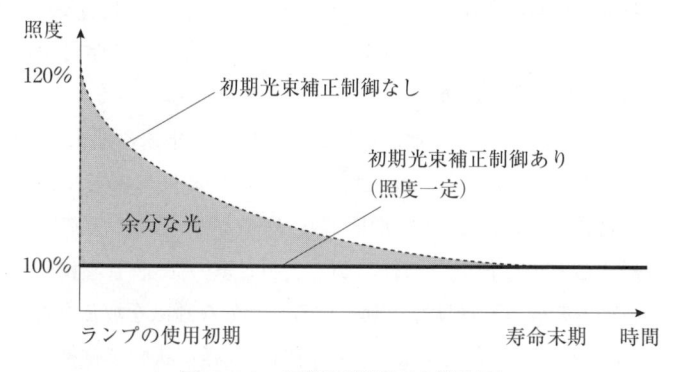

図-5.3.6　初期照度補正の概念図

　照明と室の保守・管理は，いわば照明設備と建物の健康を維持・増進するようなものである。適切な保守・管理は，空間における良好な視覚的質の維持にも寄与する。照明設備の保守・管理には，当初の性能や機能を維持するための維持保全，時代に応じて変わる要求性能を満たすための改良保全がある[8]。また，維持保全には，事故防止や機能維持のために点検を行ったり，故障や損傷の前に修繕や部品交換を行ったりする予防保全，故障・停止や著しい機能低下の時に取換えや修繕を行う事後保全がある。

　ランプの交換には3つの方式があり，状況に応じて選択する。

① 個別交換方式：不点灯となったランプを，そのつど交換する方式。規模の小さい施設で，交換が容易な所に適している。

② 一斉集団交換方式：不点灯のランプがあっても，計画した交換時期または

一定の不点灯数になるまで交換せず，ある一定期間が経過した時に全数を交換する方式。ランプ数が多く，不点灯があっても影響が小さく，交換が困難で足場や養生などが必要な施設に適している。

③　個別的集団交換方式：不点灯となったランプを，そのつど交換し，不点灯数が増加傾向になった時期に全数を交換する方式。

照明器具にも耐用年数がある。透過性カバーや反射鏡などの劣化が進むと，必要な明るさを得ることができなくなる。外観に異常がなくても，設置後8年から10年を経過すると，照明器具の内部は劣化し，漏電や火災の原因になり得る。したがって，安全と省エネルギーのために，照明器具の定期的な見直しと適切な交換が必要である。日本照明器具工業会では，設備管理者や一般の使用者が利用できるように，施設用蛍光灯器具，HID照明器具，誘導灯・非常灯用照明器具の診断方法を示し，劣化状態診断チェックシートを作成している。

照明器具の清掃は，屋内の一般的な場所について，年末や期末など年に1回，計画的に行う。特殊な場所については，その汚れの程度に応じて，年に数回行う。しかし，日常的には，ランプ・照明器具・窓やブラインド・室の主たる表面を小まめに清掃するという何気ない行為が，照明と室の保守・管理に効く。人がバランスのよい食事を取る，適度な運動をする，十分な睡眠を取るなどして，健康の維持・増進を図るように，照明設備を長期間，良好な状態で維持し，必要な性能を得ることも，日常生活の些細な配慮で実現するのである。

5.3.4　光環境と経済

光環境に関する経済は，建設段階と運用段階の両方について考えられなければならない。建設段階では，照明設備そのものにかかる費用のほか，設計・設置・確認などにかかる費用が発生する。運用段階では，照明用電力にかかる費用や保守・管理にかかる費用などが発生する。目的に適う経済的な照明を計画し実施するため，通常，ライフサイクルコストの評価が行われる。

省エネルギーと同様に注意しなければならないのは，経済性を追求するあまり，照明本来の目的を見失うことである。光環境の状態は，在室者の生理状態や心理状態に影響する。例えば，オフィスや工場など，生産・経済活動の場で，利益をもたらすのは人の活動である。物的経済性の重視によって光環境の質が低下し，在室者の健康が損なわれたり，生産性が落ちたり，事故が発生したりすれ

ば，損失を回復するための努力と費用は多大なものになる。光環境の経済は，建設段階と運用段階について，人と物に関する幅広い観点からとらえられなければならない。

表-5.3.2 照明目的を考慮した経済の総合的な評価

段階	費用	評価事項	照明目的
建設	設備費 　照明設備費 　照明設備設置費 　配線費 　制御費	費用の償却にあたって，陳腐化を考え，耐用年数を10年とし，税金・利子・保険料などを含め，購入価格の15％ずつを年間固定費とする。	明視性 快適性 安全性 雰囲気づくり 作業能率向上
運用	経常費 　保守費 　電力料	ランプ代金 ランプ交換人件費 清掃・修理代金 料金率（円/kWh）	売上げ向上 商業効果 事故抑制

注）参考文献8)より作成

5.4 照明の要件

　照明は，空間・場所・作業・行為などの状況に応じて要求される光環境を実現する手段である。優れた光環境に求められる性能は，明視性，安全性，健康性，快適性，審美性に加えて，省資源，省エネルギー，経済性であることを述べた。その性能を実現するため，目的に応じて種々の照明方式が採用される。照明方式は，場所や光源などによって以下のように大別できる。

① 屋内照明・屋外照明
② 昼光照明・人工照明
③ 全般照明・局部照明・局部的全般照明
④ タスク照明・アンビエント照明・タスク−アンビエント照明
⑤ 独立形照明・建築化照明
⑥ 直接照明・間接照明・半直接照明・半間接照明・全般拡散照明
⑦ 指向性照明・拡散照明
⑧ 常用照明・非常照明

次に，光環境の量と質に影響する主なパラメータについて概説する。

5.4.1 照　度

　光環境の量として第一に挙げられるのが照度である。作業を安全かつ速やかに行い，視対象を快適に知覚するために，必要な作業面の照度が推奨されている。作業面とは視作業を行う面として定義された基準面で，水平面をさすことが多いが，作業の種類によっては鉛直面や傾斜した面とする。歩行者交通の照明や防犯照明については，水平面照度だけでなく，鉛直面照度または半円筒面照度も考慮しなければならない。

　作業中でも，視線は視対象に固定したままでなく，作業領域周辺にも及ぶ。よって，作業面の照度に加え，作業領域周辺の照度にも配慮が必要である。作業領域周辺の照度は，作業領域の照度値に対応して推奨されている。

　作業領域における照度は，なるべく一様であるのがよいとされ，均斉度の最小値が推奨されている。ここで均斉度とは，照度の平均値に対する最小値の比である。屋内照明について，作業領域の照度均斉度の目安は0.7である。屋外照明について，作業領域の照度均斉度の目安は，場所に応じて設定されている。

　明視性を高めるために，照度は高ければ高いほどよいというわけではなく，適正な照度の範囲が設定されている。作業者の視覚機能が低い場合や精密な作業を行う場合などは，その照度範囲の中から高めの値を選択すればよい。

表-5.4.1　作業領域と周辺領域の照度

屋内照明		屋外照明	
作業領域の照度	周辺領域の照度	作業領域の照度	周辺領域の照度
750 lx 以上	500 lx		
500 lx	300 lx	500 lx 以上	100 lx
300 lx	200 lx	300 lx	75 lx
200 lx 以下	作業照度と同一	200 lx	50 lx
		150 lx	30 lx
		50 lx ～ 100 lx	20 lx
		50 lx 未満	———

注）参考文献5），6）より作成

5.4.2 輝　度

　人が見ている明るさは照度でなく，輝度である。光環境の性能を考えるとき，

重要なのは量より質であり，光環境の質にもっとも影響するのが，輝度と輝度分布である。

視野内の輝度分布は，眼の順応レベルを決める。輝度は，視対象面や室内面などの反射率と，その面の照度によって決まる。よって，屋内照明基準では，輝度値の代わりに主要面の反射率を推奨している。屋内照明について，推奨される主な室内面の実用的な反射率は，次のとおりである。

① 天井面：0.6〜0.9
② 壁　面：0.3〜0.8
③ 床　面：0.1〜0.5
④ 作業面：0.2〜0.6

視野内の輝度のばらつきが大きいと，視覚快適性を損なったり，視覚的疲労感を生じたりする。また，視野内の輝度分布が突然または頻繁に変化すると，視覚快適性を損ねる。視野内に極端に高い輝度や輝度対比が存在すると，グレアを生じる。逆に，輝度や輝度対比が低すぎると，単調で刺激のない印象を生む。照度分布と同様に，輝度分布にも適切なバランスが必要ある。

5.4.3 グレア

視野内の輝度または輝度対比が高すぎる場合に生じる感覚がグレアである。良好な光環境の質を得るには，グレアを抑制しなければならない。屋外照明では減能グレア，屋内照明では不快グレアが問題になることが多く，照明基準では，減能グレアまたは不快グレアの評価法に対応するグレアの制限値が推奨されている。作業中にランプが視野に入るような状況については，ランプの輝度に対するランプの最小遮光角も定められている。

減能グレアとは，視対象の見え方を低下させるようなグレアで，高輝度部分からの光の一部が眼球内で散乱し，網膜に結ばれる視対象と背景の像の輝度対比が下がることに起因する。不快グレアとは，視対象の見え方を損ねるほどではないが，不快を感じさせたり，眼の疲労を感じさせたりするようなグレアである。国際標準として，減能グレアの評価と抑制にはGR(Glare Rating)，不快グレアの評価と抑制にはUGR(Unified Glare Rating)が用いられているが，何れも光源の輝度が均一で点光源と見なせるような場合に有効である。輝度が不均一な面光源からのグレアの評価法については，研究が続いている。

減能グレアと不快グレアのほか，不適切な照明によって反射グレアも問題となることが多い。例えば，光源からの光がディスプレイ表面や光沢のある紙面で反射して眼に入り，視対象に重なって光っているように見え，視対象が見えにくくなる。反射グレアは，光源と視対象，視線との幾何学的な位置関係によって決まる。反射グレアを防ぐには，作業者の眼の方向へ反射する範囲内に光源を置くことを避けたり，多数の光源を使用して反射グレアを生じている光源の輝度を低減したりする。

視野内の高輝度部分によるが，避けなければならないグレアと違って好ましいとされるのが，きらめきである。かがり火や水面に映える直射日光のきらめき，シャンデリアやイルミネーションのきらめきは，心地よさや楽しさをもたらす。

このように，場所や空間の状態などに応じて，適切な輝度（とくに視野に占める範囲）の条件があることがわかる。

5.4.4 光の指向性と拡散性

光の指向性と拡散性は，空間内に存在する物体の立体感や質感などの見え方に影響する。光の指向性が強いと，明るい部分と暗い部分がはっきりわかれ，物の凹凸はわかりやすくなるが，細部は見えにくくなる。光の指向性が強すぎると，不快な影が生じるので，特別な目的がない限り，そのような状態は避けるのが望ましい。光の拡散性が強いと，明るい部分と暗い部分の区別は弱まり，柔らかな印象を与えるが，物の凹凸はわかりにくくなる。光の拡散性が強すぎると，非常に単調で平板的な見え方を生じるので，そのような状態は避けるのが望ましい。良好な光環境の質を得るには，光の指向性と拡散性のバランスを取ることが必要である。

室内面の反射率が低いとき，照明器具の数が少ないときや配置が一箇所に集中しているとき，光の指向性は強くなりやすい。逆に，室内面の反射率が高いとき，照明器具の数が多く，均等に配置されているとき，光の拡散性は強くなりやすい。また，スポットライトは指向性の強い光を与え，間接照明は光の拡散性を高める。

5.4.5 光の色

光の色は，心理的効果を生み，光環境の審美性に影響する。光の色は，屋外環

表-5.4.2 ランプの相関色温度と光色

相関色温度	光色
3 300 K 未満	暖 色
3 300 K～5 300 K	中間色
5 300 K 超	涼 色

境,室の用途,室内面や家具の色,照度などを考慮して選択する。一般に,暖かい気候地域では涼しい印象を与える光色が好まれ,寒い気候地域では暖かい印象を与える光色が好まれると言われる。同一の空間でも,夏季は色温度の高いランプ,冬季は色温度の低いランプを使用して,季節に応じた空間の雰囲気をつくるような演出があり得る。

5.4.6 演色性

空間内の物体の色彩は,自然で好ましく見える必要がある。色彩の見え方には,物体そのものの色彩と,その色彩を表す光源の性質(演色性)が関係する。光源の演色性は,平均演色評価数で示されることが多いが,特定の色彩を考慮しなければならない場合は,特殊演色評価数にも注意する。

屋内照明について,長時間滞在したり作業をしたりするような場所では,平均演色評価数 80 以上のランプを使用することが望ましいとされている。屋外照明について,推奨される平均演色評価数の最小値は,場所・作業・行為に応じて設定されている。安全色彩は,常に正しく識別されなければならないため,そのような場所では,より演色性の高いランプを使用するようにする。

5.4.7 フリッカ

フリッカ(光のちらつき)は,注意を散漫にして,不快感や疲労感を引き起こす。また,フリッカは,視対象の動きを正しく認識できないストロボ効果を生じさせることがある。これらは避けなければならない視覚的影響であり,直流電源や高周波でのランプの使用,三相電源での照明の使用で回避できる。

5.4.8 陰　影

陰影には,作業の妨げになるもの,物体の立体感や材質感を表すのに必要なもの,空間の審美性を高めるものがある。作業の支障となる手暗がりや物体の影は

生じないように，照明器具の種類や配置に注意する。物体の立体感に影響する光の性質については，光の指向性と拡散性の項で述べたとおりである。商業施設などでは壁面に指向性の強い光を当て，表面の粗さや凹凸を強調し，材質感を演出することもある。

5.4.9 保　守

作業に応じて推奨される照度を維持するには，ランプ・照明器具・室(屋外照明では周囲の空間)の保守が必要である。照明基準は，これらを考慮した総合保守率を推奨している。

屋内照明について，総合保守率の目安は0.7である。

5.4.10 エネルギー

照明を効率的に利用して，省エネルギーを図るのが重要であることは，すでに述べた。照明設備は長期的な観点から計画し，屋内照明については，室の用途変更や家具の配置変更などにも柔軟に対応できるよう，照明方式や点灯・制御回路の適切な計画を行う。また，室の用途や使われ方に応じて，きめ細かな照明制御を行うことも重要である。それにより快適性と省エネルギーの両方が向上する。屋外照明についても，適切な照明方式・照明器具・制御方法を選択する。

5.4.11 障害光

夜間の良好な光環境を保つには，障害光を抑制しなければならない。屋外照明設備について，周囲建物などの鉛直面照度・ランプの光度・照明器具の上方光束比・建物のファサードや看板の平均輝度などの制限値が推奨されている。

5.5 照明デザインの手法

人工照明のデザイン手法に関連して，基本的な照明方式をまとめ，光の状態や用い方を表す用語を紹介する[8),20),21)]。

5.5.1 光だまり

空間において，光が集まって見える部分を「光だまり」という。複数の光だまり

がつくる模様を「光のパターン」という。また，光だまりが空間的な周期をもって連なっている状態を「光のリズム」という。ビーム角の狭いダウンライトやスポットライトを用いて光の模様をつくると，空間にアクセントや賑わいを演出することができる。

5.5.2 光のグラデーション

光の明暗や光色の濃淡が段階的に変化した状態を「光のグラデーション」という。空間におけるエリア間の境界を光で表現するようなとき，その境界部分に明るさや光色の段階的変化をつくることがある。ライトアップで光源から離れるに

ベースライト 空間全体の基本的な明るさや雰囲気を与える明かり	対語	アクセントライト 空間全体の調子を強く引き締める明かり
基本照明；ベース照明 空間全体の基本的な明るさや雰囲気を与えるように施す照明（直接照明）	対語	アクセント照明 ある特定の対象物を強調するため，または視野の一部に注意を引くようにするための指向性照明
全般照明 特別な局部の要求を満たすのではなく，室全体を均一に照らすように施す照明	対語	局部照明 全般照明によるのではなく，比較的小面積や限られた場所を照らすように施す照明
局部的全般照明 ある特定の位置や領域を，その周囲に比して，より高照度にするように施す照明		
アンビエントライト 作業周辺の空間の基本となる明かり	対語	タスクライト 視作業を行うための手元の明かり
アンビエント照明 作業周辺を照らすための照明（間接照明）	対語	タスク照明 視作業を行うための局部照明
タスク・アンビエント照明 タスク照明と，より低照度レベルのアンビエント照明とを併用する照明		
拡散照明 作業面または対象物への光が，いずれの方向からも，ほぼ均等に入射する照明	対語	指向性照明 作業面または対象物への光が，主に，ある特定の方向から入射する照明

図-5.5.1　基本的な人工照明方式

つれて減衰する明るさの変化や，カラーライティングによる光色の階調を，光のグラデーションということもある。

5.5.3 光のシークエンス

光の明暗に対する順応や対比を活かして，連続的な明るさの変化をつくった状態を「光のシークエンス」という。移動空間における視野の変化を想定し，互いに異なるゾーンで違和感が生じないよう，光で物理的・機能的なつながりをつくる。空間と光の相乗効果で，誘引性の高い建築動線計画を実現することができる。

5.5.4 光の重心

空間において，光が集中して明るい部分を「光の重心」という。とくに高さ方向についていい，一般に「光の重心が低い」という表現で使用される。床置き式の照明器具を用いて，空間の低い位置に光を集中させ，光の重心を低くすると，くつろいだ雰囲気を演出できる。

5.5.5 光のゾーニング

光の明暗や光色によって空間を区分し，エリアごとに用途などの性質を定めることを「光のゾーニング」という。光によるゾーニングは，間仕切りなどがなく，物理的な境界が曖昧な空間において，境界に意味を持たせて明確にするのに有効である。例えば，商業施設で売り場ごとに照度差をつけたり，互いに異なる光源を用いたりして，ゾーニングを行うことがある。

5.5.6 かたい光

指向性の強い光によって，立体上に輪郭のはっきりした影がつくような状態を「かたい光」という。空間には活気やメリハリのある印象ができる。空間の主要面の間で，明暗や色の対比が強い状態も，かたい光といえる。

5.5.7 やわらかい光

拡散性の強い光によって，立体上につく影の輪郭がなだらかで，明瞭でないような状態を「やわらかい光」という。空間には静かで落ち着いた印象ができるが，場合によっては平板と感じられる。空間の主要面の間で，明暗や色の対比が弱い

状態も、やわらかい光といえる。

5.5.8 フラットな光

陰影のない均一な光の状態を「フラットな光」という。一般に、蛍光ランプからの光の性質をいう。配光曲線がなだらかな様子から、フラットな光と呼ぶ。フラットな光で空間を構成すると、非常に均斉度が高くなる。「指向性のある光」や「スポット的な光」が、フラットな光の反対の意味をさす。

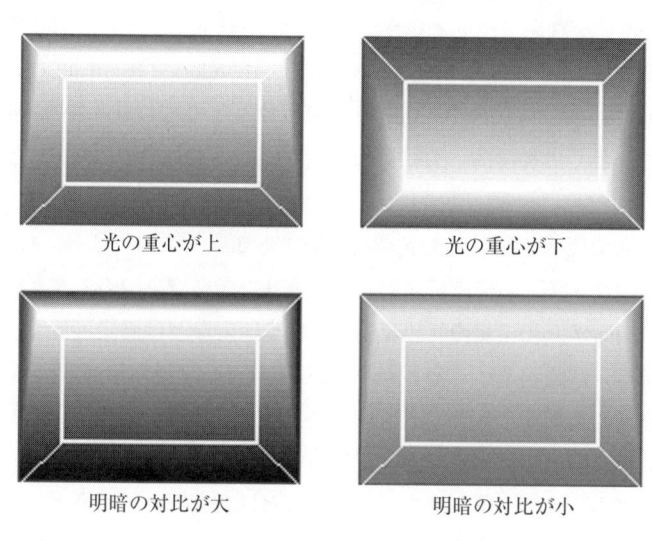

光の重心が上	光の重心が下
明暗の対比が大	明暗の対比が小

図-5.5.2 光の位置や対比による印象の違い

5.6 光環境デザインのアートとサイエンス

照明工学とは、照明に関するアートであり、サイエンスであり、デザインであると述べたが、光環境デザインもサイエンスに根ざしたアートである。サイエンスとアートの関係は、医学について言われたのが最初のようである[22),23),24),*11]。
近代臨床医学の父と言われるウィリアム・オスラー(Sir William Osler：1849～

＊11　科学的医学の基礎を築き、医学の父と呼ばれるヒポクラテス(Hippocrates：紀元前460年頃〜紀元前377年頃)は「VITA BREVIS ARS LONGA （life is short, art is long)」と述べたとされる[22)]。

1919)は「(臨床)医学はサイエンスに基礎をおくアートである」と述べた。医学には知識，法則，理論があり，手術や統計学的処理のテクノロジーがある。それをサイエンスという。サイエンスとは「the study of the structure and behaviour of the physical and natural world and society, especially through observation and experiment：物質界・自然界および社会の体系と方法に関する学問，とくに観察と実験によるもの」という意味である。それに対して，知識と法則とテクノロジーを，どのようなタイミングで，どのような表し方で患者に適用すべきかの実践の技が要る。それをアートという。ここで，アートを「芸術」と訳してはいけない。アートとは「any skill or ability that can be developed by practice, especially contrasted with scientific technique：実践によって培われた特殊な技術・技能または能力，とくに科学的(学術的)な技術(手法)と対照されるもの」という意味である。

同様に，光環境デザインにも光環境に関する知識，法則，理論，技術がある。それを，どのように空間構成に適用して，優れた光環境をつくるかという実践の技が要る。例えば，光環境の状態を表す輝度や照度などは測定可能で，客観的な数値で表現でき，照明基準の基となっている。それに対して，グレアや光色という一部の心理的な影響を除き，光環境の全体的な雰囲気や気分は主観的で個人差があり，従来の方法では測定できず，数値的な指標で定義しにくい。照明基準を満たすようにつくれば，優れた光環境になるとは言えない。基準とは，あるものごとに対して，条件を比較して考えるときのよりどころに過ぎないからである。

照明という手段によって光の空間を構成する業を，多くの場合，照明技術者(または照明エンジニア)は「照明計画」や「照明設計」，照明デザイナーは「照明デザイン」と言い，重点領域や得意とする範囲を区別しているようである。「照明設計」も「照明デザイン」も「lighting design」なのだが，どちらかと言えば，照明設計は数値目標を設定し，計算に基づいて要求される光環境の性能を実現すること，照明デザインは光環境のコンセプトを設定し，感性と経験に基づいて要求される光景を実現することととらえられがちである。

しかし，優れた光環境とは，強・用・美・資の理が保たれているものであり，そのような光環境の構築では，客観的で測定可能な要素と主観的で測定困難な要素を共に考慮しなければならない。光環境デザイナーとは，体系化された知識と技術，および，豊かな感性と経験に基づいて，人々の幸福に資する光環境をつくる

ような実践の技を備えた者であると考える。

参考・引用文献

1) JCIE 翻訳出版 No.8, 国際照明用語集・第4版, 日本照明委員会, 1989
2) 電気学会電気専門用語集 No.13, 照明, コロナ社, 1996
3) JIS Z 8113 照明用語, 日本規格協会, 1998
4) 森田慶一訳註：ウィトルーウィウス建築書, 東海大学出版, 2000
5) ISO/CIE 8995-1：2002, Lighting of Work Places - Part 1：Indoor, International Organization for Standardization, 2002
6) CIE S 015：2005, Lighting of Outdoor Work Places, Commission Internationale de l'Eclairage, 2005
7) 小島武男, 中村 洋：現代建築環境計画, オーム社, 1987
8) 照明学会編：照明ハンドブック・第2版, オーム社, 2003
9) G.C.Brainard, J.P.Hanifin, J.M.Greeson, B.Byrne, G.Glickman, E.Gerner, and M.D.Rollag：Action Spectrum for Melatonin Regulation in Humans：Evidence for a novel circadian photoreceptor, Journal of Neuroscience, 21(16), pp.6405-6412, 2001
10) D. M. Berson, F. A. Dunn, and M. Takao：Phototransduction by Retinal Ganglion Cells That Set the Circadian Clock, Science, 295(5557), pp.1070-1073, 2002
11) CIE 158：2004, Ocular Lighting Effects on Human Physiology and Behaviour, Commission Internationale de l'Eclairage, 2004
12) 川村 浩：脳とリズム, 朝倉書店, 1998
13) 大石 実訳：カラー図解・神経の解剖と生理, メディカル・サイエンス・インターナショナル, 2005
14) 佐久間康夫監訳：カラー図解・よくわかる生理学の基礎, メディカル・サイエンス・インターナショナル, 2006
15) 山本一彦, 松村讓兒, 多久和陽：カラー図解・人体の正常構造と機能 Ⅶ血液・免疫・内分泌, 日本医事新報社, 2002
16) R. M. Buijs, J. Wortel, J. J. van Heerikhuize, M. G. P. Feenstra, G. J. Ter Horst, H. J. Romijn, and A. Kalsbeek：Anatomical and Functional Demonstration of a Multisynaptic Suprachiasmatic Nucleus Adrenal(Cortex)Pathway, European Journal of Neuroscience, Vol.11, pp.1535-1544, 1999
17) A. Ishida, T. Mutoh, T. Ueyama, H. Bando, S. Masubuchi, D. Nakahara, G. Tsujimoto, and H. Okamura：Light Activates the Adrenal Gland：Timing of gene expression and glucocorticoid release, Cell Metabolism, Vol.2, pp.297-307, 2005
18) J. M. Torrington and P. R. Tregenza：Lighting for People with Dementia, Lighting Research and Technology, Vol.39, No.1, pp.81-97, 2007
19) 環境省：光害対策ガイドライン・改訂版, 2006
20) 古賀靖子, 赤羽元英, 石井弘允, 佐伯智明, 武内永記：照明デザイン用語を解説する, 照明学会誌, 第91巻, 第6号, pp.294-301, 2007
21) 照明学会：照明専門用語集 CD-ROM・増補改訂版, 2007
22) 常石敬一訳：地球人ライブラリー・ヒポクラテスの西洋医学序説, 小学館, 1996
23) W.Osler：AEQUANIMITAS - with other addresses to medical students, nurses and practitioners of medicine, 3rd edition, McGraw-Hill
24) 加我君孝, 高本眞一編：医の原点・第1集サイエンスとアート, 金原出版, 2002

第6章 快適で環境に調和した自然エネルギーの利用
Utilization of Environmentally Friendly Natural Energy

6.1 自然エネルギーの利用
(Utilization of Natural Energy)

　健康で快適な住環境を実現していくためには，温熱・空気環境，音環境，光環境の快適さが総合的に実現される必要がある。そして，それらの各項目に関しては，第3章から第5章で詳述された。そこでは，具体的に，どのような要素技術でそれらが実現できるかということを理解して頂けたものと思われる。本章ではそれらの住環境要素のうち，温熱環境を例にとり，快適な住環境を実現する上では，同時にそれが地球環境にも好ましいものである必要があるという観点から，自然エネルギーのうちの地熱エネルギー，その中でもとくに地中熱を利用した室内の冷暖房システムについて紹介したい。

　地球は半径約6370 kmの巨大な熱の塊であり（地球の中心部の温度は約6000℃であり，これは太陽表面の温度とほぼ等しい），その熱が特別にたくさん出てきているところは火山あるいは温泉として知られ，地下から取り出した蒸気により発電を行ったり（地熱発電），温泉の熱を利用して，室内の暖房（場合によっては冷房も）が行われたりする。このように，利用される地熱エネルギーは広い温度範囲にわたっており，多様な用途に用いられている（**図-6.1.1**，日本地熱学会IGA専門部会，2006）。そして，**図-6.1.1**からは，地熱エネルギーが住環境とも多くのかかわりをもっていることが理解される。ここでは，それらのうち，とくに「（地中熱利用）ヒートポンプ」と記されている項目について述べることにする。

　ふつう，地熱エネルギーと呼ばれるものは，その地域の平均気温より高いものを価値あるエネルギーと評価し，利用されている。実際に，地下の地熱資源量の評価を行う場合，地下ある深さの温度（T）からその地域の年平均気温（T_0）を差し引いた温度差（$T-T_0$）を用いている。高温の地熱エネルギーの評価はこのように

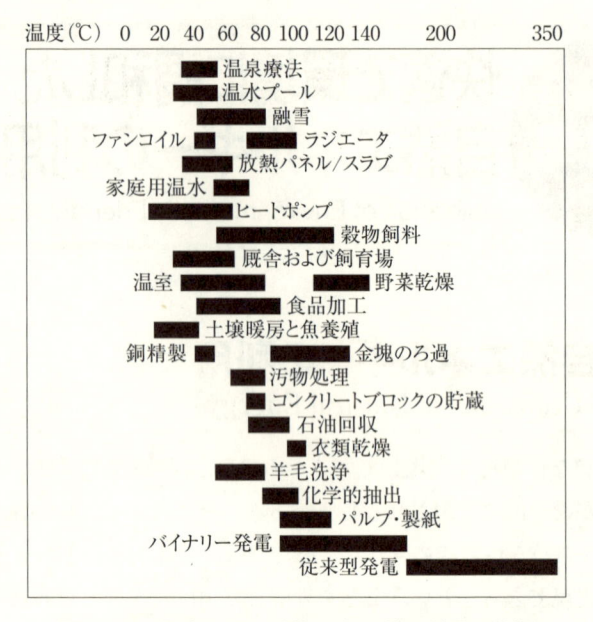

図-6.1.1 温度による地熱エネルギー利用の分類

なされるが，上記の「(地中熱利用)ヒートポンプ」の場合は事情がやや異なっている．

地下の温度は，日本のように中緯度地域では15m深程度までは気温の変化に対応して年変化をするが，それ以深はほぼ変化せず，一定の地温勾配(場所によって異なるが，火山や温泉のある地域を除けば2～4℃/100m程度のことが多い)で少しずつ上昇していく．例えば，年平均気温が16℃の地域を考えてみよう．もし，地温勾配が3℃/100mの場合，地下50mで17.5℃，地下100mで19℃である．すなわち，深さ50～100m程度の温度は18℃前後である．そして，これらの温度は年間を通じてほとんど変化しない．このような地下浅部の地下温度は，年平均気温との差は小さく，人間が利用できる地熱エネルギーとしての価値は少ない．しかしながら，夏は気温が高く，冬は低い．例えば，福岡市では，夏の平均気温は約28℃，そして冬の平均気温は約8℃である．すなわち，地下50～100m程度では，夏は気温より10℃程度低く，冬はその反対に気温より10℃程度高いことになる．この温度差を利用して，夏には室内の冷房を，冬には室内の暖房を行うというのが地中熱利用冷暖房システムの考え方である．そ

6.1　自然エネルギーの利用(Utilization of Natural Energy)

の際，地中の熱をそのまま利用するだけでは必要な高温あるいは必要な低温が得られないので，「ヒートポンプ」というエネルギー変換装置を使って，各季節に対応した快適な温熱環境をつくり出そうとするのが地中熱利用冷暖房システムである。その具体的なことについては，次節以降で詳述することにする。

　さて，地中熱利用冷暖房システムの利点はどこにあるのであろうか。すでにわれわれは高性能の空気熱源空調システム(いわゆるふつうのエアコン)で快適な夏の涼しさを獲得しており，場合によっては冬の暖かさも得ている。エアコンでは不十分な場合は，灯油やガスあるいは電気ヒーターで室内暖房を行っている。わが国では，電気料金に比べ，灯油やガスの料金が安いこともあり，灯油やガスのヒーターが使われることも多い。夏の冷房を考えてみていただきたい。われわれは(空気熱源)エアコンによって涼しく快適な生活を過ごすことができる。しかし，その結果，どのようなことが生じているかを考えてみてほしい。エネルギーは保存される。したがって，冷たい空気の持つ熱の代わりにはそれと同量の暖かい熱が生じる。そして，その熱(暖かい空気)は，廃熱として大気中に放出されることになる。その結果，都市の熱環境は悪化する。すなわちエアコンシステムによる大気中への廃熱はヒートアイランド現象の主要な原因の1つになっている。空気熱源エアコンは，地中熱利用冷暖房システムに比べ，電力消費量も多く，したがってCO_2排出量も多くなり，これは地球温暖化への要因の1つとなっている。

　したがって，地中熱利用冷暖房システムは，現在問題となっている，ヒートアイランド現象そして地球温暖化に対して，住環境のレベルから貢献できるシステムであると言うことができる。地中熱利用冷暖房システムでは，冷房時の廃熱を地下に戻すため，ヒートアイランド現象緩和の役割を果たすことができる。そして，地下に捨てられた熱は大地に蓄熱され，これを冬の暖房に使うことができるという利点が生じる。また，地中の温度が一定であり，例えば，空気熱源エアコンシステムに比べ，消費電力が少ないという長所を持っている。これに較べ，空気熱源エアコンシステムは，夏は高温になった室外空気を取り入れて冷却するため，あるいは冬は低温になった室外空気を取り入れて加熱するため，夏冬ともに一定の地下温度を利用する地中熱利用冷暖房システムに比べ，消費電力量が増加するのである。すなわち，地中熱利用冷暖房システムは，現在広く普及している空気熱源エアコンシステムに比べ，環境性にきわめて優れていることがわかる。

さて，以上のように環境性にきわめて優れている地中熱利用冷暖房システムであるが，わが国で現在十分普及していない理由は何であろうか。それは，1つにはわが国では，すでに空気熱源エアコンシステムがほとんどの住宅に普及していること，および地中熱利用冷暖房システムでは熱交換用の井戸を掘削する必要があるなどの理由によって，空気熱源エアコンシステムに比べ現状ではコストが高いことである。しかしながら，地中熱利用冷暖房システムの方が，上述の理由により使用電力量が少なく，したがってシステム運転における経費は安価であり，長期間（例えば15年以上）使用すれば，コストは地中熱利用例暖房システムの方が安くなる。しかし，この15年という期間は一般にはやや長いと考えられ，地中熱利用冷暖房システムの有効性を認めても，すでに設置した空気熱源システムの交換にまでは至っていないというのが現状である（また，地中熱利用システムが広く認知されていないことも要因の1つと考えられる）。したがって，新規の建物への導入が期待されるが，この場合においても，導入促進のためには安価なコストのシステム開発が必要と考えられる。ただし，この点についてごく最近，外国の例であるが，興味ある結果が発表されている。ドイツ・アーヘン工科大学のクラウザー教授はすべての化石エネルギーと再生可能エネルギーを単位エネルギー生産当たりのコストと環境性の両面から総合的に評価した（Clauser, 2007）。その結果，両者から見て，もっとも優れているのは，水力，風力，そして地熱の順であった。これをドイツに適用してみると，水力に関しては，ドイツにはすでに適当な設置箇所がないこと，そして，風力に関しては，陸上の条件のよい場所はすでに設置しつくされ，今後の展開は洋上風力発電と言われている。しかしながら，ドイツの海岸線は短く，多くは期待できず，このようなことから，ドイツでは将来的には地熱利用がもっとも有望であると結論している。ドイツでは高温地熱資源は限られているが，地中熱利用に関しては今後大きく展開する可能性が考えられる。わが国においても，適切なエネルギー比較がなされ，適切なエネルギーの選択が必要と考えられる。上述のクラウザー教授のエネルギーのコストと経済性の対比は基本的にもわが国の場合にも適用されるものであり，わが国の場合，地熱は将来的に十分競争力を持ってくると考えられる。したがって，地中熱利用冷暖房システムが今後種々の困難を解決し，わが国でも普及し，快適な住空間を実現するとともに，地球環境維持にも貢献することを期待したい。

　最後に，地中熱利用冷暖房システムを稼動した場合の，地下環境への影響につ

いて述べる。すでに述べたように，地中熱利用冷暖房システムは，夏季に廃熱を大気中に放出せず，地下に蓄熱し，それを冬季に利用するという，大気に対してはきわめて環境性に優れている。しかしながら，地下から熱を抽出したり，地下へ熱を放出することにより，システム稼動前の熱的状態（直接的には温度）と変わった状態が出現しないとも限らない。仮に地下の温度が上昇した場合，それによって大気を加熱することになり，ヒートアイランド現象を加速する方向へ作用するかも知れない。一方，あるいは地中温度が上昇し，土壌中のバクテリアの活性を高め，地下環境を変化させるという現象を生じないとも限らない。さらには，1つのシステムの地下温度への影響が周辺のシステムに影響を与え，結果としてそのシステムの性能を低下させる可能性も考えられる。したがって，地中熱利用冷暖房システムが広く普及する前に，地下環境への影響を事前に評価しておく必要がある。このような研究はまだ始まったばかりではあるが，適切にシステムの運転を管理すれば，一時的には，熱交換井戸周辺の温度は上昇あるいは下降するが，冷房と暖房を繰り返すことにより，補償機能が働き，経年的には地下温度はほぼ一定に保たれるという評価がなされている。

以上のように，地中熱はすぐれた自然エネルギーと考えられるが，以下では，その特性をさらに詳述するとともに，その技術的側面あるいは実例について詳しく紹介したい。なお，ここでは詳しくは述べなかったが，自然エネルギー（再生可能エネルギー）全般について，総括的に学びたい場合は，清水幸丸編著(2006)によるものを文献としてあげるので，参照されたい。

6.2 地中熱利用技術 (Geothermal Energy Utilization)

6.2.1 地中熱利用ヒートポンプシステム（Geothermal Heat Pump System）

地中熱利用ヒートポンプ（Geothermal Heat Pump，以下，GeoHPと略す）システムは地盤の恒温性を利用して，冷暖房・融雪・給湯などを行うエネルギー供給システムである。GeoHPシステムは省エネルギー効果やヒートアイランド現象抑制効果が高いため，化石燃料依存型の現在のエネルギー構造を変える有効な手段の一つとして，今後の普及が期待されている。

第6章 快適で環境に調和した自然エネルギーの利用

一般的に，地盤の温度は地表下 10〜15 m以深では年中温度が一定であり，北部九州においては 18〜20℃程度である。したがって，夏期には地盤の温度は気温より 10℃以上低く，冬期には 10℃以上高いことが多いため，GeoHP システムはこの温度差を利用してエネルギー供給を行うことができる。

GeoHP システムでは，エネルギー供給の対象となる建物や路盤周辺に深度 50〜150 m の熱交換井を掘削し，坑井内に先端がU字型に密閉したポリエチレン管などを地中熱交換器として設置する。そして，**図-6.2.1** に示すように，夏期には坑井内に 30〜40℃程度の温水を循環することにより地中に排熱を行い，冬期には 0〜10℃程度の冷水を循環することにより地中より採熱を行う。循環する流体は熱媒体と呼ばれ，GeoHP システムでは熱交換井の入口と出口における熱媒体の温度差をヒートポンプと呼ばれる機器を用いて抽出し，温水や冷水を造成する。これらの温水や冷水は，空調を目的とする場合はファンコイルユニット・エアハンドリングユニット・温水パネルなどに送られて室内の暖房や冷房に用いられ，融雪を目的とする場合には路面下に埋設された融雪パイプに循環される。なお，

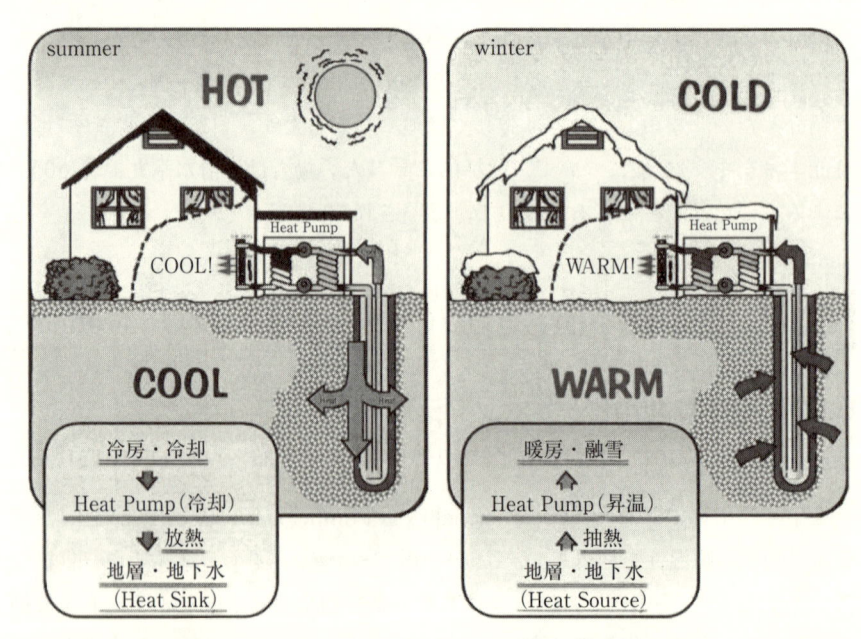

［出典］地中熱利用促進協会ホームページ http：//www.geohpaj.org/index.htm より

図-6.2.1　地中熱利用ヒートポンプシステムの概念図

ヒートポンプでは熱源温度と利用側温度の温度差の増加に伴い，成績係数（COP）が低下するため，GeoHPシステムは地盤温度との温度差が小さい冷温水の供給に適している。すなわち，50℃以上の高温の温水や0℃近い冷水の供給より，低温の温水が利用できる融雪利用や床暖房での利用において省エネルギー効果が高い。

GeoHPシステムは大地の恒温性を利用するため，場所を問わず利用でき，また地下水のくみ上げや地盤との物質交換を行わないので，地下水汚染や地盤沈下などの原因とならず，地下環境への負荷がきわめて小さい。また，GeoHPシステムは空気熱源ヒートポンプシステムと比べて成績係数が高いため，消費電力が低く抑えられ，省エネルギー効果や二酸化炭素排出量抑制効果が高い。さらに，本システムは空気熱源ヒートポンプのように大気中に排熱を行わず，地盤との熱交換による排熱を行うため，夏期におけるヒートアイランド現象を抑制する効果があり，温暖な地域の都市部においてとくに普及が重要と考えられている。

地中熱利用ヒートポンプシステムは**図-6.2.2**に示されるように北米や北部ヨーロッパでは普及が進んでいる。米国ではエネルギー省，環境庁，電力会社の強力なバックアップと普及活動により，毎年20～30％の割合でシステム設置数が増加しており，また，人口約900万人（2007年4月時点）のスウェーデンでは2005

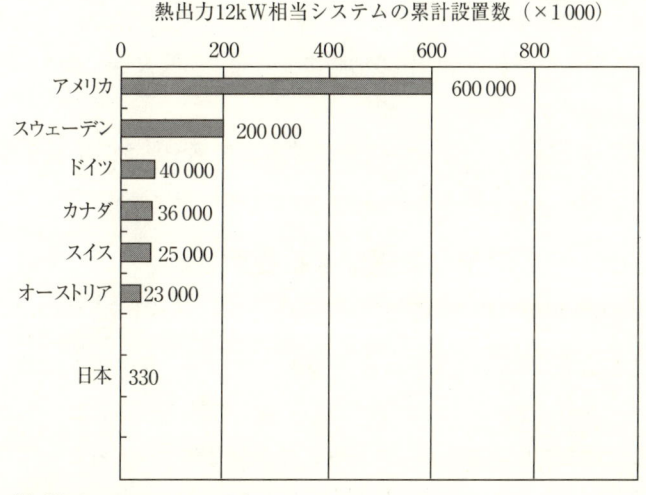

熱出力12kW相当システムの累計設置数（×1 000）

アメリカ	600 000
スウェーデン	200 000
ドイツ	40 000
カナダ	36 000
スイス	25 000
オーストリア	23 000
日本	330

［出典］Curtis et al., 2005 より

図-6.2.2　世界における地中熱利用ヒートポンプシステムの設置状況

年に新規に年間4万件の導入が行われ，2005年末時点で約30％の家庭が同システムを設置済みである(Hellström, 2007)。一方，日本国内では同システムの普及は進んでおらず，2005年における設備容量は約4MWtと低い水準である。この設置数の少なさは，本システムが国内では認知度が低く，空調システム導入の際の選択肢とされないという広報活動の不十分さとともに，本システムの初期投資の高さが原因と考えられる。地中熱利用システムの初期投資は熱交換井の掘削費とヒートポンプ購入・設置費用が大半を占めるが，居住地域が岩盤上に位置することの多い欧米では，地質が単純で熱交換井の掘進速度が大きいため，坑井掘削費が3 000～5 000円/m程度と低く，同システムの導入コストが空気熱源ヒートポンプと比べてとくに割高ではない。一方，国内の人口密集地域は沖積平野に位置する場合が多く，地盤における層序が深度方向に多様に変化するため，熱交換井の掘削に時間と手間を要し，熱交換井の費用が現状では8 000～10 000円/mと高額である。したがって，国内の一般家庭においてGeoHPシステムの導入に要する初期投資はヒートポンプの設置を含めると300万円以上となり，その高額さのため新規設置が進まないというのが現状である。また，ヒートポンプに関しても，欧米では普及数が多いため量産型の機器が安価に入手できる一方，国内では地中熱用ヒートポンプ(水熱源ヒートポンプ)の市場は限られているため，気象条件・用途・建物規模に応じた廉価なヒートポンプの購入が容易ではない。掘削費やヒートポンプの価格などの本システム普及における阻害要因は，企業・研究機関による技術開発や普及促進団体の活動により徐々に改善されつつあるが，今後も一層の努力が必要である。

次節以降では，GeoHPシステムを構成する各要素や同システムを理解するために必要な技術について解説する。

6.2.2 GeoHPシステムを構成する要素
（Components of Geothermal Heat Pump Systems）

本項ではGeoHPシステムを構成する要素に関して，熱源側を構成する地中熱交換井とヒートポンプについて説明する。なお，室内の空調はヒートポンプにて造成した冷温水をファンコイルユニットにて空気と熱交換することにより行われる場合が多いが，この要素には一般的な空調技術が適用されるので説明は省略する。

6.2 地中熱利用技術(Geothermal Energy Utilization)

(1) 地中熱交換井(Ground Heat Exchanger)

　GeoHPシステムにおける地中熱交換井では，地盤中に50〜150m程度の坑井を掘削し，熱媒体を循環するU字型パイプなどの管を挿入する。熱交換パイプを安定させ，地層の崩壊を防ぐために坑壁と管の間にはグラウト材を充填する（グラウチング）。熱交換井内を充填しない場合は地下水または空気が熱交換パイプと地層の間を満たすことになるが，水や空気の熱伝導率（それぞれ20℃において0.594 W/mK，0.0257 W/mK）は地層の熱伝導率（1.0〜3.0 W/mK程度）と比べて小さいため，グラウチングは熱交換量改善の目的も有する。グラウト材には通常のセメントモルタルや熱伝導率の高い珪砂を細骨材とするモルタルが通常用いられるが，坑井内を遮水する必要がない場合はセメントを使わずに珪砂や砂を充填する場合や掘りくずで埋め戻す場合もある。また，北欧においては，浅部地層が安定した岩盤より構成されて崩壊の恐れがなく，かつ地下水面が浅い場所では，地中熱坑井内を充填せずに地下水で満たして仕上げる場合が多い。

　一般的に用いられている地中熱交換井のタイプは**図-6.2.3**に示すU字管型，同軸管，および基礎杭利用型がある。U字管型熱交換器は2本の高密度ポリエチレン管の先端をU字型のジョイントで熱融着したもので，1坑井に1組または2組

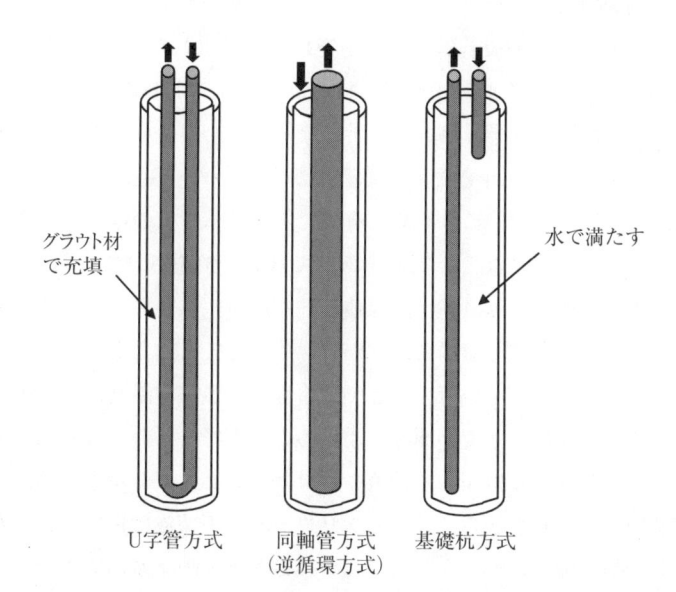

図-6.2.3　代表的な地中熱交換井の概念図

（U字管方式　同軸管方式（逆循環方式）　基礎杭方式）

設置され，熱媒体の循環に用いられる。U字管型は長さ150m程度までであれば円状に巻いて運搬でき，かつ軽量であるため，取扱いが容易であり，また継ぎ目がないため熱媒体の漏洩しにくいという長所を持つ。設置に要する材料費も外管に鋼管を用いる同軸型熱交換器と比べて安価であり，またU字管として用いられる高密度ポリエチレンは腐食の可能性がなく耐用年数がきわめて長い。U字管型熱交換器は同軸型熱交換器と比べると単位長さあたりの熱交換量がやや劣るが，以上に記したさまざまな長所のために，国内外を問わず地中熱交換井としてはもっとも一般的に用いられている。

同軸型熱交換器は先端が閉塞された鋼管製の外管の内部に，先端を開放した樹脂製の内管を設置し，内側から外側（正循環）または外側から内側へ（逆循環）のいずれかの方式により熱媒体を循環する。同軸型熱交換器は熱交換面積が広く，内管の内部と外部の熱干渉を内管の熱伝導率を下げることにより低減することができるため，単位長さあたりの熱交換量がU字型熱交換器と比べて大きい。一方，鋼管を用いるため設置費用が高く，また鋼管の腐食や継ぎ手の不完全な遮水による熱媒体漏れが発生した場合に地下環境が汚染される可能性があるため，U字管型熱交換器と比べて利用例は少ない。

基礎杭型熱交換井は，福井県雪対策・建設技術研究所宮本氏が開発した，建物のコンクリートまたは鋼製基礎杭内を中空にして湛水した水を利用して採熱・排熱を行うパイプインパイル方式や現場打ちコンクリート基礎杭の外側にU字管を設置して熱交換を行う場合がある。十分な杭長さが得られる場合には，基礎杭方式では熱交換専用の坑井を掘削する必要がないため，GeoHPシステムの初期投資を低減し，採算性向上にきわめて有効である。基礎杭の地中熱交換器としての利用については大岡（2006）に実例をあげて詳しく解説されている。

地中熱交換井を循環する液体は熱媒体と呼ばれる。熱容量の大きさや漏洩時の環境負荷の小ささを考慮した場合，水が熱媒体としてもっとも適していることは明らかである。一方，暖房負荷の大きい寒冷地では熱媒体温度が氷点下になる場合があるため，熱媒体として不凍液を用いることが好ましい。日本国内では，不凍液としてエチレングリコール水溶液やプロピレングリコール水溶液が用いられる場合が多い。しかしながら，これらグリコール系不凍液は毒性を持つため，地中熱交換井や地上配管に漏洩が生じた場合には深刻な地下水汚染が起こる恐れがあり，地中熱利用が進んでいる北欧諸国では地中熱交換井でのグリコール系不凍

液の使用が禁止されている。そこで，グリコール系不凍液に替わるものとして，生分解性不凍液が地中熱交換井用熱媒体として注目されつつある。生分解性不凍液は酢酸等の有機酸をベースとした不凍液で，漏洩した場合でも土壌の微生物に短時間で分解されるため，地下水汚染の原因とならない。現時点では価格等の障害により生分解性不凍液の普及は進んでいないが，環境問題が一層重要となる今後において普及が期待される。

(2) ヒートポンプ(Heat Pump)

　ヒートポンプは熱交換井と並ぶGeoHPシステムの中心的な構成要素である。ヒートポンプは熱交換井を介して暖房運転時には地盤から熱エネルギーをくみ上げ，冷房運転時には地盤に熱を強制的に捨てるために用いられる，文字どおり「熱のポンプ」である。空調に広く用いられている空気熱源ヒートポンプ(エアコン)と地中熱利用ヒートポンプとの相違点は前者が空気を，後者が地盤を熱源とする点だけであり，ヒートポンプの構造は基本的に同じである。また，地中熱交換井からの熱媒体の戻り温度は暖房時に0～10℃程度，冷房時で30～40℃程度であるため，ヒートポンプは暖房時には熱媒体を昇温し，冷房時には減温して利用可能な温度にする機能，すなわち熱媒体温度の品位を上げる機能を有する。

　一般的なヒートポンプの構造を図-6.2.4に示す。暖房時(同図(a))，冷房時(同図(b))のいずれにおいても，「1次側」と記された系統は熱交換井と接続され，地中からの採熱や地中への放熱を行う。「2次側」と記された系統は空調時には室内への送水，融雪時には融雪パイプへの送水を行う。図中の中央に位置する系統は圧縮機，凝縮機構，蒸発機構，膨張弁より構成され，それぞれを結ぶ配管に冷媒が封入されている。暖房時には，低温低圧の冷媒が図-6.2.4(a)の左側の熱交換器にて熱媒体により加熱されて蒸発し，低温低圧の冷媒蒸気となる。続いて，冷媒は圧縮機にて断熱圧縮され，高温高圧の冷媒蒸気となる。この冷媒蒸気は図-6.2.4(a)の右側の熱交換器にて2次側の熱媒体を加熱し，自身は凝縮して高圧低温の液体となる。最後に冷媒は膨張弁にて断熱膨張し，低温低圧の状態に戻る。冷房時には，四方弁などの切り替えにより暖房時と逆の熱サイクルの実行により，2次側の熱媒体の冷却が行われる。なお，このシステムは1次側にて水や不凍液などの液体を熱源とし，2次側にて温水や冷水を造成するために，水－水ヒートポンプと呼ばれる。

　ヒートポンプに封入される冷媒には，熱サイクルの効率を高く保つための諸熱

(a) 暖房運転

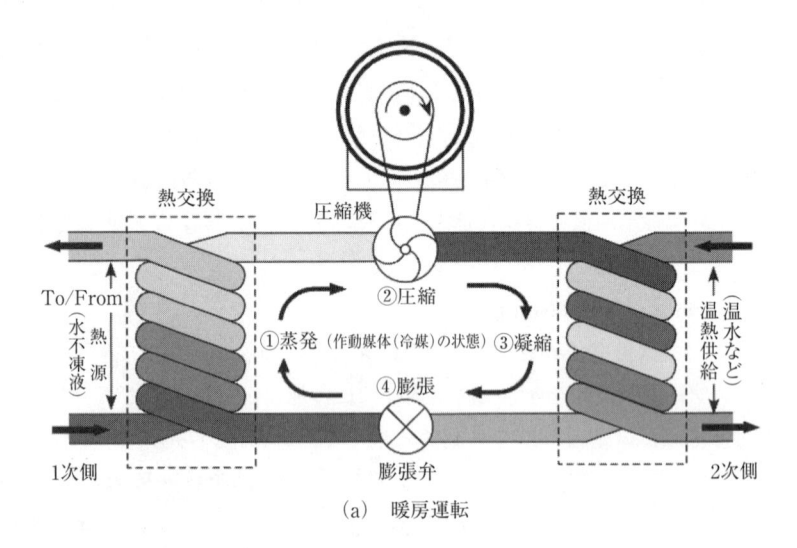

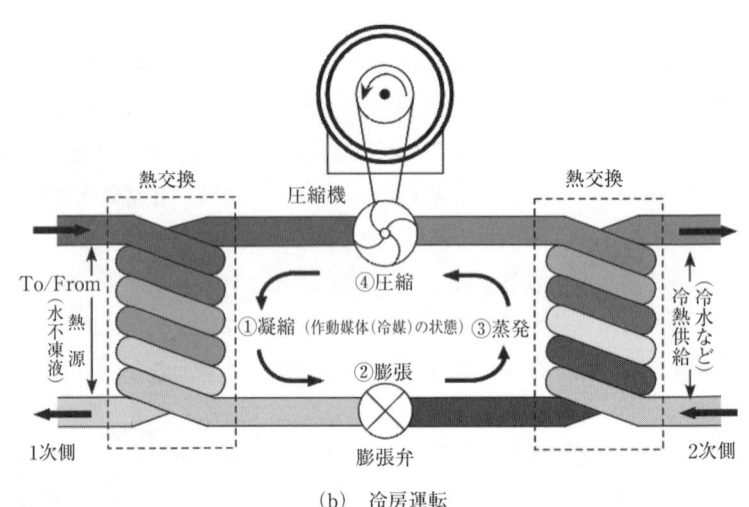

① 蒸発（作動媒体（冷媒）の状態）
② 圧縮
③ 凝縮
④ 膨張
圧縮機
膨張弁
熱交換
To/From（水不凍液）熱源
1次側
（温水など）温熱供給
2次側

(b) 冷房運転

① 凝縮（作動媒体（冷媒）の状態）
② 膨張
③ 蒸発
④ 圧縮
圧縮機
膨張弁
熱交換
To/From（水不凍液）熱源
1次側
（冷水など）冷熱供給
2次側

図-6.2.4　ヒートポンプの機構

力学的特性に加えて，地球環境への低負荷性が要求される。国内ではR-22をはじめとするHCFC（ハイドロクロロフルオロカーボン）の使用が主流である。一方，R-22はすでに国内では生産が禁止されたCFC（クロロフルオロカーボン）よりはオゾン層破壊係数は小さいものの，オゾン層破壊効果があるため，2020年には生産全廃が予定されている。したがって，今後はオゾン層破壊係数ゼロの

HFC（ハイドロフルオロカーボン）や二酸化炭素やアンモニアといった自然冷媒の使用が望ましい．

ヒートポンプの効率評価には，ヒートポンプ2次側出力（＝ヒートポンプ2次側での入口出口温度差×熱媒体流量×熱媒体熱容量）をヒートポンプの圧縮機消費電力で除した数値である成績係数（COP，Coefficient of Performance）を用いる．ヒートポンプのCOPは低温側の熱交換器出口冷媒の絶対温度（T_L）および高温側の熱交換器出口冷媒の絶対温度（T_H）の関数となり，カルノーサイクルにおける理想的なCOPは，

$$COP = T_H / (T_H - T_L) \tag{6.1}$$

と表される．GeoHPシステムでは，暖房時には外気より温度が高く，冷房時には外気より温度の低い地盤を熱源とするため，T_HとT_Lの差が空気熱源ヒートポンプと比べて小さく，したがって高いCOPを得ることができる．また，暖房時に外気温が0℃近くなる場合には，空気熱源ヒートポンプは室外器における蒸発温度が氷点下となり，空気熱交換器表面に空気中の水分が付着して凍結が起き，熱交換能力が大きく低下する．空気熱源ヒートポンプでは逆運転（冷房運転）をして除霜を行うが，逆運転はCOP低下の大きな原因となる．一方，GeoHPシステムは不凍液を用いることにより，蒸発温度が0℃を下回る場合でも支障なく運転が可能であり，除霜運転の必要がない．また，GeoHPシステムにおけるヒートポンプはは室外機を必要としないため，周辺への騒音の心配がなく，また建物の美観を損ねることがないため，住環境の改善に効果的である．

GeoHPシステムにおける熱交換の形態としては，これまでに述べた水-水ヒートポンプの使用が主流であるが，2次側において冷媒と空気を直接熱交換し，温風や冷風を供給することも可能である．このタイプのヒートポンプは水-空気ヒートポンプと呼ばれ，水-水方式と比べて熱交換の回数が1回少ないため，より高いCOPが期待できる．地中熱利用に用いるヒートポンプについては，柴（2005）に詳しく解説されている．

6.2.3 GeoHPシステムの設計法
(Designing Procedures of Geothermal Heat Pump Systems)

GeoHPシステムでは，熱交換井掘削費が初期投資に占める割合が大きいため，

他の熱源システムに対する GeoHP システムの競争力強化のためには，必要な熱負荷を供給できる最小限の長さの熱交換井を設計することが重要である。これを実現するためには，建物の規模・通気・断熱構造などに基づいて正確な空調負荷の見積を行うと同時に，地中熱交換井における熱交換量を正確に推定することが重要である。GeoHP システムにおける地中熱交換量は地盤内の熱伝導に主に支配されるため，GeoHP システムの長期運転に従いしだいに減少する傾向を示す。したがって，地層の初期状態（温度分布）において測定した熱交換量を長期的に期待することはできず，その減衰予測を地層条件に基づいて行う必要がある。本項ではこれらを目的として，地中熱交換井からの採熱量を推定するための温度応答試験の実施・解析法，および地下水流れの地中熱交換量への影響について解説する。

(1) 温度応答試験 (Thermal Response Test)

温度応答試験は地盤の熱物性や熱交換能力を推定する地盤調査試験であり，GeoHP システムにおける地中熱交換井の適正な本数・長さの決定を目的として行われる。GeoHP システムにおいて，地中熱交換井から得られる熱交換量は，地質や地下水流動状況によって大きく異なるが，地下水流れのない熱伝導型地盤が通常示す 30～40W/m を用いてシステム設計が行われることが多いため，地盤の伝熱能力が高い地域では地中熱交換器本数や長さを過剰に設計する可能性がある。したがって，温度応答試験の実施と信頼性の高い解析は GeoHP システムの採算性向上に重要である。

また，温度応答試験では現位置測定による精度の高い地盤の熱物性値情報が得られるため，地域における温度応答試験の解析結果をデータベース化することは，近隣における GeoHP システム導入の事前検討に有効と考えられる。

温度応答試験では，一定の熱負荷を与えた温水を熱交換井内に 1～2 日程度循環し，循環時における熱交換井の入口と出口における熱媒体温度，地中温度などの経時変化を計測する。循環終了後は，必要に応じて地中温度の回復を循環期間と同程度の期間において測定する。温度応答試験解析では，得られた温度データより地盤の熱伝導率や熱交換井における熱交換量・熱抵抗などを推定することができる。温度応答試験に用いる装置の一例を図-6.2.5 に示す。試験装置は熱媒体を加熱し，循環を行うための循環系と，熱媒体温度・消費電力・循環流量などを計測する計測系より構成される。循環系の主な構成要素は循環ポンプ，電気ヒーター，水タンクなどであり，計測系は温度センサー，流量計，電力量計，データ

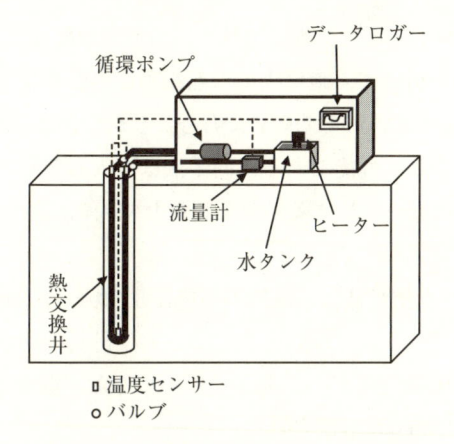

6.2 地中熱利用技術(Geothermal Energy Utilization)

図-6.2.5　温度応答試験装置の概念図

ロガーなどである。

　温度応答試験で得られる地盤の熱伝導率は岩石や土壌固有の熱伝導率ではなく，地下水流れの熱移流の影響を受けた「見かけ熱伝導率」である。すなわち，地下水流速が大きい地盤では，地下から採取したコアを用いて測定した岩石や土壌固有の熱伝導率と比べて，見かけ熱伝導率は大きい値となる。したがって，GeoHPシステムの長期挙動予測にはコアサンプルを用いて測定した熱伝導率ではなく，温度応答試験より得られた熱伝導率を用いることが重要であり，これにより地中熱交換井の過剰設計を避けることができる。

　地中熱交換量は地下への熱負荷を一定とした温度応答試験では推定できないが，熱交換井への熱媒体流入温度を一定とした試験により推定可能であり，測定した地中熱交換量は見かけ熱伝導率と並んで熱交換井の能力を評価する目安となる。熱抵抗はグラウト材・熱交換器材質・坑径などにより決定され，地盤の特性とは独立して決定されるパラメータである。熱抵抗が過度に大きい場合は熱交換量が大きく低下するため，温度応答試験による評価が重要である。

　温度応答試験の代表的な解析法としては，熱伝導方程式の厳密解に基づく解析的手法，および有限差分法・有限要素法を用いた数値モデルによる解析法がある。解析的手法には，地盤に熱負荷を与えた状態での地盤温度の変化率より熱伝導率を推定する作図法，および解析解に基づく熱交換井モデルを用いて熱交換井出口温度を予測し，実測値とのマッチングにより熱伝導率を推定するヒストリーマッ

チング法がある。両手法ともに線源関数や円筒型熱源関数(いずれも Ingersoll et al., 1954)などの解析解を用いて，地層内の伝熱挙動を熱伝導現象に基づいて計算する。解析的手法は地下水流れを基礎式に含むことができないが，見かけ熱伝導率を用いて考慮することは可能である。同手法は，入力データの作成が容易であり，計算時間が数値モデルによる計算と比較して大幅に短いため，温度応答試験解析において広く用いられている。

数値モデルを用いた解析法は，地層の不均質性・地下水流動・複雑な坑井仕上げなどを扱うことができるという長所を持つ一方，計算時間の大きさ，入力データ・グリッド作成の煩雑さといった短所を持つ。なお，温度応答試験の実施と解析については藤井(2006)に詳説されている。

(2) 地下水流れの活用(Active Use of Groundwater Flow)

日本国内では，堆積層上に位置する平野部に人口が集中しており，GeoHPを設置する地盤中に地下水流れが存在する場合が多い。地下水流れの存在しない地盤における熱交換井では，図-6.2.6(a)に示すように冷房時に地下排熱を行った場合に地盤温度がしだいに上昇し，1次側の熱源水温度が増加するためにCOPが低下する。同様に暖房時には地盤温度が減少し，熱源水温度が低下するためにCOPが低下する。一方，速い地下水流れが存在する地盤中の熱交換井では，図6.2.6(b)に示すように地下水の熱移流効果により熱交換井周辺の温度の変化が抑えられるためにCOPの低下が小さく，高いエネルギー効率を長期間の運転にお

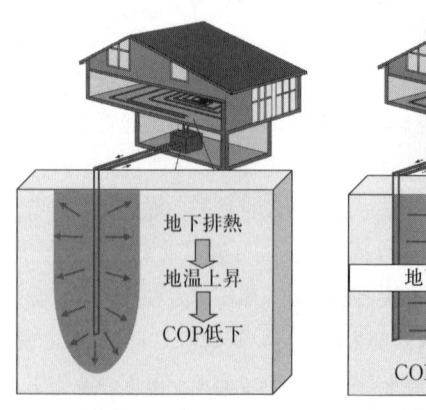

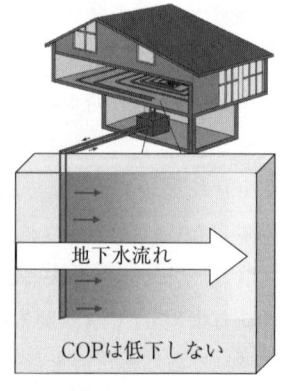

(a) 地下水流れがない場合　　(b) 地下水流れがある場合

図-6.2.6　地下水流れの地中熱交換に対する影響

いても保つことができる。また，前項で述べたように地下水流れは地盤の見かけ熱伝導率を上昇させる効果があるため，そのような地盤では地中熱交換量の増加が期待できる。岩田ほか（2005）によると，長野県大町市の地下水流速が約 12 m/日と大きい地盤において実施した温度応答試験では，200〜400 W/m という熱交換量が測定された。この熱交換量は地下水流れのない地盤における一般的な熱交換量 30〜40 W/m と比較するときわめて大きいため，このような地盤上にGeoHP システムを設置することにより，非常に効率の高いエネルギー供給が可能となる。

地下水流速の推定にはさまざまな方法が適用される。坑井を用いる方法としては，温度応答試験より得られる見かけ熱伝導率より推定する方法，複数の観測井における水位測定データより得られる動水勾配を用いて推定する方法，単一坑井において熱や塩分濃度をトレーサーとして地下水の流向流速を推定する方法などがあり，坑井を掘削しない場合でも，地下水のフィールド調査に基づいて対象地域の地下水流動系を数値モデル化し，システム設置位置での地下水流速を推定することが可能である。GeoHP システムの設計では，これらの手法を用いて事前に地盤の地下水流動状況を把握することにより，過剰なシステム設計を防ぐことができる。

(3) GeoHP システムの最適設計
　（Optimum Design of Geothermal Heat Pump System）

これまでに述べたように，GeoHP システムは 1 次側の熱交換井，2 次側の空調機器や融雪路盤，そして両者を結ぶヒートポンプより構成される。GeoHP システムにおける最適なシステムとは，年間を通じて 2 次側で要求される熱負荷を満たした上で，初期投資と操業費を最小化するシステムと考えられる。

ヒートポンプの COP は 1 次側の熱源水温度が 2 次側の供給水温に近いほど高くなるため，熱交換井の総延長が大きくなるにつれて高い COP を得ることができ，ヒートポンプ消費電力を抑えることができる。一方，熱交換井の総延長が増加すると，初期投資において大きな割合を占める熱交換井掘削費が増加し，GeoHP システムは空気熱源エアコンや化石燃料を用いる暖房システムに対して競争力を失う。また，熱交換井の本数や長さが増加すると熱交換井に熱媒体を循環するためのポンプの消費電力が増加し，COP の改善によるヒートポンプ消費電力の節約量を上回る場合がある。つまり，GeoHP システムはそれぞれの構成

要素が相互に影響するシステムであるので,各要素を独立して最適化することはシステム設計に有効ではない。したがって,GeoHPシステムにおいては事前に地盤の熱交換能力と2次側の熱負荷を正確に推定し,つぎに全システム構成要素を組み込んだシステムモデルを構築する。そして,このシステムモデルにオペレーションリサーチ分野にて開発された最適化計算手法(例えば矢部,2006)を適用することにより,熱交換井長さや坑井仕上げなどの熱交換井の設計諸元,ヒートポンプの設定・循環流量などの操業条件などを決定することが重要である。

6.3 地中熱利用住宅用冷暖房システム設置の実例
(The Case Example of GeoHP Utilization to Residential Housing)

ここでは,地中熱利用冷暖房システムの設計から運用にいたるまでの実例を紹介する。設置対象となった住宅は,福岡市東区の人工島(通称アイランドシティ)に建設された2階建て5部屋の煉瓦造住宅である。対象となった住宅の外観を図-6.3.1に示す。この住宅は,独立行政法人科学技術振興機構の戦略的創造研究推

図-6.3.1　対象となった住宅の外観

6.3 地中熱利用住宅用冷暖房システム設置の実例(The Case Example of GeoHP Utilization to Residential Housing)

進事業の研究の一環として建設されたものである。対象住宅の特徴としては，煉瓦とスチール製プレートをボルトで固定しつつ壁を構築していくSRB-DUP工法（山口ほか，2005）を用い，90％以上の高いリサイクル率の建設資材から構成されている点が挙げられる。

また，本システムの開発は独立行政法人産業技術総合研究所の盛田耕二博士との密接な協力のもとに進められたことを記しておく（図-6.3.1 設置対象住宅の外観）。

6.3.1 設計の方針 (Design Considerations)

すでに述べたように，地中熱利用冷暖房システムの最大の弱点は，設置にかかる初期コストの高さにある。また，日本国内の事情として，電気料金と灯油の価格を比較すると，外国よりも灯油が割安になるという特殊事情から，ランニングコストの低減による初期投資の回収にも時間がかかる。そこで，日本の地中熱利用冷暖房システムには，最小限の投資で必要な冷暖房負荷をまかない，海外で普及しているシステムよりも高いCOPを達成できるシステム設計が求められる。

地中熱利用冷暖房システムの初期コストの多くの部分を熱交換井の掘削費用が占めるため，冷暖房負荷をまかなうために必要な最短掘削長を見積もる必要がある。熱交換井の掘削長は，地中熱利用冷暖房システムにとってきわめて重要なパラメータである。長すぎる熱交換井を使うことは，初期投資の一部を無駄にしてしまうことになる。一方，短すぎる熱交換井を持つシステムでは，循環熱媒体の温度がヒートポンプの使用温度限界の上限・下限を超えて大幅な熱交換性能の低下を招き，最悪の場合は熱媒体の凍結という事態も起こりうる。いったん凍結してしまった熱媒体が融解するには何年もの時間が必要になり，事実上システムが使用不可能となってしまう。このような事態を避けるためにも熱交換井の掘削長は慎重に決定する必要がある。

そのためには，まず対象となる住宅の冷暖房負荷と，設置対象地の地下の構造（熱伝導率の分布）を知る必要がある。つぎに，掘削した熱交換井の性能を精度良く評価し，長期間運転した場合のその安定性を確認する必要がある。また，運用の段階においては，設計どおりの性能を出せるかどうかを検証し，問題があれば改善を行っていく必要がある。本システムの設計においては，冷暖房負荷の見積もり，地下の熱伝導率分布の推定，熱移動シミュレーションによる最適掘削長の決定，室内ユニットの仕様決定という4つの段階を経て仕様を決定した。

6.3.2 冷暖房負荷の算定
 (Evaluation of the Air-conditioning Load)

　地中熱利用冷暖房システムを設置する対象となった住宅の間取り図を**図-6.3.2**に示す．設置対象住宅は2階建て煉瓦造5部屋からなる，家族4人が暮らすことを想定した建物である．

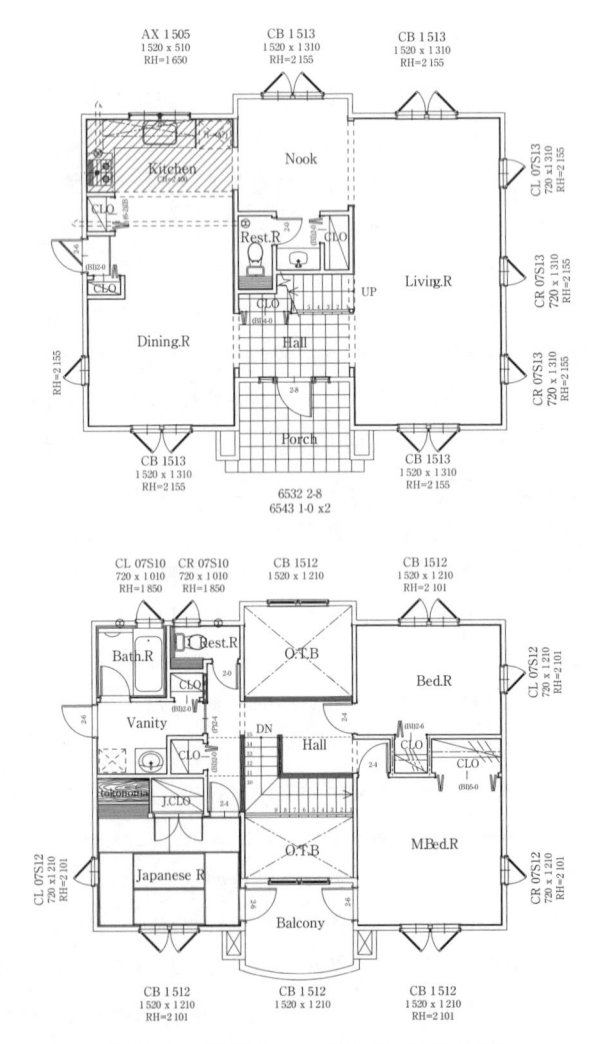

図-6.3.2　対象となった住宅の間取り図

6.3 地中熱利用住宅用冷暖房システム設置の実例(The Case Example of GeoHP Utilization to Residential Housing)

まず，対象となる住宅の冷暖房負荷を求める必要がある．本システムの設計では，冷暖房負荷の算定に，林(1992)による冷房負荷計算プログラム TrP を用いた．

冷暖房負荷計算プログラム TrP による計算結果を**図-6.3.3** に示す．福岡市の年平均気温は約 17℃であり，このような温暖な気候であっても，冷房負荷よりも暖房負荷のほうが大きいことがわかる．

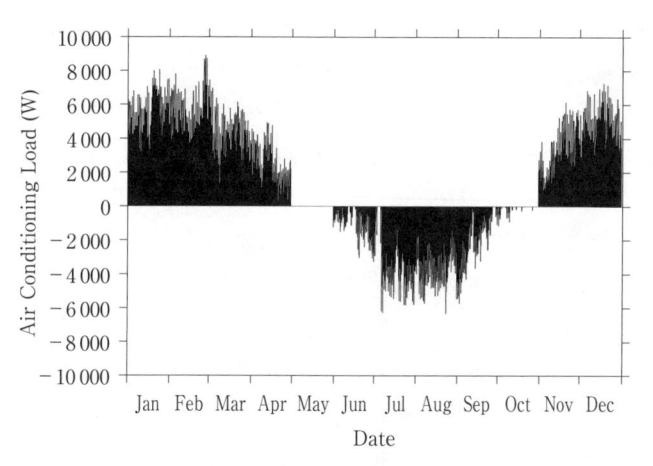

図-6.3.3　対象住宅の冷暖房負荷

対象住宅の各部屋における冷暖房負荷の一覧を**表-6.3.1** に示す．後に述べる冷暖房設備では，**表-6.3.1** に示した最大冷暖房負荷を考慮して容量を選定した．

表-6.3.1　対象住宅の最大冷暖房負荷

	最大冷房負荷(kW)	最大暖房負荷(kW)
キッチン	3.94	2.92
リビング	2.56	2.13
子供部屋1	1.13	1.25
子供部屋2	1.04	1.02
主寝室	1.44	1.10
合計	10.11	8.42

6.3.3　熱移動シミュレーション(Heat Exchange Simulation)

予備設計の段階と，後に述べる温度応答試験には，地中熱交換器を稼動させた際の地下における熱移動のシミュレーションを利用して解析を行った．ここでは

その熱移動シミュレーションの内容について述べる(盛田ほか，1984)。ここで述べる数値解法に基づく解析法には，地下の詳細な熱物性分布を扱うことができることや，熱容量の効果を考慮できるため，短い温度応答試験のデータを精度よく解析できるといった利点がある。その反面，入力データの作成や計算時間が，非定常線熱源法などの解析解を用いる方法に比べて長くかかるという短所もある。

　熱交換井を円筒のモデルとして扱うことは妥当な近似と考えられるので，座標系には軸対称円筒座標系を用いるのが都合がよい。そこで，地中熱交換器と熱交換井，地層を図-6.3.4に示すような円筒座標系を使ってモデル化する。

　熱移動のシミュレーションとは，非定常熱伝導方程式を解くことに他ならない。偏微分方程式の数値解法には，大別して2通りの解法がある。1つは，時刻tにおける温度分布を使ってエネルギー保存則の式を表し，時刻$t+\Delta t$における温度を逐次計算していく陽解法である。いま1つは，時刻$t+\Delta t$における未知の温度分布を使ってエネルギー保存則を表し，その結果得られる連立方程式を解いて時刻$t+\Delta t$における温度分布を求める陰解法である。陽解法は，時間ステップΔtの値を大きくしすぎると，熱力学の法則に違反する状況を表現してしまい，現実にはありえない値になってしまうという短所があるが，時間ステップを小さ

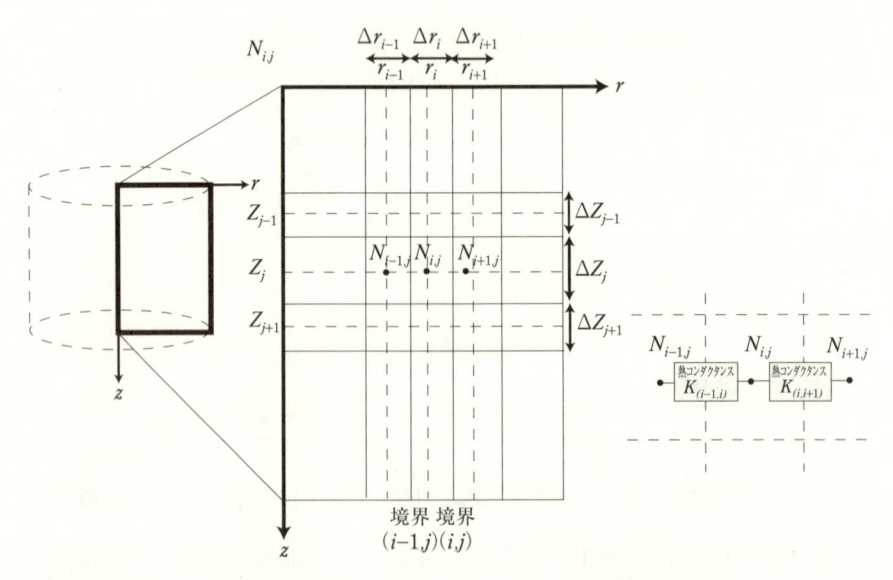

図-6.3.4　シミュレーションに用いる円筒座標系

6.3 地中熱利用住宅用冷暖房システム設置の実例(The Case Example of GeoHP Utilization to Residential Housing)

く保って計算を行えば，陰解法よりもはるかに短い時間で計算を進められるという長所を持っている．ここでの熱移動シミュレーションには陽解法を用いている．

時刻 $t = 0$ において，熱交換井を含めた地下の温度分布は，計算対象領域全体にわたって既知であるとする．具体的には熱交換井の内部の温度を実際に測定し，地温の分布は鉛直方向にのみ変化し，半径方向には変化しないという仮定を設ける．

このような地温分布の中に，熱交換井の入口から，ある温度の循環媒体が流入したとき，時刻 $t+\Delta t$ における地下の温度がどう変化するかを計算で求める．陽解法を用いて時刻 $t+\Delta t$ における温度分布を計算するには，時刻 t における温度を使って熱量のバランスの式(非定常熱伝導方程式)をつくり，次の時刻の温度を求めればよい．

具体的には以下のような計算を行う．

a. 地層中の節点の場合 時刻 t から時刻 $t+\Delta t$ の間に，**図-6.3.4** に示した節点 $N_{i,j}$ を含むセル(以下セル(i,j)と略記)が周辺とやりとりする熱量を $\Sigma q_{i,j}$ と表すと，熱量のバランスから，

$$\frac{\partial}{\partial t}(\rho_{i,j} C_{i,j} V_{i,j} T_{i,j}) = \sum q_{i,j} \tag{6.2}$$

が成り立たねばならない．ここに ρ はセル(i,j)の密度，C は比熱，V はセルの体積，T は温度を表している．ここで，セル(i,j)が時間間隔 Δt の間に周辺のセルとやりとりする熱の収支を具体的に考える．地中熱利用を考えた場合，地中の熱移動は地層から熱交換井に向かう水平方向の移動が圧倒的に大きいと考えられるので，地層中の鉛直方向の熱移動は考えないことにする．密度や比熱といった物性値は時間的に変化しないとして式(6.2)を離散化すると

$$\rho_{i,j} C_{i,j} V_{i,j} \frac{\left(T_{i,j}^{t+\Delta t} - T_{i,j}^{t}\right)}{\Delta t} = \sum q_{i,j} \tag{6.3}$$

となる．時刻 t における節点 $N_{i,j}$ の温度を $T_{i,j}^{t}$ とし，境界$(i-1,j)$での温度を T_b とする．節点 $N_{i-1,j}$ から，境界$(i-1,j)$へ流れる熱は，Fourierの法則によって

$$q = -k_{i,j} \cdot \Delta Z_j \cdot 2\pi r \frac{dT}{dr} \tag{6.4}'$$

であるから，$r=r_{i-1}$ から $r=r_{i-1}+1/2\varDelta r_{i-1}$ まで式 (6.4) を積分して

$$q = k_{i,j} \cdot \varDelta Z_j \cdot 2\pi \frac{T_{i-1,j}^t - T_b^t}{\ln \dfrac{r_{i-1} + \dfrac{1}{2}\varDelta r_{i-1}}{r_{i-1}}} \tag{6.5}$$

となる。ここに $k_{i,j}$ はセル (i,j) の熱伝導率である。

同様に，境界 $(i-1,i)$ から節点 $N_{i,j}$ に流れる熱は，

$$q = k_{i,j} \cdot \varDelta Z_j \cdot 2\pi \frac{T_b^t - T_{i,j}^t}{\ln \dfrac{r_i}{r_i - \dfrac{1}{2}\varDelta r_i}} \tag{6.6}$$

である。式 (6.5) と式 (6.6) は等しくなければならないから，結局節点 $N_{i-1,j}$ から節点 $N_{i,j}$ へ流れる熱量は

$$q_{(i-1,j)} = \frac{2\pi \cdot \varDelta Z_j}{\dfrac{1}{k_{i-1,j}} \ln \dfrac{r_{i-1} + \dfrac{1}{2}\varDelta r_{i-1}}{r_{i-1}} + \dfrac{1}{k_{i,j}} \ln \dfrac{r_i}{r_i - \dfrac{1}{2}\varDelta r_i}} \left(T_{i-1}^t - T_{i,j}^t \right) \tag{6.7}$$

となる。これから，節点 $N_{i-1,j}$ と節点 $N_{i,j}$ の間の熱コンダクタンスは

$$K_{i-1,j} = \frac{2\pi \cdot \varDelta Z_j}{\dfrac{1}{k_{i-1,j}} \ln \dfrac{r_{i-1} + \dfrac{1}{2}\varDelta r_{i-1}}{r_{i-1}} + \dfrac{1}{k_{i,j}} \ln \dfrac{r_i}{r_i - \dfrac{1}{2}\varDelta r_i}} \tag{6.8}$$

となる。同様に，節点 $N_{i,j}$ と節点 $N_{i+1,j}$ の間の熱コンダクタンスは

$$K_{i,i+1} = \frac{2\pi \cdot \varDelta Z_j}{\dfrac{1}{k_{i,j}} \ln \dfrac{r_i + \dfrac{1}{2}\varDelta r}{r_i} + \dfrac{1}{k_{i+1,j}} \ln \dfrac{r_{i+1}}{r_{i+1} - \dfrac{1}{2}\varDelta r_{i+1}}} \tag{6.9}$$

となる。熱コンダクタンスを使うと，節点 $N_{i,j}$ に関する熱の収支は

$$\sum q = K_{i-1,i}\left(T_{i-1,j}^t - T_{i,j}^t\right) + K_{i,i+1}\left(T_{i,j}^t - T_{i+1,j}^t\right) \tag{6.10}$$

となる。式 (6.10) は単にセル $N_{i,j}$ の両側のセルとの間の熱の収支を表しているに

6.3 地中熱利用住宅用冷暖房システム設置の実例 (The Case Example of GeoHP Utilization to Residential Housing)

すぎない．これから，時刻 $t+\Delta t$ における地層中の節点 $N_{i,j}$ の温度は

$$T_{i,j}^{t+\Delta t} = T_{i,j}^{t} + \frac{\sum q}{\rho_{i,j} C_{i,j} V_{i,j}} \Delta t \tag{6.11}$$

と求められる．式(6.11)の右辺は，すべて時刻 t における値から求められることがわかる．地層中におかれた節点の温度は，式(6.11)を使って順次計算していけばよい．なお，円筒座標系を用いているので，各セルの体積は $V_{i,j} = 2\pi r_i \Delta r_i \Delta Z_j$ である．

b．熱交換井内部の節点　　熱交換井内部では熱の移動はほとんど鉛直方向に流れる．循環媒質は，孔壁との温度差に応じて熱交換を行いながら熱交換井内部を鉛直方向に流れていく．熱交換井内部の節点に対する温度の計算方法と，地層中の節点のそれとの違いは，熱交換器の内管と外管の表面において強制対流熱伝達の効果が加わる点である．

図-6.3.5 に示した境界 I における温度を θ_{I} とし，境界 II における温度を θ_{II} とする．境界を通って流れている流体の質量流量を w とすると，セル (i,j) における流速 u は，セル (i,j) の断面積を S として，$u = w/(\rho S)$ で表される．

境界 I において温度 θ_{I} であった流体は，周辺との熱交換により境界 II では温

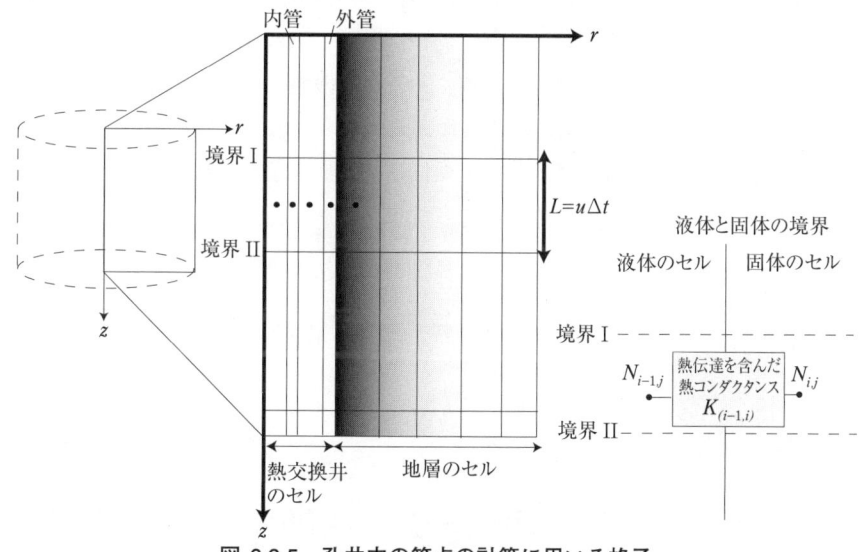

図-6.3.5　孔井内の節点の計算に用いる格子

度 θ_{II} となっている。境界Ⅰから境界Ⅱまで循環媒体が流れる間に受ける内部エネルギーの変化は

$$\Delta E = C \cdot w \cdot \Delta t \cdot (\theta_{\mathrm{II}} - \theta_{\mathrm{I}}) \tag{6.12}$$

である。ここに C は循環媒体の比熱である。内部エネルギーの変化は，周辺との温度差による熱交換（対流熱伝達の効果が入る）と，摩擦損失による発熱の和に等しい。これをそれぞれ Q，Q_F と表すと，境界Ⅱにおける温度 θ_{II} は，

$$\theta_{\mathrm{II}} = \theta_{\mathrm{I}} + \frac{Q + Q_F}{C \cdot w \cdot \Delta t} \tag{6.13}$$

となる。ここで，周辺との温度差による熱交換量と摩擦発熱を具体的に求める。時刻 t における孔壁の節点の温度を $T_{w,j}$ と表す。境界Ⅰと境界Ⅱではさまれる部分の平均温度は，θ_{I} と θ_{II} を使って $\bar{\theta} = (\theta_{\mathrm{I}} + \theta_{\mathrm{II}})/2$ と表すことができる。流体が境界Ⅰから境界Ⅱに移動するまでの間，孔壁や管表面の温度は変わらないとすれば，この間に要した時間 Δt の間に，流体セルが固体セルと交換する熱量は，

$$Q = \frac{2\pi \cdot u \cdot \Delta t}{\dfrac{1}{\alpha_{w,j} r_{w,j}} + \dfrac{1}{k_{w,j}} \ln \dfrac{r_{w+1,j}}{r_{w,j}}} \left(T_{w,j}^t - \bar{\theta}\right) \tag{6.14}$$

となる。ここに $r_{w,j}$ は孔壁や管表面のような，液体のセルと固体のセルを分ける境界の半径であり，$r_{w+1,j}$ は境界と隣り合う節点の座標，$\alpha_{w,j}$ はその境界面における熱伝達率，$T_{w,j}^t$ は境界面の個体側にある節点の温度である。式(6.14)で表される熱量は，地層中の節点における熱コンダクタンスを求めた際と同様の考察を行い，熱の流れの連続性と管表面での熱伝達係数から求められる熱量である。

循環媒体が管の中を流れることによって生じる摩擦損失による発熱量は，

$$Q_F = F / J \tag{6.15}$$

で求められる。

ここに，F は，

$$F = \frac{2 f u^2}{D} L \tag{6.16}$$

によって求められる値であり，J は熱エネルギーと力学エネルギーの換算係数である。f は，流体の粘性や流れのレイノルズ数，管表面の形状の特徴によって決

6.3 地中熱利用住宅用冷暖房システム設置の実例(The Case Example of GeoHP Utilization to Residential Housing)

まる数値であり，式(6.17)で表される。また，D は流れの代表直径であり，地中熱交換器のシミュレーションでは管の直径を取ることが多い。

$$1/\sqrt{f} = 3.2\log 10\left(Re\sqrt{f}\right) + 1.2 \tag{6.17}$$

境界Ⅱにおける温度 θ_{II} は，式(6.14)～(6.17)を式(6.13)に代入することで求められる。式(6.14)の値を計算するにも θ_{II} の値が必要となる循環参照となっている。このため，まず θ_{II} として時刻 t での値を用い，式(6.13)～(6.17)を収束するまで反復計算して時刻 $t + \Delta t$ での値を決定する。このようにして境界での温度が決定されると，熱交換井内部の節点の温度はそれらを空間的に内挿して求められる。

式(6.14)～(6.17)に現れる流体の物性値は，おのおのの節点における温度での値を用いる。また，熱伝達率や式(6.17)で求める f は，レイノルズ数やヌセルト数といった流れの特性を用いて求める。こうすることにより，流体の温度変化による熱交換性能の変化や，循環流量の変化による熱伝達特性の変化まで精度良く計算に取り入れることができる。

6.3.4 最適掘削長の決定(Drilling Design)

対象地における地下の熱伝導率分布を推定するために比抵抗法電気探査を実施した。比抵抗法電気探査は，地下の比抵抗(単位体積あたりの抵抗。単位はΩ・m)の分布を把握する目的で，地下水やトンネル，ダムの地盤調査に広く用いられている探査手法である(佐々ほか，1993)。比抵抗法探査の解析結果は，地下に存在する岩石の比抵抗に関する情報を与えるものである。一般に緻密な岩石ほど高い比抵抗を持つ傾向があり，緻密な岩石ほど熱伝導率が高い傾向にある。また，岩石はその体積中に，低いもので1％未満，高いもので20～30％程度の空隙を含んでいる。空隙が空隙のままであれば岩石の比抵抗は非常に高くなるが，空隙中に含まれる水の比抵抗が低ければ，岩石は良く電気を通す良導体となる。この性質を利用して，地下水面の位置を推定することができる。

福岡市周辺の地質は，白亜紀の花崗岩を基盤として，その上に第三紀の堆積岩が分布しており，地表から基盤までの深度が浅いことが特徴的である。花崗岩の熱伝導率は，新鮮なもので2.0 W/mK以上の高い値を示す場合が多く，熱の良導体である。したがって，花崗岩の上面深度を把握することがシステム設計上重要なポイントとなる。

図-6.3.6 に，冷暖房システム設置対象地盤の比抵抗分布を示す。

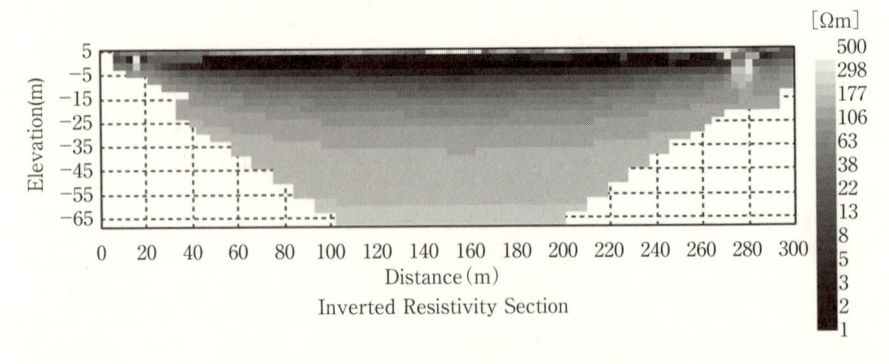

図-6.3.6　対象地点付近の地下の比抵抗構造

　対象地点の地表から深度5mまでは非常に高い比抵抗を示している。これが，空隙中を空気が満たしている不飽和帯に相当すると考えられる。深度5mから10mまでは，1Ω・m以下の非常に低い比抵抗を示している。対象地盤は浅瀬を埋め立てた人工島であることから，この低比抵抗帯が地下水面に相当し，対象地盤の地下水は塩濃度が高いと予想された。

　地下水で飽和した低比抵抗帯の下には数10Ω・mの比抵抗を示す層があり，これは第三紀の堆積岩に相当すると考えられる。深度30mよりも深い部分では深度が増すにつれて比抵抗が高くなっていく傾向が見られる。この高比抵抗が福岡市周辺の基盤岩である花崗岩に相当すると考えられる。

　比抵抗法探査の解析結果に基づいて対象地点における地層の岩種を推定し，文献に示されている一般的な熱伝導率・密度・比熱を用いて，前節で述べた地下からの採熱・排熱のシミュレーションを行い，最適な掘削長を検討した。このシミュレーションにおいては，市販の空調設備のカタログ性能からヒートポンプおよび室内ユニットの性能を求め，6.3.2項で求めた熱負荷を与えた時の，熱交換井の入口・出口温度を計算した。この計算を，熱交換井の長さと循環媒体の流量を変えながら繰り返し行い，ヒートポンプ入口温度（熱交換井出口温度）が規格の範囲に収まり，熱交換井の長さが最小となる組み合わせを求めた。地中熱交換器としては同軸型の熱交換器（Downhole Coaxial Heat Exchanger，以下ではDCHEと略）を用いることを想定した。DCHEは，図-6.3.7 に示すように二重管の構造

6.3 地中熱利用住宅用冷暖房システム設置の実例(The Case Example of GeoHP Utilization to Residential Housing)

をした熱交換器であり，外管には熱伝導率の高い鋼管を用い，内管には断熱性の高いポリブテンなどの高分子材料を用いている(盛田・松林，1986)。

図-**6.3.8**に，掘削長決定のためのシミュレーション結果の例を示す。同図に

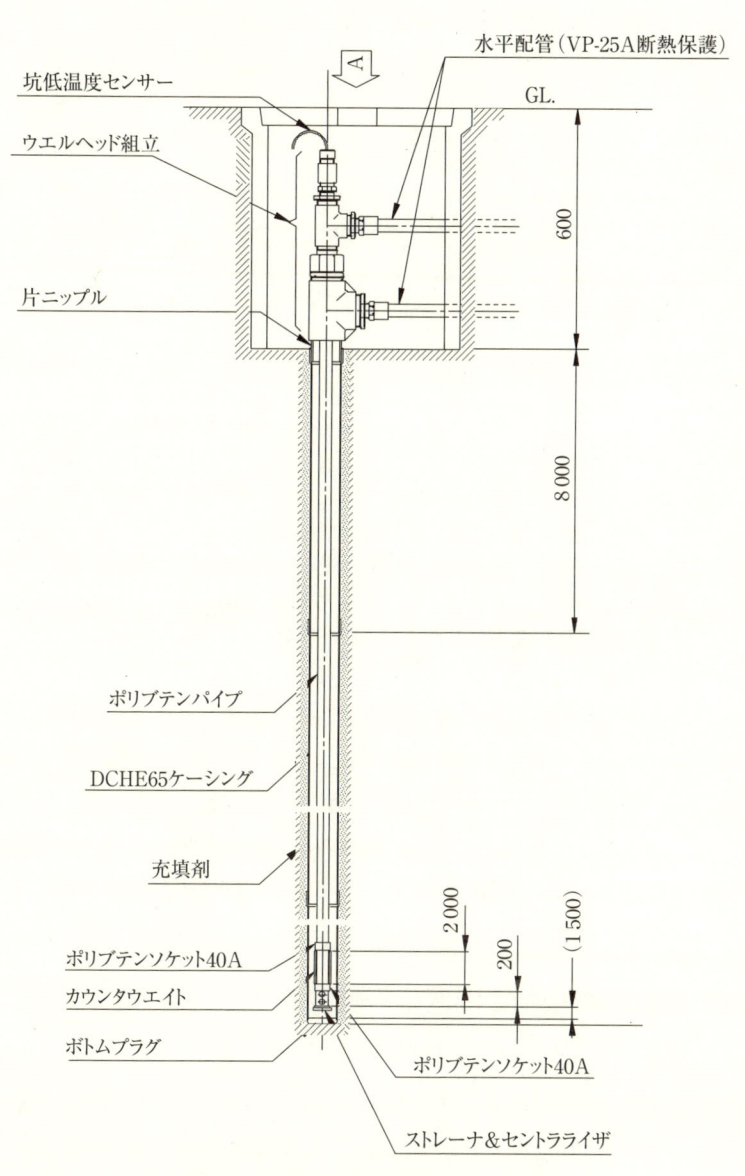

図-6.3.7 同軸型地中熱交換器の構造

は、最適と判断された掘削長 60 m、熱媒体循環流量毎分 25 l の場合の長期温度挙動を示した。この計算で仮定したヒートポンプの定格では、ヒートポンプ入口温度は − 10 〜 50 ℃ の範囲になければならない。図-6.3.8 に示した 10 年間の計算結果より、掘削長 60 m・熱媒体循環流量毎分 25 L の運転を行って、本システムは長期間にわたって安定して運転を続けられることが確認できる。

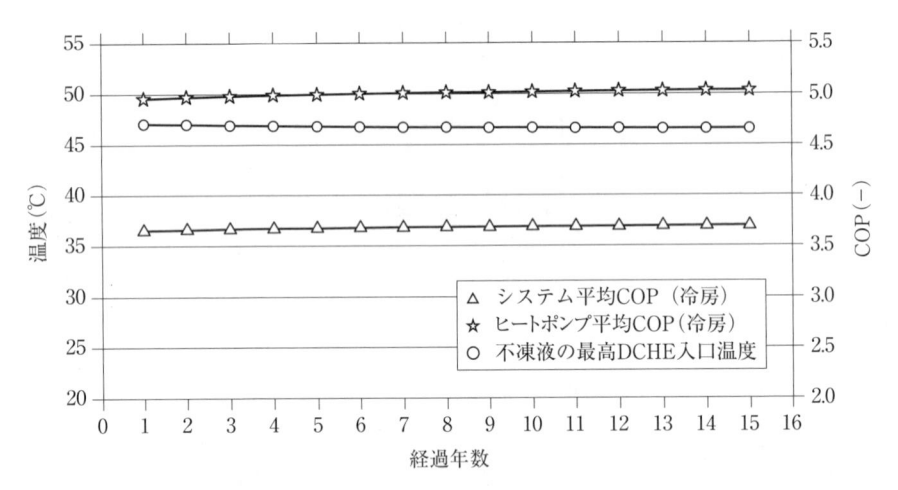

図-6.3.8 掘削長決定のためのシミュレーション結果（掘削長 60 m、熱媒体循環流量毎分 25 l の場合の長期温度および COP 予測）

　以上のように、事前に対象地盤の熱的物性値を予測し、それに基づいた長期間の運転シミュレーションを行って最適掘削長を 60 m と決定した。掘削長 60 m という数字は、地中熱利用ヒートポンプシステムの熱交換井としてはかなり短い部類に入る。熱交換井の掘削長が短くて済むのは、対象地盤の基盤である花崗岩の持つ高い熱伝導率に負うところが大きく、また、花崗岩の分布を事前に予測できたことも掘削長の短縮に役立っている。

6.3.5 熱交換井掘削と温度応答試験
　　　　（Drilling and Thermal Response Test）

　比抵抗探査の結果と熱移動シミュレーションの結果より、熱交換井の最適掘削長は 60 m と算定された。この結果に基づいて熱交換井が掘削された。
　事前の探査により、地下水の塩濃度が高いと予想されたため、熱交換井の掘削

6.3 地中熱利用住宅用冷暖房システム設置の実例(The Case Example of GeoHP Utilization to Residential Housing)

の際には，まず大孔径(径110 mm)の孔を深度11 mまで掘削し，孔をコンクリートで充填したのちにあらためてコンクリートをやや小さい径(径80 mm)で掘りぬき，DCHEが塩濃度の高い地下水と直接接触しないように配慮した。

井戸を掘削する場合には，孔壁の保護や掘り屑を回収する目的で，粘土を混ぜて比重を重くした水(泥水)を循環させるため，元の地盤の温度場が擾乱を受ける。この擾乱がおさまり，原地盤の温度場へ回復した後に，孔井内の温度分布測定(温度検層)を実施した。**図-6.3.9**に熱交換井の温度検層結果を示す。地表付近の温度は，気温の季節変化を反映して変動しているが，深度15 mよりも深い部分では，ほぼ一定の温度を示している。一定の温度を示す部分は，よく見ると深度が増えるにつれてわずかながらも直線的に温度が上昇している。これは，高温の地球深部から地表に向かって熱伝導によって恒常的に流れている熱によってできる温度プロファイルである。このようにして恒常的に流れている熱量を地殻熱

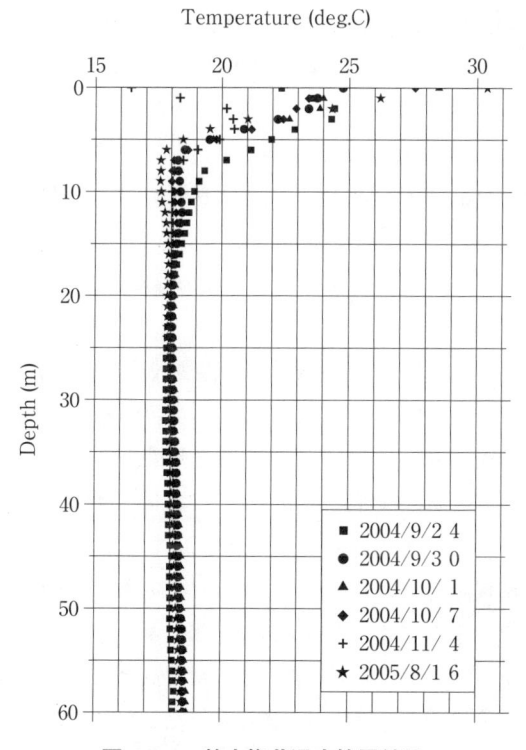

図-6.3.9 熱交換井温度検層結果

流量といい，深度の増大に伴う温度の上昇率を地温勾配という。国内においては，地温勾配は100 mにつき約3℃程度である。図-6.3.9に示した温度検層結果から地温勾配を求めると，100 mにつき約2.7℃と，やや小さめの値になっている。これは，基盤である花崗岩の熱伝導率が大きいため，同じ熱量が流れていても周辺に拡散しやすく，地層の温度上昇が小さく抑えられることを示しており，対象地点は地中熱利用に適した条件下にあることを示している。

次に，掘削した熱交換井の性能を定量的に評価するために温度応答試験を実施した。温度応答試験は，熱交換井の入口から一定温度の温水を一定流量注入する，温度一定の熱負荷を与えて行った。注入する温水の温度は40℃，循環流量は毎分30 lとした。温度応答試験を実施する前に温度検層を行い，温水循環前の地盤の初期温度分布を求めた。つぎに温水を48時間連続で循環させ，循環中における熱交換井の入口・出口・孔底の温度を連続測定した。温水の循環を停止した後に，停止から24時間おきに3回の温度検層を行った。

温度応答試験の解析には，6.2節で述べたように，熱源を線熱源と考えて地層の熱伝導率を決定する方法(非定常線熱源法)や，より精度の高い円筒型熱源関数を用いて解析する方法が一般に用いられる。しかし，ここではより詳細な地層の熱伝導率構造を求めるために，最適掘削長決定の際に用いた差分法に基づく熱移動シミュレーションを用いて解析を行った。具体的には，温水の循環開始前の初期地温分布を初期条件とし，熱交換井入口から40℃の温水を48時間循環させた場合の入口・出口・孔底の温度，および循環後の温度回復まで含めたヒストリーマッチングを行った。

図-6.3.10に，温水循環中の熱交換井出口温度履歴のヒストリーマッチングの結果を示す。同図には，地層を均一とみなした場合の熱伝導率および熱容量として，それぞれ1.9(W/mK)，2.5(MJ/m^3)を与えた場合の結果を示している。実測された温度履歴と計算値はほぼ完全に一致しており，地層の有効熱伝導率を精度良く決定できていることを確認できる。図-6.3.11には，循環停止後における熱交換井内温度の回復過程のヒストリーマッチング結果と，解析結果の熱伝導率構造を併せて示した。ここでは，比抵抗探査結果に基づき，地下を5層からなるとした場合のヒストリーマッチングを行い，成層構造を仮定した熱物性分布を求めている。以上のように詳細な熱伝導率構造を決定したことにより，システムの長期運転性能をより詳細に検討することが可能となった。

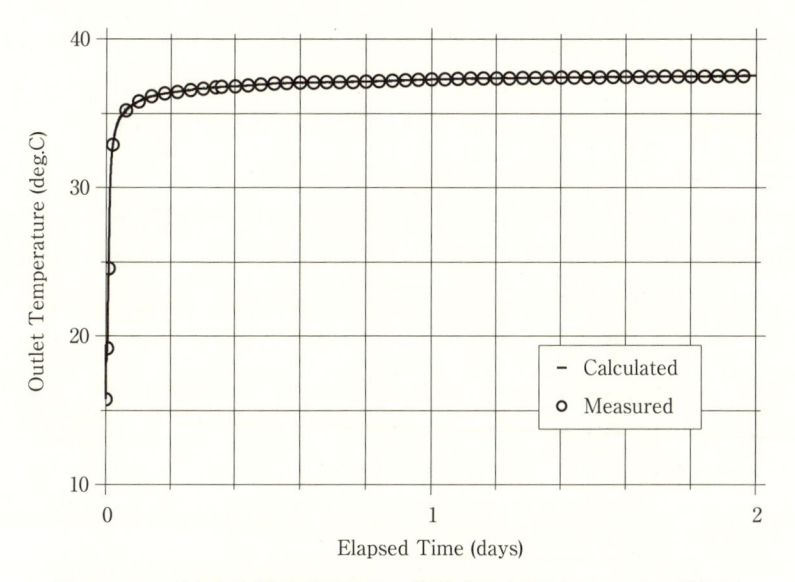

6.3 地中熱利用住宅用冷暖房システム設置の実例 (The Case Example of GeoHP Utilization to Residential Housing)

図-6.3.10 温度応答試験解析結果　循環時温度履歴のマッチング結果

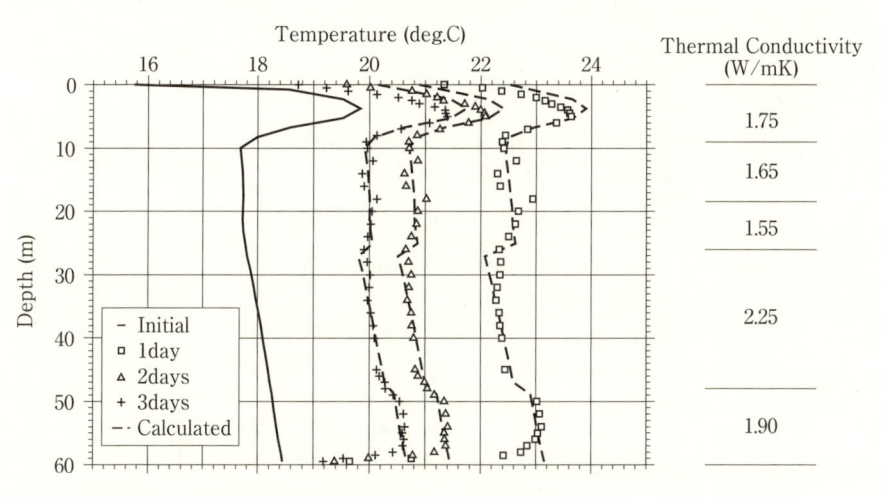

図-6.3.11 温度応答試験解析結果　回復時温度履歴のマッチング結果

6.3.6 空調設備の選定 (Selection of Air-conditioning Devices)

対象住宅の冷暖房負荷計算の結果に基づき，各部屋の室内冷暖房ユニットの容量，および室外に設置するヒートポンプの容量を決定した。

第❻章 | 快適で環境に調和した自然エネルギーの利用

　対象住宅の一階の2部屋はそれぞれキッチンとリビングルームとして利用することが想定されており，寝室として使う二階の3部屋よりも使用頻度が高く冷暖房運転の時間も長いと考えられる。これらの2部屋の最大冷暖房負荷は約4kWであったため，一階の2部屋の室内器には冷暖房能力4kWのファンコイルユニットを選定した。二階の3部屋の最大冷暖房負荷は1kW強であったため，2kW級のファンコイルユニットを選定した。

　これら5台の室内ファンコイルユニットの冷暖房運転を受け持つヒートポンプは，個別対応型4kWとマルチエアコン用8kWの2台を直列に接続した構成になっている。個別対応型のヒートポンプは，もっとも使用頻度の高いリビングルームの室内ユニットを受け持ち，マルチタイプのヒートポンプは昼間に主にキッチンの室内ユニットの冷暖房を受け持ち，夜間は二階の3部屋の室内ユニットを受け持つ。この構成は，改造の元となる市販のヒートポンプのCOPを考慮し，できる限り高いシステムCOPを出せるように考慮して決定した。図-6.3.12に，ヒートポンプユニットの内部の構成を示す。地中熱交換器から戻ってきた熱媒体は，まず個別対応型ヒートポンプで熱交換を行った後にマルチタイプのヒートポンプで熱交換を行う構成となっている。

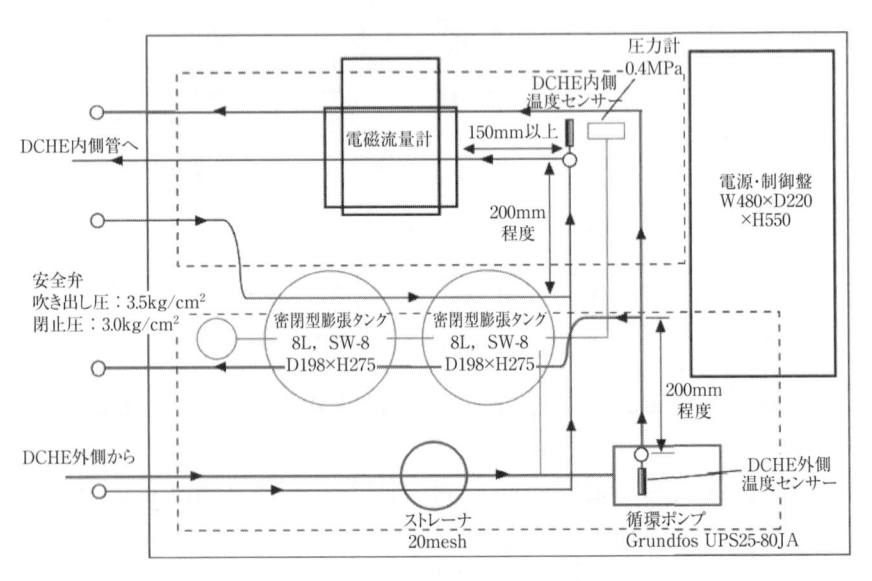

図-6.3.12　ヒートポンプユニットの構成

6.3 地中熱利用住宅用冷暖房システム設置の実例（The Case Example of GeoHP Utilization to Residential Housing）

このようにして選定した機器の性能と，熱交換井の性能を併せて再度システム性能の見積もりを行った。長期運転のシミュレーション結果から，本システムは，冷房時のシステムCOPが4.55，暖房時のシステムCOPは4.45という高い値を達成できる設計であると予測された。

6.3.7 運転実績および運用の最適化
（Results of Operation and Usage Optimization）

ここでは，以上のように設計された冷暖房システムの運転時の性能評価結果を示す。システムCOPを評価するためには，大地から取り出した採熱量（または排熱量）と，そのために消費したエネルギーを測定する必要がある。本システムでは，DCHEの入口，出口，孔底における温度と，2台のヒートポンプの消費電力，および熱媒体の循環流量と循環ポンプの消費電力を2分間隔で測定している。

暖房運転時のDCHE入口・出口における熱媒体温度変化の例を，図-6.3.13に示し，冷房運転時の温度変化の例を図-6.3.14に示す。両図に示したデータは，

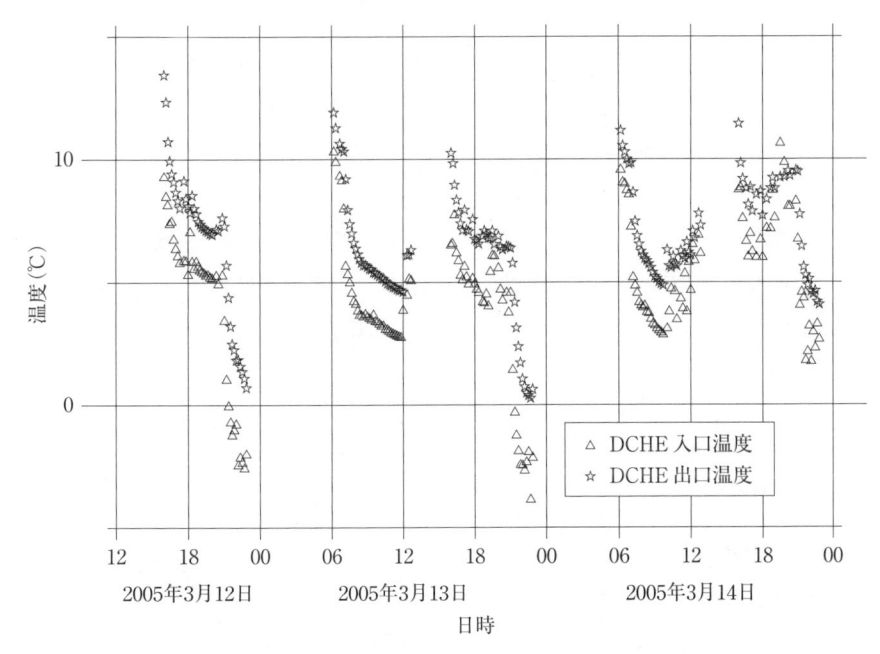

図-6.3.13　暖房運転時の熱媒体温度の経時変化測定例（運用開始1年目）

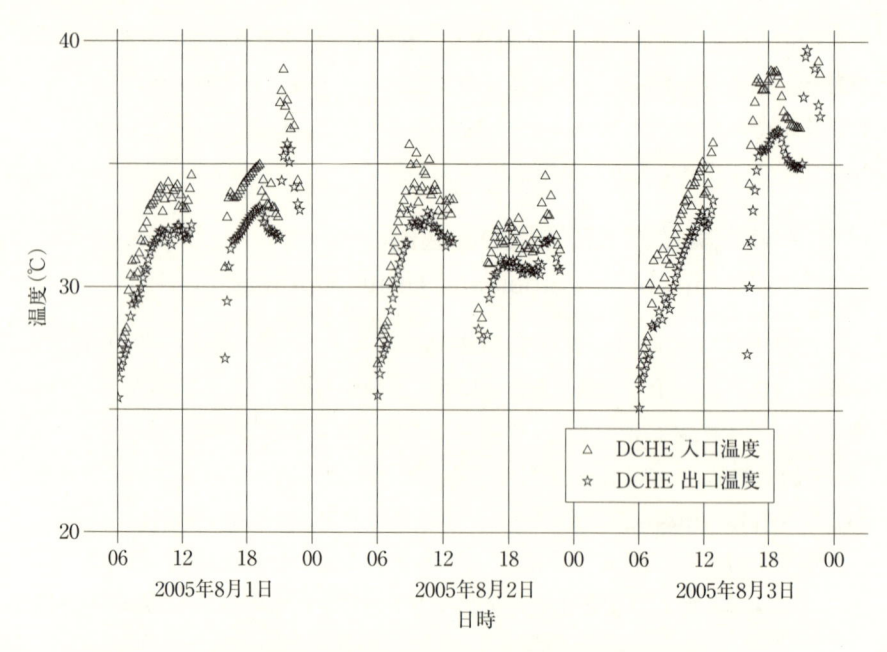

図-6.3.14 冷房運転時の熱媒体温度の経時変化測定例（運用開始1年目）

運用開始1年目のデータである。暖房時には，DCHEにより大地の熱を吸収し熱媒体が温められ，冷房時には，大地に熱を排出し熱媒体が冷やされていることがわかる。また，非運転時間の経過により，DCHE入口温度は，運転開始時の値に近づいており，良好な地層温度の回復が見られる。

運用開始後1年目の冷房期間，暖房期間のDCHE入口・出口温度の最高/最低値を**表-6.3.2**に示す。DCHE出口温度の最高値，最低値共にヒートポンプの使用温度範囲内（−10〜55℃）であり，DCHEの長さおよびヒートポンプの容量は，

表-6.3.2 運用開始1年目の熱交換井温度の最高／最低値

	暖房	冷房
DCHE最高入口温度（℃）		51.4
DCHE最低入口温度（℃）	−5.3	
平均DCHE入口温度（℃）	7.1	32.5
平均DCHE出口温度（℃）	8.9	30.8
平均比熱抽出率（W/m）	59.6	61.0

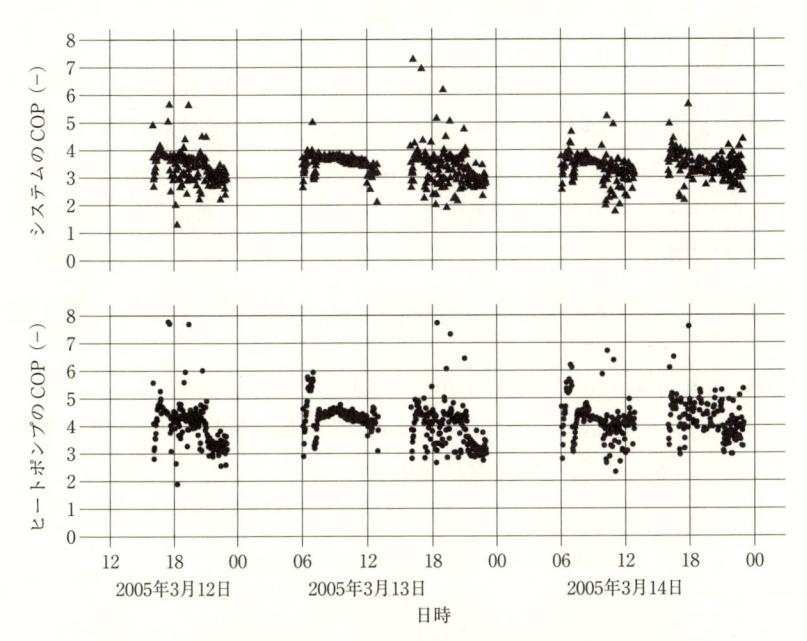

6.3 地中熱利用住宅用冷暖房システム設置の実例（The Case Example of GeoHP Utilization to Residential Housing）

図-6.3.15　暖房運転時のCOPの経時変化例（運用開始1年目）

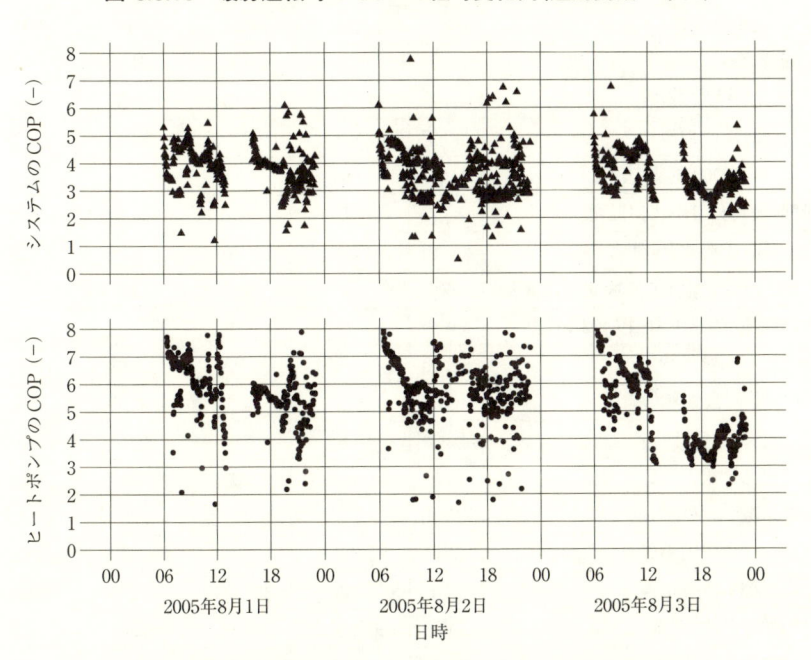

図-6.3.16　冷房運転時のCOPの経時変化例（運用開始1年目）

必要設備容量を満たしていると考えられる。

つぎに，本システムのCOPのデータを示す。図-6.3.15と図-6.3.16に，運用開始1年目の暖房および冷房運転時のCOPの経時変化を示す。COPの値は時間とともに大きくばらついているが，これは，2台のヒートポンプおよび複数の室内機の運転の兼ね合いや間欠運転により，COPを求める際の分母となる消費電力が複雑に変動することに対応している。連続運転を行うと，時間が経過するにつれ地層が熱抽出により冷やされる（暖房時）もしくは熱排出により暖められる（冷房時）ことにより，地層の熱源としての優位性が少しずつ低下し，時間の経過とともにCOPが低下していく様子が見て取れる。

つぎに，運用開始1年目におけるシステムの運用実績と設計値の比較を，**表-6.3.3**に示す。本システムが1年目に達成したシステムCOPは，期間を通じた平

表-6.3.3　運用開始1年目の運転特性

項目	単位	暖房(実測)	設計	冷房(実測)	設計
平均ヒートポンプCOP	−	4.11	4.92	4.86	6.02
平均システムCOP	−	3.39	4.55	3.53	4.47
運転時間	hour	350	3 617	618	1 020
平均DCHE入口温度	deg.C	7.1	2.6	32.5	22.6
平均DCHE出口温度	deg.C	8.9	3.7	30.8	22.1
最低/最高DCHE入口温度	deg.C	−5.3	−7.6	51.4	30.2
最低/最高DCHE出口温度	deg.C	−1.5	−5.4	46.1	28.3
合計DCHE熱抽出/注入量	kWth	1 241	10 289	2 241	1 139
合計ヒートポンプ付加熱量(電力消費量)	kWth	405	2 623	376	161
合計循環ポンプ圧力損失による発熱	kWth	20	16	35	4
合計システム熱供給量	kWth	1 666	12 927	1 830	975
ピーク負荷(最大熱供給)	kWt	13.7	7.1	11.5	6.5
平均負荷(運転時)	kWt	4.8	3.6	3.0	1.0
合計制御計電力消費量(運転時)	kWeh	16	90	16	26
合計循環ポンプ電力消費量	kWeh	71	44	125	13
合計システム電力消費量(運転時)	kWeh	492	2 839	518	218
平均制御系消費電力	kWe	0.0454	0.0250	0.0265	0.0250
平均循環ポンプ消費電力	kWe	0.203(暫定)	0.035	0.203	0.031
平均熱抽出率(採熱率)	W/m	59.6	47.3	61.0	18.7

6.3 地中熱利用住宅用冷暖房システム設置の実例(The Case Example of GeoHP Utilization to Residential Housing)

均で暖房3.4, 冷房3.5であり, 現在市販されている空気熱源エアコンと遜色ない値であった。

本システムが運転1年目に達成したシステムCOPは, 空気熱源エアコンと比較して遜色ない値であったが, それでも設計値には及ばなかった。そこで, 1年目の運転時のデータを詳細に検討し, 運用に問題がなかったか確認した。具体的には, システムの熱出力とヒートポンプCOPの関係を, 運転時の熱源温度(冷房

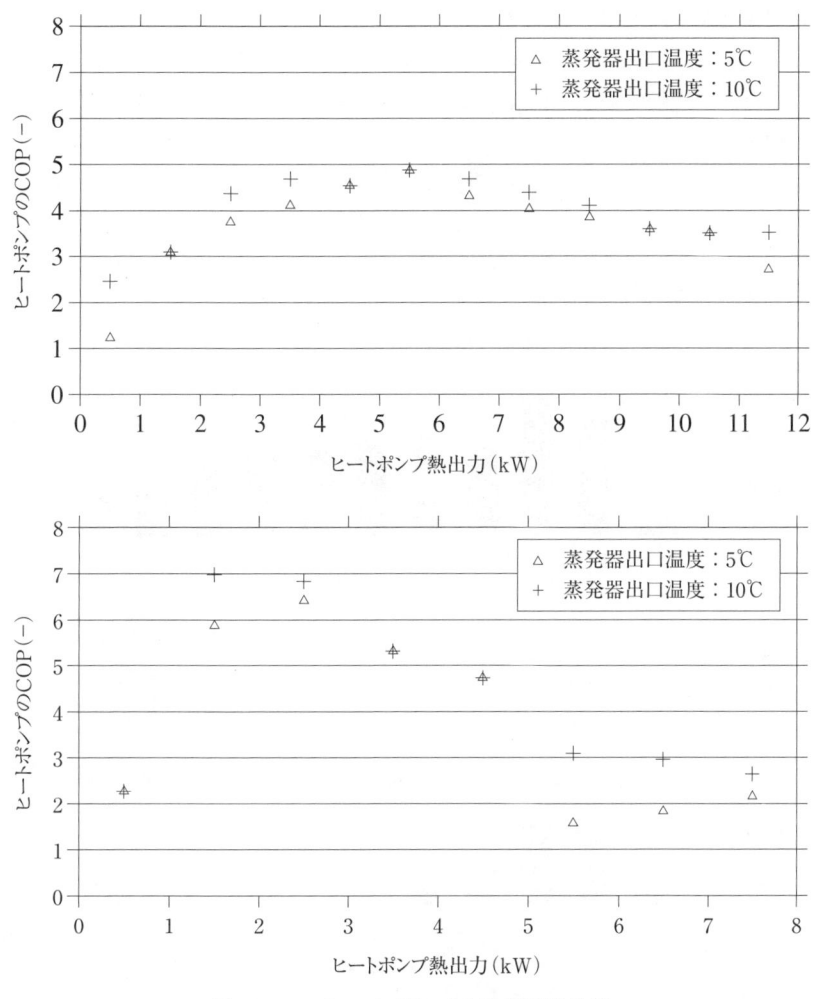

図-6.3.17　ヒートポンプの性能特性曲線

時にはDCHE出口の熱媒体温度，暖房時にはDCHE入口の熱媒体温度）ごとに整理し，ヒートポンプの特性曲線を作成した．つぎに，システムの熱出力と積算熱供給量の関係を整理し，本システムがどのくらいの熱出力で使われることが多かったかについてまとめた．その結果，暖房運転時に運用上の問題が見つかった．

図-6.3.17に，暖房運転時のヒートポンプの特性曲線を示す．これより，個別対応型ヒートポンプの方がマルチタイプのヒートポンプよりも高いCOPで運転していることがわかる．これは，2台のヒートポンプを直列につなぎ，まず個別対応型ヒートポンプが熱交換を行うため，マルチタイプのヒートポンプが熱的に不利な条件で稼動することに対応している．個別対応型ヒートポンプは，熱出力2〜3kWで運転する場合に最も高いCOPを出し，定格の4kWを越える熱出力で運転すると急激に性能が低下することがわかる．一方，マルチタイプのヒート

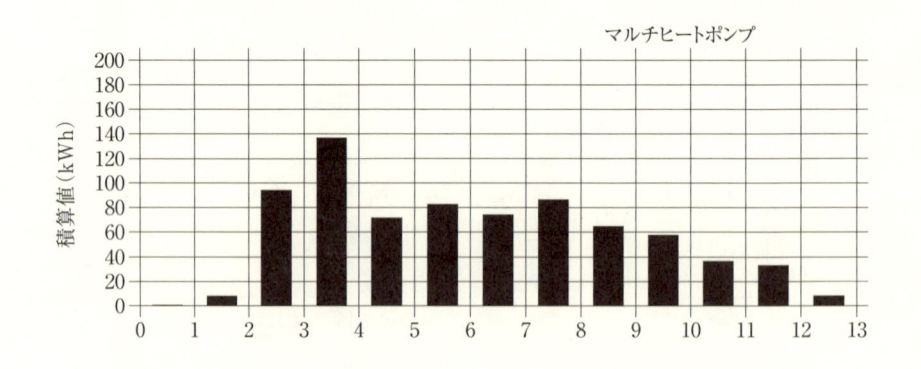

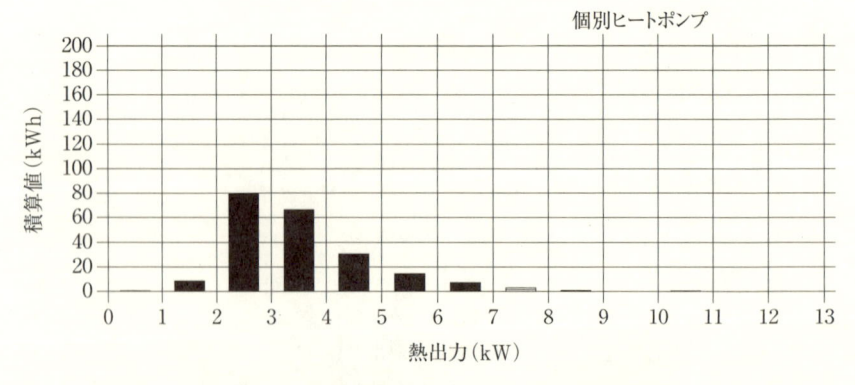

図-6.3.18　暖房運転時の熱出力別積算熱出力値

6.3 地中熱利用住宅用冷暖房システム設置の実例 (The Case Example of GeoHP Utilization to Residential Housing)

ポンプは，熱出力 4 kW で運転するときに最も高性能を発揮し，8 kW を超えると性能が低下することがわかる。

図-6.3.18 に，暖房運転時における熱出力別の積算熱出力値を示す。これより，より性能の低いマルチタイプのヒートポンプを，その性能が低下する熱出力で長時間運転していたことがわかる。このことが設計値よりも低い COP を出した原因の一つであると考えられた。したがって，システム COP を向上させるには，より性能の高い個別対応型ヒートポンプが，熱出力 2～3 kW で運転する時間が長くなるような運用の改善が必要であると考えられた。

このほか，熱媒体の循環流量を変えた場合の運転挙動予測シミュレーションを行うなど，システム運用の改善を行った。その結果，2 年目の冷房運転時には，全期間を通じてほぼ設計どおりの性能で運転を行うことができた。図-6.3.19 に，冷房運転 2 年目のシステム COP (瞬時値) を示す。全期間を通じての平均 COP は，ヒートポンプ COP が 6.1，システム COP が 4.5 という値となった。この値は設計値とほぼ同じ値であり，最適なシステム運用を行うことができたことを示してい

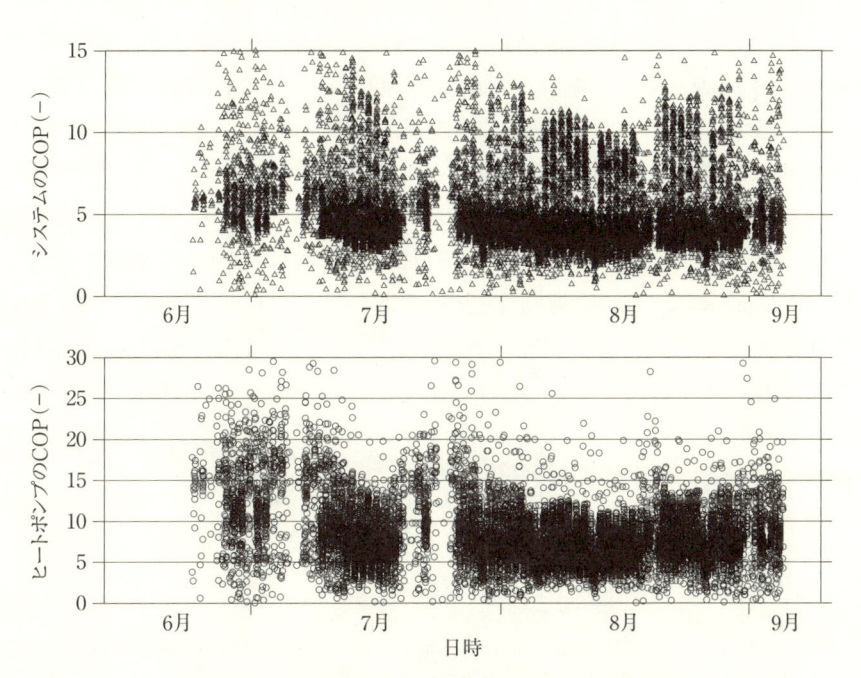

図-6.3.19　冷房運転 2 年目のシステム COP (瞬時値)

る。また，システム COP4.5 という数値は，これまでに国内で公表された地中熱利用冷暖房システムの中で最高値であり，最適な設計を行うことができたことを証明するものである。

6.3.8 おわりに（Concluding Remarks）

　以上，福岡市における住宅用冷暖房システムに地中熱を利用した実例について紹介した。本システムは，地下探査技術と熱移動シミュレーション技術を用いて慎重に設計され，2 年間の運転によってその性能評価がなされた。その結果，1 年目の運転では設計値よりも低い運転性能であったが，運転時のデータに基づく運用の最適化を行ったことにより，設計値どおりの高いシステム COP を達成することができた。

　本システムがきわめて高いシステム COP を達成できた要因は，探査技術と熱移動シミュレーション技術を併用した慎重な設計に負うところが大きい。地中熱を利用した冷暖房システムにおいては，地下を熱源とするが，地下の構造や物性は目に見えないものであるため，その設計には必然的に不確実性を伴うものである。本システムの設計には地下探査技術を利用したが，今後の地中熱利用冷暖房システムの普及を考えた場合，個別の設置対象地点ごとに地下探査を実施することはかえってコストの増大を招くであろう。しかしながら，地下の物性値に関する情報は地中熱利用冷暖房システムにとってきわめて重要なパラメータであり，利用できる情報（例えば設置対象地点の付近で行われた調査ボーリングの結果など）は最大限利用すべきである。また，地下水の流れは熱交換井の性能を大きく向上させる要因であるが，堆積盆中での地下水の流れは，既存の情報（例えば平野全体の井戸の掘削結果など）から概略推定することが可能であるし，基盤岩の上面深度は，断層がないかぎりそれほど大きくは変化しない。このような地下に関する情報を蓄積していくこと（温度応答試験結果のデータベース化などもこの範疇に入る）は，地中熱利用冷暖房システムの普及に大きく貢献するものであって，その整備が望まれる。

参考文献

1) Clauser, C. : Influencing factors for the desirability of geothermal energy, Proc.67th Jahrestagung der Deutshen Geophysikalischen Gesellschaft, CD-ROM, 2007

6.3　地中熱利用住宅用冷暖房システム設置の実例(The Case Example of GeoHP Utilization to Residential Housing)

2) 日本地熱学会 IGA 専門部会:地熱エネルギー入門, pp.1-38, 2006
3) 清水幸丸編著:再生型自然エネルギー利用技術, pp.1-249, パワー社, 2006
4) 藤井 光:講座「地中熱利用ヒートポンプシステム」温度応答試験の実施と解析,日本地熱学会誌, 28, pp.245-257, 2006
5) Hellström, G.：Thermal influence between neighboring boreholes, presentation material of 3rd Workshop of IEA Annex 29, Sapporo, Japan, 2007
6) Ingersoll,L.R., Zobel,O.J. and Ingersoll,A.C.：Heat conduction with engineering, geological, and other applications. McGraw-Hill, New York, p.325, 1954
7) 岩田宜己, 小林利文, 深谷三郎, 横原恵一, 新堀雄一:地下水流動を考慮した地中熱利用ヒートポンプの実証試験, 日本地熱学会誌, 27, pp.307-320, 2005
8) 大岡龍三:講座「地中熱利用ヒートポンプシステム」建物基礎杭を利用した地中熱空調システム, 日本地熱学会誌, 28, pp.431-439, 2006
9) 柴 芳郎:講座「地中熱利用ヒートポンプシステム」地中熱ヒートポンプの構造と特徴, 日本地熱学会誌, 27, pp.263-272, 2005
10) 矢部 博:工学基礎 最適化とその応用, 数理工学社, 2006
11) 佐々宏一, 芦田 讓, 菅野 強:建設・防災技術者のための物理探査, 森北出版, 1993
12) 山口謙太郎, 松藤泰典, 小山智幸, 小山田英弘:イタコルマイト組織のアナロジーによる重ね梁の損傷限界曲げ耐力および初期剛性, 日本構造学会構造系論文集, No.591, pp.153-160, 2005
13) 林 徹夫:マイコンによる住宅の多数室室温変動・熱負荷計算システムの開発, 住宅総合研究財団研究年報, No.20, pp.337-346, 1992
14) 盛田耕二, 山口 勉, 唐澤広和, 速水博秀:地熱孔井内温度解析プログラムの開発と検証−地熱井内外の温度挙動の解析(第1報)−, 日本鉱業会誌, No.100, pp.1045-1051, 1984
15) 盛田耕二, 松林 修:坑井内同軸熱交換器の性能に及ぼす主要設計諸元の影響−坑井内同軸熱交換機に関する研究(第1報)−, 日本地熱学会誌, 第8巻, 第3号, pp.301-322(1986)

第7章 スループットでみる健康建築

7.1 スループット方程式と健康建築

7.1.1 定常状態における豊かさ W の増大

　経済学者ミルは，持続可能性という言葉が登場する遥か以前，1848年の「経済学原理」[1]において，人口と物理的ストックの増加がゼロであるのに，技術と倫理は継続的に改善していくような状態を「定常状態」という言葉で表現している。

　持続可能な発展の類語として，「持続可能な成長(Sustainable Growth)」という言葉があるが，成長が経済成長を指すとすれば，時間の経過とともに経済がそれを内包する生態系よりも大きくなってしまうことは避けられない。そのような事態は起こりえないことを我々は本能的に理解しているが，現在起きている環境問題は，経済システムがこの制約条件による上限を外部化していることから生じている。京都議定書のような国際的取り決めは，外部化されている制約条件を内部化する試みでもある。言い換えれば，人間がつくり出した人工資本が制約条件である「空っぽの世界」から，残された自然資本が制約条件となる「充満した世界」へ移行する過渡的な状況と見ることもできる。定常状態である「充満した世界」は，その経済システム内の物質とエネルギー(物理的スループット)が成長しない世界である。この状態を持続可能な状態とすれば，持続可能な発展とは成長無き発展であり，量的増加を伴わずに，質的改善が行われる状態ということになる。

　松藤らが提案するスループット方程式では，スループットは豊かさ W と環境負荷 D (従来の物理的スループット)の差[T(スループット) = W(豊かさ) − D(環境負荷)]と，通常の経済学上のスループットとは異なった定義がなされているが，これは空っぽの世界の経済システム成長の評価軸であったスループットを，定常状態における質的改善を評価できるよう拡張する脱物質化の試みと見ること

もできる。定常状態では生態系の制約から物理的スループットの増大は不可能であり、むしろ物理的スループットを減ずる努力が必要であるが、一方で質的改善を通じて豊かさを追求できる別の尺度が必要であり、それを W としている。

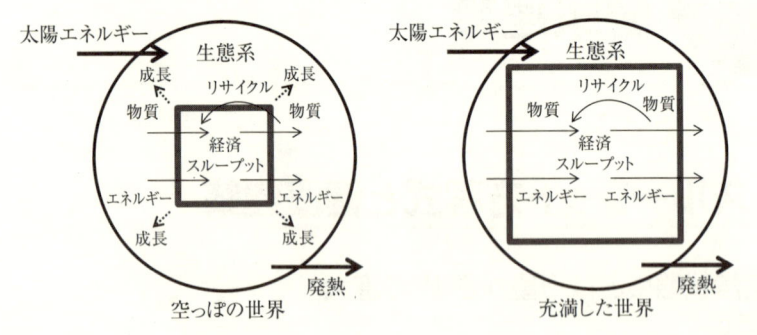

図-7.1.1　生態系という制約条件のある経済システム（文献2）に著者加筆

7.2 スループットシミュレーター

7.2.1 スループットシミュレーター

　スループット方程式は、持続可能な建築と都市を評価する基礎方程式として提案されたものである。この方程式を使用し、具体的な建築や都市を評価したり、最適なモデルを模索し政策提案を行ったりするために構想されたのが都市スループットシミュレーターである。これまでの導入対策評価は、技術の開発目的に沿った効果が分かりやすいよう、影響の範囲と評価軸を限定して進められてきたが、建築や都市システム全体における影響を評価するには、システム内の要素相互の影響を最大限に考慮しなければ、システムにおける効果を過大、もしくは過小に見積もる危険がある。この危険性を回避するには、各要素の相互関係を考慮したシミュレーションモデルの構築が求められる。

　スループット方程式は建築や都市システムにかかわる広範囲を対象としている。人口やその他の社会変動を基礎的な入力とし、住環境として材料の製造、建設、維持・メンテナンス、除却という住宅のすべてのライフサイクルを対象とし、そこで行われる住まい手のライフスタイルも評価対象としている。その上位空間としての都市空間では、材料調達、都市構造、リサイクルに関する社会システム

から交通といった都市的な取り組みを対象とする。さらにそれらを内包する自然環境として，採集可能な自然として人工林，その他の自然や気象を対象としている。これらの計算の結果として，建築環境や都市環境にかかわる技術の感度分析，あるいは環境に関する倫理といった，環境・経済政策評価をアウトプットとして導き出す。

メドウズ「限界を超えて——生きるための選択」[3] では，世界の環境容量と経済活動をシミュレートする方法として，システム・ダイナミクス(SD)を採用し，World 3 という世界モデルを構築しているが，都市スループットシミュレーターでも同様にシステム・ダイナミクスの手法を採用している。

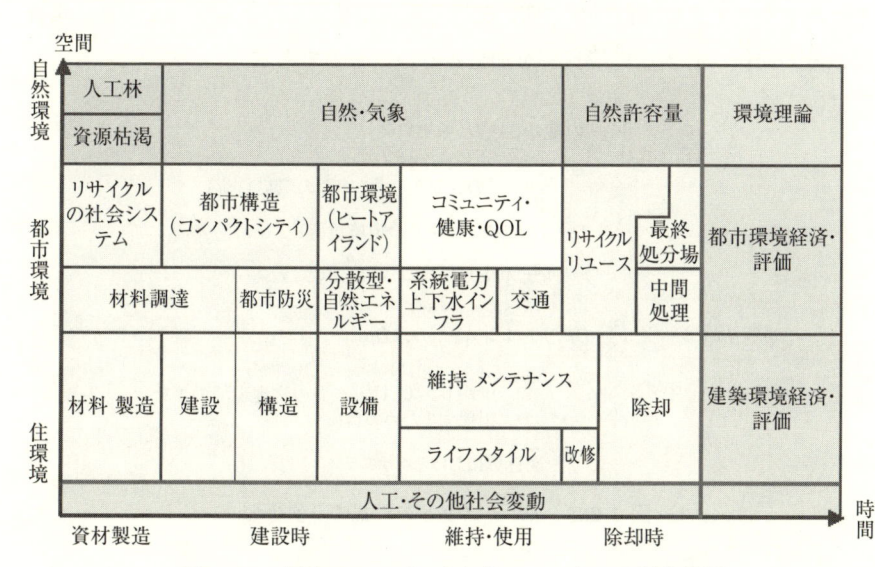

自然環境	人工林					自然許容量		環境理論
	資源枯渇		自然・気象					
都市環境	リサイクルの社会システム	都市構造(コンパクトシティ)	都市環境(ヒートアイランド)	コミュニティ・健康・QOL		リサイクルリユース	最終処分場	都市環境経済・評価
	材料調達	都市防災	分散型・自然エネルギー	系統電力上下水インフラ	交通		中間処理	
住環境	材料製造	建設	構造	設備	維持 メンテナンス		除却	建築環境経済・評価
					ライフスタイル	改修		
	人工・その他社会変動							
	資材製造	建設時		維持・使用		除却時		

図-7.2.1 都市スループットシミュレーターの対象範囲

7.2.2 スループット方程式の一次近似

スループット方程式を解くためには，W，豊かさを定量化する必要があるが，現時点ではその方法論を確立するに至っていない。そこでスループット方程式の近似値を求める代替案が示されている。

リファレンスモデルとして，開発中の技術や検討中の政策を組み込んだモデルや，「京都議定書達成モデル」，「1990年比 - 50%モデル」といったターゲットリファレンスモデル(目標)を設定する。このリファレンスモデルの環境負荷(Dr)

と現状や評価対象技術を取り入れた対象空間の環境負荷（Do）との差がスループット（T）となる。現時点では，リファレンスモデルと現状を比較すると，スループットはマイナスからスタートすることになるが，それをプラスに転じ，さらに増加させる戦略を求めることになる。

スループットを最大化する戦略として，生活のレベルや維持すべき物理的環境（温熱環境や空気質，1人当たりの居室面積など）を低下させることも選択肢として取り得るが，現状では極めて難しい。平時においては，省エネルギーによる生活レベルの低下を人々が受け入れるのは極めて困難であり，現時点では物理的な環境を担保するペナルティーを設けて一定以上の水準を維持するようにしている。ペナルティーは評価対象空間における物理環境がリファレンスより劣る場合に，その回復に必要な環境負荷を加えるというものである。

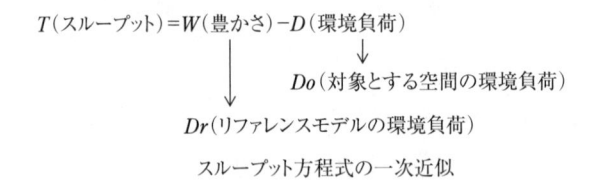

$$T(スループット) = W(豊かさ) - D(環境負荷)$$
$$\downarrow$$
$$Do(対象とする空間の環境負荷)$$
$$\downarrow$$
$$Dr(リファレンスモデルの環境負荷)$$

スループット方程式の一次近似

$$T(スループット) = Dr(リファレンス) - (Do + Dp)$$
$$\downarrow$$
リファレンスと対象空間の物理環境の差を担保するための負荷

一次近似におけるペナルティ

図-7.2.2　スループット方程式の一次近似

7.2.3 スループットシミュレーターの試作

スループットシミュレーターの作成は，対象範囲を一つ一つモデル化し，共通の要素の抽出，要素間の関連性などをフィードバック関係の定義を行いつつ進めることになる。都市や建築という住空間システム全体に及ぶシステム・ダイナミクスモデルを構築するには，関連する各分野の専門家の協力が不可欠である。ここではモデル構築手順および協働体制を確認すること，さらに住空間をシステムとして理解することを目的に，九州大学人間環境学府の授業「建築環境システム学特論」の一環として，履修学生とともに各分野のシステム・ダイナミクスモデル

7.2 スループットシミュレーター

セクタは① 建設・補修セクタ，② 除却・資材再生セクタ，③ 生活時住宅内エネルギーセクタ，④ 下水インフラ・分散処理セクタ，⑤ 都市エネルギーセクタ，⑥ 交通セクタ，の6つのセクタを修士1年生2名からなるグループで担当しSDモデルを作成する。各グループは15分程度の発表後，ディスカッションを行い最終モデルを提出する。全体をまとめる作業は講師側で行い，講評時に発表した。
（後期通常授業の後半部分をこの作業に当てている）

SDセクタ構築の作業手順

第1週　主旨説明と課題出題
第2週　SDの概念と例題解説
第3週　発表（グループ①～③）
第4週　発表（グループ④～⑥）
第5週　討論と講評

図-7.2.3　SDセクタ構築の作業手順

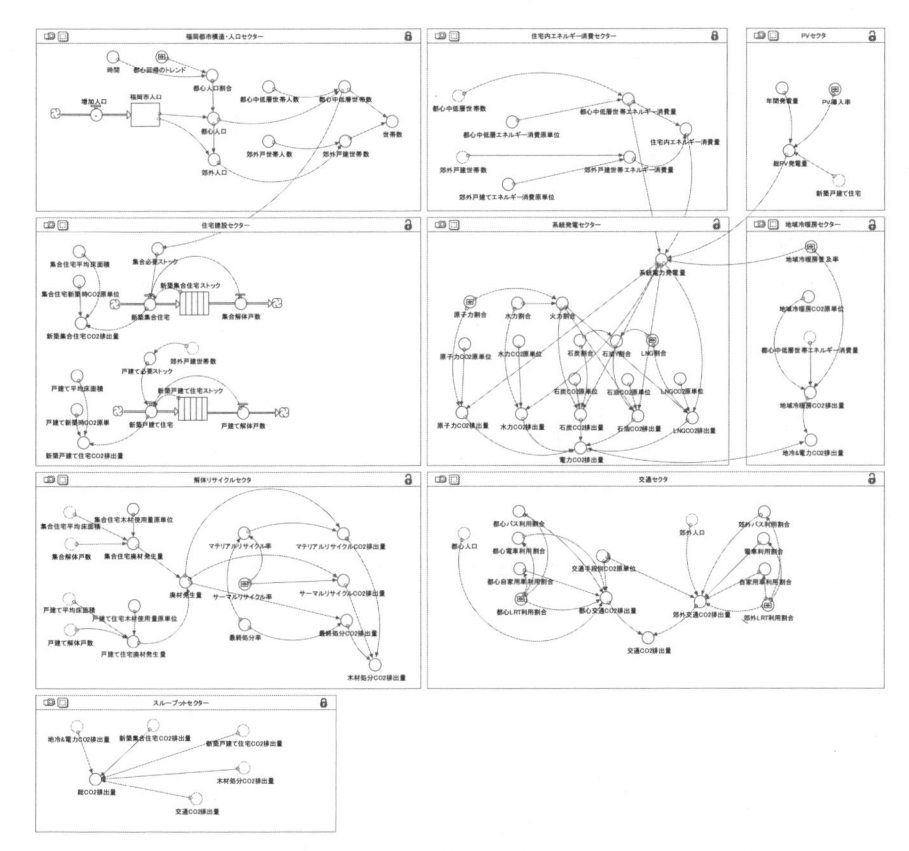

図-7.2.4　SDを用いた住宅開発モデル構築ツールイメージ

(セクタ)構築を行った。**図-7.2.4**に構築したシステム・ダイナミクスのモデルを示す。

モデルの妥当性については更なる検討が必要であるが，日頃の研究では対象にしない要素が与える影響について検討し理解する良い機会になったようである。

参考文献
1) John Stuart Mill：Principles of political economy:with some of their applications to social philosophy, John W. Parker, 1848
2) ハーマン・E・デイリー：持続可能な発展の経済学, みすず書房, 2005
3) ドネラ・H.メドウズ, デニス・L.メドウズ, ヨルゲン・ランダース：限界を超えて―生きるための選択, ダイヤモンド社, 1992

索　　引

■あ行

亜寒帯　51
アクティブ・コントロール　58, 76, 78
アクティブ・システム　51
アーコサンティ　56
アスベスト　24, 28
アトリウム　60, 61, 62
亜熱帯　51
アーバン・ファイア・シャッター　87
アレルギー性疾患　19, 20, 22
アレルゲン　19
アンビエント照明　127

維持保全　125
移住生活　35
石綿　24, 28
稲作　35
入れ子構造　40
インバータ　48, 65
インバランス　18

ウィトルウィウス　2
ヴィレッジ・ホームズ　56
上野原遺跡　34
運動不足　17

エアフローウィンドウ　58
エコロジカル・デザイン　85
エネルギー　46
エネルギー基本計画　72
エネルギー基本法　72
エネルギー・フロー　45
猿人　33
円筒型熱源関数　154
エントロピー　46

音響性難聴　25
温室効果ガス　36
温帯　51

温度応答試験　152, 153, 154, 155, 160, 180

■か行

外気冷房　58
開放型(室内環境の)　37
改良保全　125
化学的環境因子　16
化学物質過敏症　21, 22, 28
拡散照明　127
花崗岩　165, 166, 168, 170
化石エネルギー　142
カビ　19, 20
環境エネルギー　58
環境汚染　17
環境改変　35, 39
環境教育　107
環境共生デザイン　56
環境効率　73, 74
環境騒音　90, 94, 102, 103, 104, 108
環境破壊　17
環境ホルモン　29
環境容量　41, 48, 74
緩衝建物　103

基礎杭　147
揮発性有機化合物　21
旧人　33
旧石器時代　34
局部照明　127
局部的全般照明　127
許容騒音レベル　100, 101

空間システム　40
空気調和　39
空気熱源エアコン　141, 142
空気熱源空調システム　141
グラウト材　147, 153
クリフパレス　35

頚肩腕障害　24
珪砂　147
健康管理　23
原人　33
建築環境システム　40

公害問題　28
高齢化率　42
コルチゾール　117，118，119
コンパクトシティ　56，79

■さ行
災害性腰痛　23，24
採集狩猟生活　17
再生可能エネルギー　142，143
サーカディアンリズム　117，119
作業環境管理　23
作業管理　23
サステナブル・デザイン　86
三内丸山遺跡　34

指向性照明　127
事後保全　125
シックスクール症候群　20，28
シックハウス症候群　20，21，22
シックビル症候群　20，28
システム・ダイナミクス(SD)　185
自然エネルギー　58，139，143
自然満足度曲線　5
冷媒自然循環型　65
持続可能性　2
持続可能な開発　6
持続可能な成長　183
社会的環境因子　16
住生活基本計画　84
省エネ法　51
障害光　122，132
縄文海進　36
縄文時代　34
初期照度補正　124
職業性障害　17
職業性難聴　25
食糧汚染　29
自律神経失調症　26

新エネルギー　58
新人　34
身体機能の低下　17
振動　29，30
振動障害　25
じん(塵)肺　23，24，28
心理的減音効果　105

水圏　46
水素エネルギー社会　45
スループットシミュレーター　184
スループット方程式　74

生活公害　17
生活習慣病　15，17
生活の質　22
成績係数　145，151
生態圏　46
生体リズム　115，117
生物学的環境因子　16
生物学的進化　18
線源関数　154
喘息　21
全般照明　127

騒音　29
騒音伝搬　92，93
騒音評価システム　90，98，100，101
騒音に係る環境基準　94，95，97，97
騒音マップ　98，103，108

■た行
ダイオキシン　29
大気圏　46
大気組成　35
大空間空調　64
タスク・アンビエント照明　127
タスク照明　127
ダニ　19，20
断熱気密　49，53，54，55
単発騒音曝露レベル　93

地域冷暖房システム　62，66
地温勾配　140，170

索引

地殻熱流量　169
地下水流れ　153，154
地球温暖化　141
地球環境・建築憲章　6，7
地球環境サミット　6
地球環境問題　46
蓄熱　141
蓄冷効果　53
地圏　46
地中熱　139
地中熱利用　170
地中熱交換井　147，148，149，152
地中熱交換量　152，153，155
地中熱利用ヒートポンプ　143，145，149，168
地中熱利用冷暖房システム　141，142，143，156，157，158，180
地熱エネルギー　139

通風利用　54

定住生活　35
定常経済　5
低層遮音壁　102
デカップリング　9
デーリーの三原則　3
電磁波　27，30
転倒　22
電灯照明　39
転落　22

等価騒音レベル　91，92，93
同軸管　147
道路交通騒音　90，93，95，96，97，98，101，104
土着住居　36
トレードオフ論　10

■な行

ナイトパージ　58
内分泌攪乱物質　29
ナチュラル・ステップ　3

日射遮蔽　49，53，54，55
日射利用　54

ヌセルト数　165

ネイチュア・ファイア・シャッター　87
熱移動シミュレーション　160，161
熱源方式　68
熱コンダクタンス　162，164
熱中症　19
熱伝達係数　164
熱伝導率　157
熱媒体　147，148，149
熱併給発電　45
燃料電池　45

農耕　34，35
脳卒中　18

■は行

肺がん　28
排水性舗装　92
排熱効果　53
発がん作用　29
発がん物質　21
発がん性物質　26
パッシブクーリング　53
パッシブ・システム　51，56
パッシブ・デザイン　54，58，76，85
バランス・シート　41，48

光害　122，123
光受容器　115，116，117，119
非災害性腰痛　23，24
比抵抗　165
比抵抗法電気探査　165
非定常熱伝導方程式　160
ヒートアイランド現象　141，143，145
ヒートポンプ　40，46，58，69，139，140，141，144，145，146，149，151，155，168
標識音　89
標識音　106
ビル管法　66，78

ファシリティーマネジメント　60
プエブロ・ボニート遺跡　39
複雑系　40

索引

物理的環境因子　16
フリー・アクセス・フロア　60
ブルントラント委員会　3
文化的進歩　18
分散型エネルギーシステム　45

閉鎖型(室内環境の)　37
平地住居床付き　53
ベストミックス　63

ホルムアルデヒド　21, 22
香港上海銀行　59, 60

ま行

摩擦損失　164

見かけ熱伝導率　153, 154, 155
ミランコビッチ・サイクル　35, 36
未利用エネルギー　58

メラトニン　117, 118
面的評価　94

漏れ光　122
モンスーン気候　51

■や行
床吹出し空調　60
ユニットパターン　93
ユニバーサルスペース　60

予防保全　125

■ら行
リオ宣言　6

冷暖房負荷　157, 159
レイノルズ数　164, 165
冷媒　149, 151
冷媒自然循環型　65
冷房病　26

労働衛生管理　23

■欧　文
21世紀型海進　36

A特性パワーレベル　91, 95

BEE　73
BREEAM　75

CASBEE　73
CDM　11
COP3　6

DCHE　166, 169, 173, 174, 178

ESCO　79

FCCC　71

GIS(地理情報システム)　90, 97, 98

IEA　79
IPCC　46
IPP　72
IPPC　71

L錐体　116, 117

M錐体　116

Our Common Future　3

PPS　72

S錐体　116, 118

U字管　147, 148

VDT(Visual Display Terminals)　27

WHO(世界保健機構)　1, 74

— 192 —

持続都市建築システム学シリーズ

健康建築学
――健康で快適な建築環境の実現に向けて――

定価はカバーに表示してあります。

| 2007年11月25日　1版1刷発行 | ISBN 978-4-7655-2508-4 C3052 |

著者代表　　渡　辺　俊　行
　　　　　　高　口　洋　人

発行者　　　長　　　滋　彦

発行所　　　技報堂出版株式会社

日本書籍出版協会会員
自然科学書協会会員
工学書協会会員
土木・建築書協会会員

〒101-0051　東京都千代田区神田神保町1-2-5
　　　　　　　　　（和栗ハトヤビル）
電　話　　営　業（03）（5217）0885
　　　　　編　集（03）（5217）0881
　　　　　Ｆ Ａ Ｘ（03）（5217）0886
振替口座　00140-4-10
http://www.gihodoshuppan.co.jp/

Printed in Japan

Ⓒ Toshiyuki Watanabe and Hiroto Takaguchi, 2007　組版 ジンキッズ　印刷・製本 技報堂

落丁・乱丁はお取り替えいたします。
本書の無断複写は、著作権法上での例外を除き、禁じられています。

◆ 小社刊行図書のご案内 ◆

持続都市建築システム学シリーズ
世代間建築

松藤泰典 著
A5・198頁

【内容紹介】建築について，その耐久性と耐震性を確保することは，今，ここにいるわたしたちに対して安全と安心を与えると同時に，多くは会わないであろう未来の世代に対する責任でもある。このような視点に立つ考え方を世代間倫理と言い，この考え方に基づく建築が世代間建築である。本書は，「持続可能（Sustainable）」という21世紀COEのテーマを，建築における"持続可能な消費（Sustainable Consumption）"のプログラムとして示すものである。「世代間建築」は，その"持続可能な消費"のプログラムを実施することによって実現するものであり，プログラムが創り出す建築空間の豊かさが次世代に継承する価値である。

持続都市建築システム学シリーズ
100年住宅への選択

松藤泰典 著
A5・144頁

【内容紹介】住宅の建て替え年数は，ドイツ79年，フランス86年，アメリカ103年，イギリス141年なのに対して，日本は30年と欧米諸国に比べて極端に短いと言える。また，建て替え年数100年の住宅は，建て替え年数30年の3倍を越えており，住宅に関するライフサイクルコストは，単純計算で1/3以下になるというメリットを持つ。本書は，世代間建築の選択肢として，100年住宅を提案するとともに具体例を紹介し，健康と環境に配慮した持続可能なライフスタイルを実現する。

木造住宅の耐震設計
―リカレントな建築をめざして―

樫原健一・河村 廣 著
A5・286頁

【内容紹介】「木造」はリカレント性（循環・再生）の面で優れており，将来的にも豊かな可能性を秘めていますが，耐震性を考えた場合，現状は安全性が十分とは言えません。本書では，在来軸組構法の建物を対象として，耐震安全性についての考え方，現状の問題点や解決策について述べるとともに，「仕口ダンパー」による耐震設計・補強法を具体的に提示しました。仕口ダンパー（制震ダンパー）による補強法は「限界耐力計算」や実験に裏づけられたもので，しかも施工が容易で経済的なすぐれた工法です。もちろん多くの実績もあります。本書はこれらのことを，実務者だけでなく一般の方々にも理解していただけるように，できる限り分かり易い言葉で説明してあります。「わが家」を耐震補強しませんか。

ここが知りたい 建築の？と！

日本建築学会 編
B6・214頁

【内容紹介】建築に関して日頃疑問に思っていることや気になっていることを，専門家に回答してもらおう。こうして，日本建築学会の機関誌「建築雑誌」の誌上で「ここが知りたい 建築の？と！」の連載が始まりました。本書は，この連載記事をとりまとめるとともに，さらに関心の高いと思われるテーマをピックアップし，合計46のQ&Aを掲載しています。

技報堂出版　TEL 営業 03(5217)0885 編集 03(5217)0881
FAX 03(5217)0886